大案启示

前行的中国刑事法制

Enlightenment from Influential Cases:

Criminal justice of China in Process

时延安　刘计划◎主编

中国言实出版社

图书在版编目（CIP）数据

大案启示：前行的中国刑事法制 / 时延安，刘计划主编 . -- 北京：中国言实出版社，2021.1
ISBN 978-7-5171-3632-3

Ⅰ . ①大… Ⅱ . ①时… ②刘… Ⅲ . ①刑法—案例—中国 Ⅳ . ① D924.05

中国版本图书馆 CIP 数据核字（2020）第 259568 号

责任编辑 宫媛媛
责任校对 张国旗

出版发行 中国言实出版社
地　址：北京市朝阳区北苑路 180 号加利大厦 5 号楼 105 室
邮　编：100101
编辑部：北京市海淀区花园路 6 号应物会议中心 B 座 6 层
邮　编：100088
电　话：64924853（总编室） 64924716（发行部）
网　址：www.zgyscbs.cn
E-mail：zgyscbs@263.net

经　销 新华书店
印　刷 北京温林源印刷有限公司
版　次 2021 年 3 月第 1 版　2021 年 3 月第 1 次印刷
规　格 710 毫米 ×1000 毫米　1/16　15.5 印张
字　数 236 千字
定　价 48.00 元　ISBN 978-7-5171-3632-3

主编

时延安　刘计划

副主编

孟　珊

撰稿人（以汉语拼音排序）

安　娜　曹　晶　郭丰璐

黄文轩　贾韫哲　龙天鸣

马若飞　曾一珩　郑平心

朱金阳

（本书出版获得中国人民大学科学研究基金的支持）

前言

2019年，是很多重要事件的“N周年”，其中最为重要的，无疑是新中国成立70周年。对于法律人而言，1949年是中国法制现代化一个重要的转折点，社会主义法治在这一年正式起步，历经坎坷，迄今已经形成了具有中国特色的、符合中国社会治理需要的现代法治。对于从事刑事法制研究和实践而言，1979年是我国现代刑事法制发展中最为重要的一年，第一部具有中国特色的、社会主义性质的刑法典和第一部刑事诉讼法典正式颁布。两部刑事法典率先开启了当代立法法典化的序幕。在过去40年里，两部法典不断因时因势调整完善，如今已经发展成为能够全面适应我国社会治理需要的法律规范文本。当我们站在2019年的这个时间点，回顾我国法治及刑事法制的发展历程，能够看到我国刑事法学者和实践者的努力探索与智慧创造。当然，我们应该看到，刑事法制在发展中经历的挫折乃至倒退，看到因为法律滞后而带来的问题，更要看到我国现行刑事法制的“短板”，如此我们才能在不断通过发现问题、反思教训，以沉静而坚定的心态继续推动刑事法制的前进。

一、变动社会中的公众关注与不安

对2019年最受关注的刑事案件进行梳理、评点，会发现，舆论对刑事司法的关注更加聚焦在我们日常安全方面、自身权利的保障方面。在地面人群来往、通过的环境中，高空抛物的“杀伤力”是绝对不容小觑的，但凡有点儿物理学常识的人都应该知道，即便质量很小的物体从高空抛落都会形成很大的势能，造成很大的损害。这些年，因高空抛物造成的人员伤亡、财产损失的案件不绝于耳，一些小区为发现行为人还将监控摄像头对准高楼的上端，而“上海市闵行区蒋某某高空抛物案”则引发了是否追究其刑事责任，乃至是否在刑法中规定新罪的讨论。很多人对这类行为的愤慨，已经超越他们的容忍程度，仅仅以道德施以谴责或者追究民事责任都是不够的，必须通过追究刑事责任的方式施以惩罚，并威慑那些不遵守日常行为规范的人。同样，对于未满14周岁的人实施严重暴力危害行为的情形，公众的愤慨情绪也压倒了对这类“少年儿童”的宽容，一方面来自这类“少年儿童”的危险正在加重，尽管没有任何证据支持；另一方面很多人认为，由于物质条件的变化，12周岁以上未成年人认知能力大大提升，已经具有了刑事责任能力，尽管没有科学和心理学证据予以支持。立法机关对这类问题及社会舆论的反应十分迅速，《刑法修正案（十一）》已经将这两个问题以及其他几个引发公众讨论的话题纳入其中。

社会、经济的快速发展，意味着利益更加多元化，相应地，行为的社会意义也更为复杂，基于不同主体的看法形成差异明显的局面，以“华为前员工李洪元被控敲诈勒索案”为例，在企业中，被雇用者总希望能够拿到更多的报酬，并认为这是应得的部分，而雇用者也有自己的考量，维护其自身利益、避免发生“多米诺骨牌效应”，企业不会任由它的员工“漫天要价”，更何况那些去意已决的“高级打工仔”。这本来是一个能够以和平方式解决的问题，却被“离奇”地带入刑事司法当中，其中值得思考的地方很多。究竟是传统私法问题越来越带有公共性？还是说公权力试图介入、解决私法领域纠纷的意愿越来越强烈呢？对于研究者来说，如何在变动的社会中厘清公法和私法调整领域之间的边界，就是一个极为麻烦的问题，而各种类似“刑法民法化”的提法，在试图描述这种倾向时，却使模糊地带更加模糊了，没有认识到，不是两个领域可以完全分开，而是针对两个领域调整方法是根本不同的。

科技给社会带来的，并不都是“福音”，而科技快速、不受限制地发展，给社会带来的问题并不比带来的便利少。“基因编辑婴儿”案就很好地说明了这一点。在一些具有基督教、天主教信仰的人们那里，这种做法已经冒犯了上帝：人怎么能代替上帝做事情？如果是这样，马斯克开发“人机相联”技术更具冒犯性，因为这种技术会彻底改变人。在更多人眼里，这种做法是违反伦理的；当然，在医学家那里，这违反了职业伦理。对于法律人而言，对于这类行为评价，固然要考虑伦理问题，但判断是否应作为犯罪处理，则要考虑这种做法是否违反了科技风险的规制。既然都知道科技会给人们带来风险，那么一项科技的实际运用就要遵循既有的风险规制规则；对于违反这类规则的，没有控制风险或者放任风险发生的，就应受到相应的惩罚。

最近几年防卫问题再次引发公众关注，在一定程度上和公众的权利意识提升有关。“防卫权”不可能是一项义务，而是一种带有自然和文化属性比较强烈的权利。对于任何来自他人的侵害行为，被侵害人有权予以反抗并制止侵害行为，这是自古以来就被承认的，这是这项权利的自然属性；其文化属性在于，不同社会在界定防卫行为的合法性上存在一定文化上的差异，例如亲属之间的防卫行为在不同社会中的处理思路并不相同。防卫权肯定不是一项绝对权利，它受到诸多限制，而一个奉行集体主义、强调和谐的社会里，对防卫权应给予理性而必要的限制，并反对防卫权的滥用和误用。法律要告诉人们，滥用或误用防卫权的行为是违法的。本书收录的两个正当防卫案例，也是继续探讨这项权利行使的边界问题，由此也试图提示，权利人行使权利的边界：“正”多走一步，可能就是“不正”。

当下所面临的社会“转型”是多重意义上的，其中包括向法治社会的全面转型。这就涉及一个关键问题，就是如何看待源自传统社会伦理层面的问题。不可否认，传统社会伦理的一些观念在今天应当予以检讨并加以扬弃。“陕西张扣扣案”在社会中发酵，能够看到传统家庭伦理在当代社会中潜移默化的作用。20世纪30年代，施剑翘刺杀孙传芳为父报仇，直到今天仍被视为“女中豪杰”，除了孙传芳本人因素外，更多是因为中国传统文化中的“孝”的理念。然而，在今天奉行法治的社会里，传统“孝”的观念仍要提倡，但如张扣扣以严重暴力复仇的做法不仅不符合法治观念，更与当今社会奉行的主流价值相违背。

无论我们如何理解变动的社会，怎样解释林林总总的社会现象，公众对刑事法制期待不会变，这就是对正义的永恒追求。“劳荣枝案”和“孙小果案”被关注，就充分体现了公众对刑事法制的这种期待。从某种意义上说，公众对正义的诉求是朴素的，期待能够看得见的正义，刑事法制就要积极回应这种诉求。对“顾雏军案”也是如此，即便该案原审审判已经经过10余年，但属于错判的问题终究要予以纠正，而没有错误的部分应当予以坚持。正义，在刑事法制中绝不应当是空洞而乏味的，而是具体且生动的。

二、如何实现社会治理中的安全目标

对2019年最受关注刑事案件进行评点，让我们重新思考社会治理中安全目标的实现问题。安全目标或曰价值的实现，需要各种力量的综合应对。1981年，党中央提出“社会治安综合治理”的方针，就是希望积极调动社会力量，积极参与社会治安综合治理。1991年2月，中共中央、国务院《关于加强社会治安综合治理的决定》提出：“在各级党委和政府的统一领导下，各部门协调一致，齐抓共管，依靠广大人民群众，运用政治的、经济的、行政的、法律的、文化的、教育的等多种手段，整治社会治安，打击犯罪和预防犯罪，保障社会稳定。”这一文件所强调的，就是要形成对安全的综合治理。这里的“治安”应作为安全来理解，而不是通常意义上《治安管理处罚法》或“治安学”所说的“治安”。后者的“治安”，相当于英文当中的policing，是国家发挥警察权，通过警察力量来实现社会公共秩序、维护公众权利的一种活动。治安学作为一个学科，它所对应的行业领域包括公安、国家安全、边防、消防、军队、行政执法机关以及安全保卫等领域。从语用角度看，治安是比安全更为狭窄的概念，其甚至不包括对犯罪人惩罚、执行等内容。而社会治安综合治理中的“治安”，其含义更为宽泛，与安全的外延是一致的。当然，作为一项治理方略，围绕其制定的具体政策措施更多地与惩治和预防犯罪相关。

按照社会治安综合治理的观念，安全的治理主体应当是多元的，具体路径也是多元的。治理主体的多元，表现在不仅公权力机构作为治理主体出现，而且社会力量的参与也极为重要。不过，从完善安全法治的角度分析，更主要的是，如何发挥并规范公权力维护安全的作用。公权力机构在维护安全方面的路径主要有三个：

（一）行政规制

在一个较为完善的法治状态下，安全治理首先要对各种影响安全的行为进行规制，即通过设定法律义务、规范法定程序，以及由行政主管机关通过审查、许可、监督等方式，来规制各种主体的行为。大量的行政法律所规定的内容，都与安全治理有关。以《网络安全法》为例，相当多的条款都是在规定网络经营者等网络主体的法律义务，由此达到指示、约束其行为的效果。对于前文所提到的新型的安全问题和非传统安全问题，行政规制是极为重要的，因为这类安全问题的出现都与新型的风险有关，而对于如何防范、控制这类风险，必须通过行政规制（而且是强规制）才能实现。例如，治理环境安全问题，必须要对相关生产经营企业的行为予以规制，使其明晰自己生产、经营行为的边界，否则，企业生产经营行为很可能陷入无序状态。

行政规制，在安全治理方面，在一定程度上表现为对风险的规制。具体而言，就是从事带有风险行为的主体，无论是组织体还是个人，都要遵守法律规定的义务，按照法律规定的指引活动，否则就要面临惩罚。然而，对风险的规制，总是落后于新类型风险的不断出现。例如，就公共卫生安全而言，一方面是新型疾患的出现；另一方面则是新的诊疗行为也不断出现，后者带来的不确定性乃至附带危害并不见得小。然而，无论是法律还是行业规范和治疗标准，总是存在一定的滞后性。这类问题在食品安全、网络安全、信息安全等领域也都存在着。所以，如何确保行政规制的前瞻性、及时性和灵活性，在高速发展的科技时代，就是一个很大的难题。

此外，在安全治理上，行政规制会呈现出不断扩张的态势、导致行政权的不断膨胀，这肯定会受到持“控权”理论学者的批评。从一定意义上讲，在安全治理上，“控权”理论的空间不在于实体上限制其权力实施的范围，而是要更多地关注行政权力实施的正当程序问题。

（二）预防

这里的预防是指对犯罪和严重不法行为的预防。从发生阶段来讲，预防可以分为前置预防和后置预防。前置预防是在犯罪或严重不法行为发生之前，而后置预防则是通过刑罚和保安处分对已经实施犯罪或严重不法行为的人进行预防。前置预防主要规定在行政性法律中。规范后置预防的法律主要是刑事法律，部分行政法律中也规定有保安处分。

解决安全治理问题，主要环节是解决前置预防问题，重点是尽可能防止安全事故或事件的发生。这就涉及四个方面的问题。

一是要认识规制与预防的关系。《食品安全法》第三条规定：“食品安全工作实行预防为主、风险管理、全程控制、社会共治，建立科学、严格的监督管理制度。”《食品安全法》的主要作用就是为食品生产、经营、储存、销售等行为的规制提供法律根据，而从该法第三条中可以看出，该法强调预防，就是预防食品安全事故或事件的发生，其中当然包括危害食品安全犯罪的发生。从这个角度看，食品安全规制同时也就发挥了预防的作用。对于与经济治理、社会治理相关的安全问题，相应的行政规制同时具有预防功能，其中包括对相应犯罪的预防。从具体行政执法来看，当行政主管部门执法严格时，安全事故或安全事件发生的概率会大大下降，相关犯罪的发生也会受到遏制。

二是要理解自治与预防的关系。如何发挥相应主体的自治功能及效果，是安全治理中的一个关键环节。对于新型安全问题和市场经济主体与社会组织而言，自治的主要形式就是合规建设，就是要实现公司企业行为完全遵从法律规定行事。例如，环境安全治理，如果只靠行政机关监督检查来维系，那么，环境安全目标是无法实现的；这一目标的实现，应更多地依靠公司企业的合规建设，而行政机关的日常监管应放在公司企业是否建立有效的合规制度和履行机制上。

三是要明确行政惩罚与预防的关系。和刑罚一样，行政惩罚具有报应和预防的功效，也具有威慑功能，但行政惩罚总体上是辅助于行政规制的，进言之，它是对行为人违反行政规制行为的一种纠偏，进而促使其守法从事各项活动。例如，对在食品生产经营中违法添加添加剂的企业给予行政惩罚，目的是促使其从事合法经营，进而防止其出现食品安全事故。这种行政处罚具有犯罪预防的客观功效，即通过较轻的处罚避免行为人实施更为严重的犯罪行为。当然，从犯罪的前置预防思考，应将行政惩罚视为行政规制的一部分（即矫正部分）来看待。

四是要明确行政预防性措施与预防的关系。本书将具有预防犯罪功能的行政预防性措施，称为“行政性保安处分”或“行政性保安处分措施”。行政法律中规定的预防性措施，诸如安置教育、强制戒毒、精神病人强制入院治疗以及已经被废除的劳动教养、收容审查等，这些行政性措施并非行政处罚，而是基于适用对象的人身危险程度而采取的、防范其实施违法行为乃至犯罪的具体措施。这类预防性措施的特殊性表现在，其是一种针对具体人的预防手段，内容也带有对适用对象个人重要权利限制乃至剥夺的成分。与其他预防手段相比，这类预防带有明显的强制性，也存在广泛的争议。不过，随着非传统安全的不断出现，针对具体个人的、带有剥夺和限制权利性质的这类措施，可能会越来越多，主要表现在职业禁止、资格禁止方面。虽然存在合宪性或正当性的疑问，但从必要性和合理性上讲，这类措施的程序设计、执行方式以及权利恢复（即复权）应当予以肯定。

后置预防，就是行为人实施犯罪或严重不法行为后的预防，具体包括通过刑罚进行一般预防和特别预防，以及对这些人适用刑事保安处分。本书中所论述的刑事保安处分，都是在刑事法律中规定的。不过，因实施犯罪或者严重不法行为而引起的保安处分，其法律渊源并不限于刑事法律，也包括一些行政法律，主要涉及对职业和资格的限制与禁止。从法律规定看，保安处分的适用对象只限于自然人。如果在刑事法制中加入对犯罪单位或者犯罪嫌疑单位的强制合规建设，那么，也可以说，对单位也将有“保安处分”措施。不过，其法理根据与对自然人适用保安处分的根据是不同的，因为单位作为组织体并无人身危险性，其危险性表现在其治理结构和运营方式的严重缺陷，对单位的“保安处分”就是促使其改善治理结构和运营方式。

（三）刑罚

刑罚的目的和功能，都具有预防的一面。通常认为，刑法规定本身就带有威慑性。但是，在现代社会里，这种威慑性是很难被证明的，因为几乎没有人会按照刑法行动。大多数人可能会因为畏惧刑事惩罚而不去犯罪，但这对其如何行为并没有太多帮助，尤其是在安全治理中。一个人害怕出现何种结果，对他作出选择有帮助，但对他如何行动来讲，并没有积极的指引作用，充其量可以说，我们会因为害怕而不去做什么，但不会因为害怕而知道该怎么做。所以说，刑法规定本身的这种威慑性（包括所谓对刑法的信仰等）基本上都是“草色遥看近却无”。

刑法中的预防，就是通过刑罚裁量和执行来实现针对犯罪人的预防。关于刑罚预防目的和功能的研究汗牛充栋。不过，这种预防终究是消极的预防，因为已经造成的损害无法挽回。通过量刑尤其刑罚执行来预防犯罪，特别是发挥刑罚的剥夺功能和隔离功能，确实有利于实现刑罚的特殊预防目的，但从积极意义上讲，通过教育和改造使罪犯能够回归社会、成为守法公民，才是预防最终的目标。刑罚的特殊预防目的最终实现，关键在刑罚执行环节，而这也恰恰是国内研究者忽视的部分。从某种意义上讲，刑罚执行是整个刑事法制是否有效的最后关口，如果再犯率比较低，那么，说明刑事法制对改造罪犯是有效的，反之，则说明刑事法制作为安全产品的提供者没有发挥好其应有的作用。绝大多数罪犯是要走出监禁场所的，那么，与此相关联的安全问题，就是检验刑事法制功效的一个主要指标。

在中国，虽然刑罚制度的设计体现了一种“排斥”的思想，但要反对那种“绝对排斥”的思路（如长期的且附加严苛减刑、假释条件的自由刑执行、死刑），通过刑罚排斥的目的，最终还是要促使犯罪人回归社会正轨。当然，我们不能否认，公众对惩罚赋予了太多的情感寄托，其中不乏朴素的正义诉求和报复思想，然而，制度设计者和决策者应秉持更为深厚的人文精神，从有利于罪犯回归社会的角度来完善通过刑罚实现预防的制度和机制。

回顾一段短暂的历史，更多的想法却是针对未来的。写就这段文字时，全球正在经历新冠肺炎疫情。疫情又何尝不是一个安全问题?

诚挚地感谢全体作者和朋友!

时延安

2020 年 9 月

目 录

城市上空之痛

——上海市闵行区蒋某某高空抛物案

引言

近年来，高空抛物问题成为威胁城市居民生活安定性的一个重大隐患。这是城市化进程为社会治理提出的新挑战之一，也是与人民生活息息相关的基本民生问题。如何应对城市发展过程中出现的问题，如何构建公共安全体系、确保人民安居乐业，这些都是提升社会治理水平的过程中不得不面对的核心议题。

高空坠落的物品受重力加速度的影响具有极高的危险性。即便从高空落下的是极为微小轻巧的生活日用品，落到地表后也会成为致人死命的“凶器”。而部分居民囿于以往的不良生活习惯，或者对行为风险的思虑不周，搬入高楼后未能管理好屋内物品，导致此类危险时有发生，屡见报端。以深圳市龙岗区为例，仅2020年上半年，深圳龙岗警方就接报高空抛物类警情492宗，涉及14个小区。[①] 可以说，高空抛物已经成为笼罩在高楼大厦之上的阴影，是“城市上空之痛”。高空抛物行为不仅违背个人道德和社会公德，还有可能触犯法律。事实上，对于高空抛物问题，法律早有应对。不过，以往对高空抛物行为主要以《中华人民共和国侵权责任法》等法律加以规制，只有少数案件被作为刑事案件处理。在大多数案件中，对抛物者的处罚限于

---

① 陈龙辉：《龙岗警方发布〈高空坠物警情物业小区排行榜〉》，载深圳新闻网，2020年7月4日；http://www.sznews.com/news/content/2020-07/04/content_23313701.htm，2020年7月11日访问。

民事和行政处罚，不能有效地实现社会治理目的，高空抛物行为依然屡禁不止，由此造成重大人身、财产损失的案件依然频见报端。为了进一步加强对高空抛物行为的打击力度，2019 年 10 月 21 日，最高人民法院发布了《关于依法妥善审理高空抛物、坠物案件的意见》，以司法解释的形式明确了高空抛物、坠物案件的法律适用问题。该司法解释首次明确了高空抛物、坠物行为的入刑路径，一经发布即引发了理论界和实务界两方面的热切讨论。

发生在上海市闵行区的蒋某某高空抛物案，是上述司法解释发布后上海人民法院判决的第一起高空抛物入刑的案件。该案无疑将成为一个标志性的样本，为此后高空抛物案件的处理提供参照；对于引导民众树立正确的生活观念、社会形成良好的风尚起重要作用。

一、案情回顾：冲动的代价①

本案发生在上海市闵行区的一处居民小区。被告人蒋某某自学校毕业后多年无业，一直与父母同住。2019 年上半年，因家庭琐事，蒋某某与父母的关系恶化，他遂搬出了父母位于上海市闵行区江航路某某小区的住房。2019 年 8 月 1 日 17 时许，蒋某某回到该小区，意外地发现父母已经将家中门锁更换。蒋某某对此感到十分气愤，一怒之下私自雇用开锁人员撬开门锁进入屋内。为了发泄其愤怒情绪，他先是持棒球棍打砸家中物品，此后又将家中的手机、平板电脑、水果刀等物从 14 楼的高处扔出窗外。事后查明，上述物品掉落在小区公共道路及楼下停放的三辆轿车上，导致三辆轿车损毁，未造成人员伤亡。经法院认定，被砸的三辆轿车物损合计人民币 4293 元。

事情发生后，被告人蒋某某主动打电话报警，到案后如实供述了自己的犯罪事实，并自愿认罪认罚。本案审理期间，被告人蒋某某的亲属代为支付赔偿款人民币 4293 元，提交法院代管。法院认为，被告人蒋某某的行为虽未造成人身伤害或重大财产损失的严重后果，但足以危害公共安全，其行为已经构成以危险方法危害公共安全罪。但因被告人系初犯、具有自首情节，且

① 参见上海市闵行区人民法院（2019）沪 0112 刑初 2501 号判决书。

自愿认罪认罚，法院对蒋某某从宽处罚，因犯以危险方法危害公共安全罪对被告人蒋某某处以有期徒刑一年的刑罚。法院判决主要依据的条文是《中华人民共和国刑法》（以下简称《刑法》）第一百一十四条、第六十七条第一款以及《中华人民共和国刑事诉讼法》（以下简称《刑事诉讼法》）第十五条关于认罪认罚从宽的规定。

本案中未有人员伤亡，可谓是不幸中的万幸。事实上，从居民楼上向下抛掷物品的行为具有极高的侵害他人生命安全的危险性，很大一部分高空抛物、坠物类案件都造成了无辜路人受伤甚至死亡的严重后果。例如，在2017年重庆市李某某高空抛物案中，李某某在位于21层的住宅内与朋友饮酒后，从阳台上扔下玻璃杯，当场砸中楼下小学操场上的13岁小学生叶某某，致其颅脑严重损伤。[①]再如，在2014年江苏省连云港市的丁某某故意伤害案中，被告人丁某某去楼顶平台收衣服时，因为生活压力大而产生不良情绪，随手将楼顶堆放的建筑用红砖朝东侧扔下，恰好击中路边行走的52岁男子范某某，导致范某某重伤倒地，后抢救无效死亡。[②]可以说，高空抛物行为可能造成公民人身、财产法益的严重侵害，仅凭民法和行政法难以实现充分规制。立足于这种实际情况，作为社会最后一道防线的刑法理应介入，如此才能实现对公民合法权益的充分保障。

对于高空抛物、坠物问题的刑法规制，至少有以下几个问题是值得讨论的。一是高空抛物、坠物类案件入罪的标准问题。这涉及刑法充分发挥保护功能和坚守刑法谦抑性原则两个问题。为了实现保护功能与谦抑原则的平衡，在处理高空抛物、坠物问题时必须坚持罪刑法定原则，按照犯罪的构成要件严格适用法律，在充分发挥刑法保护机能的同时，避免刑罚的过度扩张。二是入刑后罪名适用的问题。《关于依法妥善审理高空抛物、坠物案件的意见》中也指出了此类案件罪名适用的一般判断方法和可能的定罪方向。事实上，除了《刑法》第一百一十四条的以危险方法危害公共安全罪之

---

① 参见重庆市第一中级人民法院（2018）渝01刑终184号判决书。

② 参见江苏省连云港市中级人民法院（2014）连刑初字第00017号判决书。

外，高空抛物、坠物类案件还可能触犯很多其他罪名。上海市闵行区高空抛物案中，法院认定蒋某某触犯的是以危险方法危害公共安全罪这一罪名，这一判决结果不无争议，有必要将其中的争论和疑难剖析清楚。三是明确以危险方法危害公共安全罪的构成要件的问题。从司法实践的情况来看，面对高空抛物、坠物类案件时，司法机关的第一反应往往都是先考虑是否能够适用《刑法》第一百一十四条以危险方法危害公共安全罪。这一条文规定的罪状具有一定的开放性，如果不对本罪的构成要件作出合理的解释，《刑法》第一百一十四条很容易成为"口袋罪"，进而导致刑罚的范围过度扩张，或者定罪量刑缺乏科学性的严重后果。

二、何时入刑：法律适用的内在逻辑

一般违法行为与犯罪行为都是社会所禁止的行为，但其后果的严重程度有所不同。犯罪行为也是违法行为，但是其中最严重的一类，指的是触犯刑法的行为。被刑法以外的其他法律所规制的是一般违法行为，主要指违反民法、行政法规的行为。一般违法行为不必承担刑事责任，也不必接受刑事刑罚，相对犯罪来说是违反社会规范程度较轻的情形。民事违法行为承担法律责任的方式主要有停止侵害、排除妨碍、赔偿损失、民事罚款等，而行政违法行为承担法律责任的方式则主要是行政处罚和行政处分。总之，对案件的定性不同，处理结果也会有很大区别。也正是因为刑罚是最为严厉的一种处罚方式，刑法理论中有"刑罚是其他部门法的保护法"[①]的说法，或者说，刑法是其他部门法之后的"第二道防线"。

就高空抛物、坠物行为的法律后果而言，司法解释的态度较为明确。根据最高人民法院2019年发布的《关于依法妥善审理高空抛物、坠物案件的意见》，对于构成犯罪的高空抛物、坠物类案件要准确认定、依法惩治、有效防范。而对于高空抛物、坠物类民事案件，应当综合运用民事诉讼证据规则，多措并举，引导当事人通过多元化纠纷解决机制化解矛盾。换句话说，

① 高铭暄：《刑法学》（第六版），第8页，北京，北京大学出版社，2014年。

高空抛物、坠物的行为视情节和结果的严重程度，可能只承担民事责任，也可能构成犯罪，进而被纳入刑法处罚的范围。

我国的《中华人民共和国民法典》（以下简称《民法典》）中对高空抛物坠物的致害责任主要规定在第一千二百五十四条。该条文规定从建筑物中抛掷物品或者从建筑物上坠落的物品造成他人损害的，由侵权人按照过错责任原则承担侵权责任；如果难以明确侵权人，则由可能的加害人（即建筑物使用人）予以补偿，除非该使用人能够证明自己不是侵权人。此外，物业服务企业等建筑物管理人应当采取安全保障措施而未采取的，也应承担未履行义务的侵权责任。

对于高空抛物、坠物造成损失的案件，在难以确定具体行为人时，民法为了尽可能弥补被侵害人的损失，而作出了令全体建筑物使用人给予补偿的无奈之举。此时不存在刑法介入的空间，因为刑法所规定的刑罚后果是相当严厉的，要动用刑罚必须经过严谨的查证，明确事情发生的因果流程，查明行为人的侵害后果和主观责任，在法律适用上不可以存在丝毫模糊或妥协。在能够查明行为人的情况下，就容易产生刑、民交叉的问题。此时，民法依然发挥着规制作用，而刑法也具备了介入的可能——并非必然介入，这取决于危害结果的严重程度。如前所述，刑法规制的是对社会规范产生严重侵害的行为，其所造成的损失需要达到一定的严重程度，才会触发刑法的规制功能。

如果一个行为同时被民法和刑法规制，就涉及规范冲突时如何维护法秩序统一性的问题。长期以来，“先刑后民”一直被作为司法实践处理交叉案件的解决方案，当一个案件被定性为犯罪时就潜在地排除了单独进行的民事审判，异化为“刑事吸收民事”原则。这样做的好处是可以借助刑事诉讼的侦查手段最大限度地查明案件事实，同时在一定程度上提升了诉讼效率。然而，从法理的角度来看，“先刑后民”原则的过度扩张也会带来一些问题。如果公权追诉启动必然意味着民事救济程序的结束，就会导致公权追诉完全吞并私权救济，不利于保护私权和发挥刑法的谦抑性。上海的这起高空抛物案件即属于这种情况，法院认为行为人已经构成了以危险方法危害公共安全罪，行为人亲属代为支付的赔偿款被作为酌定量刑情节成为从轻量刑的依据。

此外，现实生活中还存在一些不构成犯罪而只属于民事违法的高空抛物、坠物案件。诚然，民法是刑法的前置法，但二者的规范判断应当独立进行，民事违法并不代表着必然构成刑事犯罪。只有行为的法益侵害达到一定的严重程度时，行为的性质才会发生改变，由一般的民事违法转变为刑事犯罪。因此，有必要探讨刑事犯罪和民事违法的界限问题。

那么，什么情况下高空抛物、坠物的行为会严重到需要纳入刑法的规制范围呢？这需要从刑法的立法目的说起。根据我国现行《刑法》第一条的规定，刑法是“为了惩罚犯罪，保护人民”而制定出来的。也就是说，刑法所要规制的是犯罪行为，而根据罪刑法定原则，只有刑法分则明文规定为犯罪行为的，才能够定罪处罚。判断犯罪是否成立的标准只有一个，就是刑法分则规定犯罪构成。所谓的犯罪构成，指的是犯罪成立所需要具备的法定条件，是犯罪概念的具体化，只有实现了犯罪构成的全部要件，犯罪才得以成立。对犯罪构成的规定集中在刑法分则的条文之中，因此对高空抛掷物品的入刑标准的讨论必须结合其可能触犯的具体罪名展开。

我国刑法分则规定的罪名有十个主要类别，分别保护社会生活中不同类型的法益。其中，高空抛物、坠物可能损害的法益包括公民的人身权利、财产权利、社会的管理秩序这三类，可能涉及的罪名包括故意杀人罪、过失致人死亡罪、故意伤害罪、过失致人重伤罪、故意毁坏财物罪、寻衅滋事罪、重大责任事故罪和以危险方法危害公共安全罪等。此外，2020 年 7 月向社会公开征求意见的《刑法修正案（十一）》草案征求意见稿中拟增设高空抛物罪，但本文写作期间该修正案尚未正式定稿，故未将高空抛物罪列入此处讨论范畴。

（一）侵害公民人身权利的犯罪

高空抛物、坠物可能构成的侵犯公民人身权利罪主要是指故意杀人罪、过失致人死亡罪、故意伤害罪和过失致人重伤罪。前两者侵犯的是公民的生命法益；后两者则侵犯的是公民的重大健康法益。

故意杀人罪与过失致人死亡罪都是非法剥夺他人生命的行为，但主观方面存在区别，前者是出于故意的态度，后者则是出于过失。需要注意的是，刑法中的故意和过失不同于日常生活中的用语，而是有其特定的含义。具体而言，故意指的是行为人预见到结果可能发生，进而希望或者放任结果发生的一种主观心态，而过失指的是行为人应该预见而没有预见到，或者是预见到了结果可能发生，但轻信自己能够避免的心理状态。由于故意和过失对犯罪结果是否发生的态度并不相同，在承担刑事责任时也存在差别。

高空抛物、坠物的行为往往发生在人员密集的居民小区，如果物体掉落时砸中楼下经过的其他居民，有极大可能对被害人的人身安全产生致命威胁。尤其是在高层建筑物中，即使掉落的是极为轻巧的物品，由于重力加速度的作用，也可能造成严重后果。有调查表明，一只 60 克的鸡蛋从 18 楼掉下就可砸破头骨，从 25 楼掉下可致人当场死亡。如果行为人明知坠落物品可能砸死楼下的行人而依然实施高空抛物、坠物行为，就可能构成故意杀人罪。如果行为人确实并不追求行人死亡结果的发生，只是误以为自己不会砸中，或者有理由以为楼下并无人经过，则只构成过失，应该考虑是否符合过失致人死亡罪。

故意伤害罪与故意杀人罪都是故意犯罪，需要行为人在主观上积极促成或放任危害结果的发生，但故意伤害罪的危害结果不是生命权的损害，而是被害人的重大身体健康权利的损害。要区分二者，需要结合案发时的具体情形（如抛掷物品的属性、所在楼层等因素）判断行为是否客观上具有致人死亡的危险，如果是从较低楼层抛掷本身不具有严重危险性的物品，即使因为被害人的特殊原因导致了死亡后果，只要行为人没有认识到这一特殊原因，就不能认为是故意杀人罪。这种情况应该考虑故意伤害罪与过失致人死亡罪的想象竞合，从一重罪处理。

身体健康法益与生命法益的本质相同，也可以将生命法益视为一种极致的身体健康法益。但并非所有的身体健康法益都需要刑法介入保护，对于轻微的损害他人健康的行为，使用民法或行政法规已经足以规制。因此，有关部门以司法解释的形式规定了伤害类犯罪的入罪标准。故意伤害罪的成立以行为造成被害人轻伤以上结果为前提，根据伤情的严重程度调整法定刑幅度。如果行为人出于过失抛掷物品导致他人受伤的，则只有在构成重伤的情况下才能够动用刑法来处罚。这是因为，过失致人重伤罪中明文规定了“被害人重伤”这一构成要件，从而将过失致人轻伤或轻微伤的情形排除出刑法规制范围之外。至于伤情严重程度的判断，需要按照相关司法解释的规定，由专业的鉴定机构负责。对于发生在2014年1月1日之后的案件，适用“两高三部”于2013年8月30日联合发布，于2014年1月1日正式施行的《人体损伤程度鉴定标准》。对于发生在2014年1月1日以前，且尚未审结的案件，则遵循从旧兼从轻原则选择适用原鉴定标准或《人体损伤程度鉴定标准》。

（二）故意毁坏财物罪

我国《刑法》第二百七十五条规定了故意损坏财物罪，将故意毁坏公私财物达到一定严重程度的行为加以规制。高空抛掷物品有可能砸中小区道路上停放的私家车或楼房外墙安装的具有财产价值的生活设施，如果损害数额达到一定标准，就可能构成故意毁坏财物罪。根据最高人民检察院和公安部《关于公安机关管辖的刑事案件立案追诉标准的规定（一）》第三十三条，故意毁坏公私财物的立案标准如下：（1）造成公私财物损失5000元以上的；（2）毁坏公私财物三次以上的；（3）纠集三人以上公然毁坏公私财物的；（4）其他情节严重的情形。换言之，不是所有对公私财物造成毁坏的行为都可以入刑，还需要达到一定的情节严重标准。就上海高空抛物案而言，本案中被告人的行为造成他人财产损失为4293元，未达到故意毁坏财物罪的入罪标准，因此无法构成本罪。至于行为人抛至楼下的手机和平板电脑等物，虽然也被行为人故意毁坏，但因为属于家庭共同拥有的财产，没有被列入财产损毁的评估之中。

（三）寻衅滋事罪

即便高空抛物未造成5000元以上的财产损失，也没有造成他人受伤或死亡的结果，也有可能因为妨害社会管理秩序而入刑。

《刑法》第二百九十三条规定的寻衅滋事罪就是一种妨碍社会管理秩序的犯罪，所保护的法益是社会的管理秩序。本罪的主观方面为故意，条文中通过穷尽式列举将触犯本罪的形式限定为四种：其一是随意殴打他人，情节恶劣的；其二是追逐、拦截、辱骂、恐吓他人，情节恶劣的；其三是强拿硬要或者任意毁损、占用公私财物，情节严重的；其四是在公共场所起哄闹事，造成公共场所秩序严重混乱的。其中，高空抛物、坠物可能符合的是第三种类型，即任意毁损他人财物情节恶劣，因而构成寻衅滋事罪。

需要注意的是，本罪与故意毁坏财物罪存在区别，虽然二者都是故意犯罪，从行为外形上看都是对公私财物造成了毁损，但是在本质上有很大不同。如前所述，寻衅滋事罪是一种妨害社会管理秩序的犯罪，此处的“情节严重”并不是单纯从毁损财物的数额来判断的，而是要考察对社会管理秩序的破坏程度。当然，数额可能作为一个参考指标，但并不是唯一的标准。即使毁坏财物的数额未达到故意毁坏财物罪之入罪标准的 5000 元，也可能由于其他情节而构成寻衅滋事罪。

事实上，实践中也确实存在以寻衅滋事罪定罪处罚的高空抛物案件。例如，2018 年山东省济宁市任城区人民法院在一起高空抛掷杂物案中即采取了这种方案。李某系山东省济宁市太白湖新区颂运水庭小区 B 区居民，2018 年 7 月 11 日傍晚，他饮酒后无故从七楼居所向楼下抛掷衣服、花盆、锅碗和石块等物品，导致楼下住户家太阳能热水器的阳台太阳能板及楼下的公共车棚钢化玻璃损毁，损失财物总价值 3207 元。公安机关以寻衅滋事罪提起公诉，法院对这一指控予以确认。[①]这个案件与上海高空抛物案非常类似，但最终所适用的罪名却不相同。可能的原因是，山东省济宁市的这个案子中，涉事建筑的楼下是公共车棚，且有钢化玻璃的阻挡，直接砸中行人的可能性较小。而上海高空抛物案中行为人抛掷的物品落入小区公共道路，考虑到公共道路有行人经过的可能性较大，法院或许据此认为被告人的抛掷行为造成了危害公共安全的危险，因此符合《刑法》第一百一十四条以危险方法危害公共安全罪的规定。

当然，高空抛物行为也完全可能既构成寻衅滋事罪，又构成故意毁坏财

① 参见山东省济宁市任城区人民法院（2018）鲁 0811 刑初 1021 号判决书。

物罪或者故意伤害、故意杀人罪。司法实践中普遍存在一种误区，认为刑法分则所规定的罪名之间是非此即彼的关系，相互之间泾渭分明，事实并非如此。实际上，分则罪名之间存在大量交叉或重合，如果在审判过程中坚持按照只构成一罪、排斥其他罪名成立的思路展开裁判的论证和说理，很难自圆其说，也不符合刑事立法的实际情况。其实，刑法理论对于法条之间交叉重合的情况有完备的应对措施，根据法条之间关系的不同，分别按照法条竞合和想象竞合的处理原则定罪量刑。虽然竞合的情况下最终还是按照一个罪名处罚，但是判决书的裁判说理部分应当指出可能涉及的各个罪名，并说明这些罪名到底构成何种竞合，以起到向社会充分说明犯罪行为性质的效果，增强公民对法律的了解度、信服度。上海高空抛物案的判决书中未提及构成寻衅滋事罪的可能性而直接判处以危险方法危害公共安全罪，其实是不够周全的。

（四）重大责任事故罪

高空抛物、坠物类案件不仅包括居民在自己家中向窗外抛掷物品的情形，还包括工程施工者高空作业时不慎导致物品坠落或抛掷物品的情形。根据《关于依法妥善审理高空抛物、坠物案件的意见》，“在生产、作业中违反有关安全管理规定，从高空坠落物品，发生重大伤亡事故或者造成其他严重后果的，依照《刑法》第一百三十四条第一款的规定，以重大责任事故罪定罪处罚”。

重大责任事故罪的保护客体是生产作业活动的安全这一特殊的公共安全。根据 2015 年最高人民法院和最高人民检察院《关于办理危害生产安全刑事案件适用法律若干问题的解释》，重大伤亡事故或其他严重后果包括：（1）造成死亡一人以上，或者重伤三人以上的；（2）造成直接经济损失 100 万元以上的；（3）其他造成严重后果或者重大安全事故的情形。由于在本罪的条文中明确将重大伤亡事故作为本罪的结果，因此在发生重大责任事故导致他人重伤或死亡的情况下，排除过失致人重伤或过失致人死亡罪的适用，按照法条竞合中特殊法优于一般法的原则，直接适用重大责任事故罪即可。

（五）以危险方法危害公共安全罪

最高人民法院《关于依法妥善审理高空抛物、坠物案件的意见》中明确指出："故意从高空抛弃物品，尚未造成严重后果，但足以危害公共安全的，依照《刑法》第一百一十四条规定的以危险方法危害公共安全罪定罪处罚；致人重伤、死亡或者使公私财产遭受重大损失的，依照《刑法》第一百一十五条第一款的规定处罚。"这一规定使法院在适用以危险方法危害公共安全罪处理高空抛物、坠物类案件时有了底气，但实践中也存在滥用本条的可能性。

司法解释的规定是对刑法条文的补充说明，并不是脱离刑法所规定的犯罪构成要件的独立规定。在适用以危险方法危害公共安全罪时，同样应当检验本罪的构成要件符合性，只有符合构成要件的抛物、坠物类案件才能以本罪处理。

刑法规定的以危险方法危害公共安全罪包括故意和过失两个条文，除此之外，在犯罪主体、犯罪客体和犯罪主观方面没有明显区别。通说认为，以危险方法危害公共安全罪保护客体是公共安全，即不特定或者多数人的人身、数量较大的财物安全。所谓的危险方法是指使用与放火、决水、爆炸、投放危险物质等危险性相当的其他方法，危害公共安全的行为。[①]这是犯罪手段本身的危险性，与本罪所保护的客体息息相关。并非所有高空抛物、坠物的行为都可以达到与放火、决水、爆炸等手段相当的危险性，需要考虑抛掷物品时所处的环境、楼层、楼下行人密度等诸多要素。在这一前提下，有学者认为通常的高空抛物案件不具有导致不特定或者多数人伤亡的具体危险，不能认定为以危险方法危害公共安全罪。[②]

在司法解释列明以危险方法危害公共安全罪可以用于处理高空抛物、坠物案件之后，实务中必然会出现适用本罪的倾向性。在司法解释出台以前，对于未造成人员伤亡或严重财产损失的高空抛物案件，往往是按照寻衅滋事

---

① 高铭暄：《刑法学》（第六版），第 336 页，北京，北京大学出版社，2014 年。

② 张明楷：《高空抛物案的刑法学分析》，载《法学评论》，2020 年第 3 期，第 12 页。

罪处理的。社会上早就出现过认为寻衅滋事罪处罚过轻，以寻衅滋事罪论处是“轻纵罪犯”的呼声。[①]因此，有必要警惕在避免“轻纵罪犯”思维模式下滥用以危险方法危害公共安全罪的可能性，这一罪名的犯罪构成和适用范围值得本文进一步讨论。

三、轻纵与纠偏：警惕高空抛物、坠物案件中的重刑主义倾向

将以危险方法危害公共安全罪纳入规制高空抛物、坠物行为的刑法依据范畴，其背后蕴含的潜在目的是提高未造成严重结果情形下的法定刑幅度。如前所述，在未造成严重后果的情形下，高空抛物类刑事犯罪可能触犯的罪名是寻衅滋事罪，该罪的基本犯法定刑为五年以下有期徒刑、拘役或者管制，在纠集他人多次实施寻衅滋事，严重破坏社会秩序的情况下，刑罚可以升格到五年以上十年以下有期徒刑，可以并处罚金。社会上有观点认为，这样的刑罚太轻，不足以惩治高空抛物行为。

之所以会产生刑罚太轻的呼声，其背后的原因不难理解。高空抛物、坠物案件发案率很高，是对公共生活基本安全规则的违反，给城市居民的日常生活造成了较大的心理压力，招致了社会各界的强烈反感。正因为如此，社会公众倾向于认为，无论具体的高空抛物、坠物案件是否事实上造成了人身伤亡或者财产损失的严重后果，对这类行为都应当严惩。之所以会产生这样的观念，背后的原因主要有三个：第一，社会公众对犯罪严重程度的判断往往基于个人直观感受，并不考虑刑法体系的协调性。例如，新闻中报道过这样的案例：行为人从高楼抛下菜刀，恰巧有路人从楼下经过，菜刀在路人身后落地，只要当时有几秒钟的偏差，就会砸中路人。在一般公众看来，菜刀在身后落地，其危险程度不啻于菜刀已经砍在自己身上。自己之所以没有受伤，完全是运气使然，而命运的眷顾并不能减轻行为的恶劣程度。但是，在刑法学的视角下，行为造成的是法益受到侵害的紧迫危险，还是现实结果，

---

① 金泽刚:《高空抛物：适用“寻衅滋事”，可能轻纵了》，载澎湃新闻，2019 年 7 月 17 日；https://www.sohu.com/a/327377674_260616，2020 年 7 月 11 日访问。

二者存在本质区别，足以影响行为在刑法上的定性。第二，长期以来，高空抛物、坠物类事件屡禁不止，部分公民认为有必要使用重刑来对潜在行为人进行威慑和教育，使其意识到这种行为是对社会规范的严重违反，用刑罚的雷霆之威将社会守则贯彻到千家万户。第三，社会大众普遍存在“重刑遏制犯罪效果更好”的错误观念，认为只要某一类犯罪的刑罚够重，就会令潜在行为人不敢犯罪。犯罪乃至其他违法行为之所以屡禁不止，完全是因为刑罚太轻。接下来本文将对这三个方面的原因进行进一步的分析。

（一）真的轻纵罪犯了吗

刑法为寻衅滋事罪的基本犯配置的法定刑为五年以下有期徒刑、拘役或管制，对多次实施寻衅滋事行为且严重破坏社会秩序的，处五年以上十年以下有期徒刑，可以并处罚金。而未造成严重结果的以危险方法危害公共安全罪的法定刑是三年以上十年以下有期徒刑。从法定刑配置来看，确实寻衅滋事罪较轻。但是，这并不能直接推导出高空抛物类犯罪行为以寻衅滋事罪定罪处罚量刑过轻的结论。按照刑法的罪责刑相适应原理，刑罚的轻重应当与犯罪分子所犯罪行和承担的刑事责任相适应，如果寻衅滋事罪的法定刑足以与高空抛物行为应该承担的刑事责任相匹配，就不存在量刑过轻的问题。

可是，我们不是立法机关，不能直接知道高空抛物、坠物行为的严重程度在立法机关看来值得采用何种程度的法定刑。我们唯一能够做的，是可以通过与其他罪名的比较，来间接地获知立法机关的态度。换句话说，只要恶性类似的罪名在法定刑幅度上不存在明显的不协调，就可以认为法定刑的设置大体是合理的。

现行刑法中，最低一档法定刑为三年以上有期徒刑的，就被认为是重罪。从这个角度上看，即便不认为寻衅滋事的处罚格外严厉，也至少并不能算是格外轻缓。假如将寻衅滋事罪与其他罪名作对比，刑罚的轻重会得到更明显的体现。《刑法》第二百三十三条过失致人死亡罪的法定刑为三年以上七年以下有期徒刑，情节较轻的处三年以下有期徒刑。而《刑法》第二百七十五条故意毁坏财物罪规定，故意毁坏公私财物，数额较大或者有其他严重情节的，处三年以下有期徒刑、拘役或者罚金；数额巨大或者有其他特别严重情节的，处三年以上七年以下有期徒刑。换言之，过失导致他人死亡结果最低可能被判处三年以下的有期徒刑，故意毁损财物的则最低可以到拘役和管制。

对比之下，寻衅滋事罪并不导致人身或财产的严重损害（如果同时造成人身或财产的严重损害，就可能构成想象竞合或者并罚的数罪），只是单纯地实施了社会管理角度的不当行为，所要承担的刑罚就可能达到五年有期徒刑。毫无疑问，生命法益是个人最为重要的核心法益，维持良好社会秩序的目的也是令公民能够获得更为安定的生存状态。较之于侵犯生命法益的犯罪而言，单纯侵犯社会秩序的行为属于较为轻微的犯罪，值得谴责的程度也较轻。可是，寻衅滋事罪的法定刑却并不轻于侵害生命法益的犯罪，在此基础上，很难认为寻衅滋事罪的法定刑设置过轻。

此外，立法的最新动态也体现出对上述观点的支持。2020 年 7 月，全国人大常委会公布的《刑法修正案（十一）》草案征求意见稿中，第一条就是对高空抛物的规定。该条在以危险方法危害公共安全罪中增设了两款作为新的罪名，即“从高空抛掷物品，危及公共安全的，处拘役或者管制，并处或单处罚金”。“有前款行为，致人伤亡或者造成其他严重后果，同时构成其他犯罪的，依照处罚较重的规定定罪处罚。”该草案直接说明，在高空抛掷物品未造成人身、财产损失时，立法者同意不能施加过重法定刑——草案中规定的拘役或管制，并处或单处罚金的刑罚甚至远低于寻衅滋事罪。

（二）威慑效果能够成为重刑的依据吗

刑罚是国家基于独立主权对犯罪人施加的刑事制裁，是国家权力的外在表现之一。出于限制公权力、保护公民合法权利的需要，国家对个人实施的这种制裁需要具备一定的正当性根据，只能在正当性支持的范围内进行。一般而言，对国家刑罚权的依据有功利主义和报应主义两种主张。[①]前者认为犯罪是对刑法以及刑法背后的正义观念的背反，而刑罚是对这种背反的否定，因而具有正当性。后者则认为刑罚的正当性根据在于目的正当性，即刑罚是

① 陈兴良主编：《刑法总论精释（第三版）》，第 722 页，北京，北京大学出版社，2016 年。

为了教育和改造犯罪人而实施的。显然，后一种观点才有可能主张潜在的威慑效果，能够为重刑提供正当性依据。但事实果真如此吗?

就刑罚的根据问题，我国刑法采取的是并合主义的立场，同时这也是世界范围内刑罚理论长期争论得出的主流观点。并合主义是报应论和预防论的折中，认为刑罚的正当化依据既包括善恶有报的报应需要，还包括犯罪预防的需要。在这种观点的指导下，刑罚的轻重不仅要考虑报应犯罪所需要施于行为人的刑事责任，还要考虑刑罚是否能够发挥预防犯罪的效果。这种思路在最高人民法院《关于常见犯罪的量刑指导意见》得到了直接体现，该《指导意见》明确指出:“量刑既要考虑被告人所犯罪行的轻重，又要考虑被告人应负刑事责任的大小，做到罪责刑相适应，实现惩罚和预防犯罪的目的。”

《指导意见》中还规定了量刑的基本方法，概括来说包括以下三个步骤:(1)根据基本犯罪构成事实在相应法定刑幅度内确定量刑起点;(2)根据其他影响犯罪构成的犯罪事实，在量刑起点的基础上增加刑罚确定基准刑;(3)根据量刑情节调整基准刑，综合全案情况确定最终的宣告刑。在第三步确认宣告刑时，如果调节结果在法定刑幅度内，且罪责刑相适应的，可以直接确定为宣告刑;如果调节结果在法定最低刑以下，若不具备法定减轻处罚情节，则需要经最高人民法院核准才可在法定刑以下判处刑罚，否则只能依照法定最低刑确定宣告刑;如果调节结果在法定最高刑以上的，可以依法确定法定最高刑为宣告刑。

在上述三个步骤中，基本犯罪构成事实和其他影响犯罪构成的犯罪事实体现了犯罪的恶劣程度，是确定基准刑的依据。而调整基准刑的量刑情节则既体现犯罪的恶劣程度，又体现预防的需要。前者包括犯罪人的年龄、行为能力，是否具有阻却犯罪成立的事由(如正当防卫和紧急避险)以及在共同犯罪中发挥的作用等，后者则包括是否构成累犯或再犯，行为人犯罪前后的表现，是否具有自首、立功或者坦白的情节等。其中，由行为人所应该负担的刑事责任的轻重决定的那部分刑罚在刑法理论上被称之为责任刑，由预防必要性所决定的修正后的刑罚结果被称为预防刑。在上述这三个步骤中，各步判断的影响因素存在区别，其中预防目的对量刑的影响主要集中在第三步，也就是预防刑的裁量过程。可以看出，预防刑的裁量是在报应主义的指导下确定基准刑之后进行的步骤，且应当“在责任刑的点之下根据预防必要性的大小确定预防刑，进而确定宣告刑。不管预防必要性有多大，都只能在责任刑的点之下从重处罚”。① 正因为如此，前述《量刑指导意见》中明确要求，最后的宣告刑不得高于基准刑。换句话说，即便某一犯罪具有高度预防必要性，也不能因此超越罪责刑相适应原则，在责任刑之上科处刑罚。因此，单纯的威慑效果并不能成为提升法定刑的依据，只要高空抛物行为的量刑结果符合罪责刑相适应的原则，就不应该以不能满足威慑需要为理由认为法定刑过轻。

（三）重刑真的有助于预防犯罪吗

意大利刑法学家切萨雷·贝卡里亚在其名著《论犯罪与刑罚》中说：“预防犯罪比惩罚犯罪更高明，这乃是一切优秀立法的主要目的。”② 可以说，预防犯罪一直是立法者孜孜以求的目标。

根据近现代刑罚理论，刑罚用于防止潜在社会一般人犯罪的威慑功能，被称为消极的一般预防。一般预防的核心就是威吓，使人们知道因犯罪的受刑之苦大于犯罪所得之乐，从而将犯罪意念消除在萌芽状态。专制社会的一般预防目的主要是通过刑罚的肉体威吓实现的，刑事司法活动表现出残暴性，进而使人产生一种恐惧感，形成对刑罚的畏惧心理。但是，这种做法饱受诟病。福柯在其代表作《规训与惩罚》中对此有过精彩的论述：“这种惩罚方式，其野蛮程度不亚于，甚至超过犯罪本身，它使观众习惯于本来想让他们厌恶的暴行。它经常地向他们展示犯罪，使刽子手变得像罪犯，使法官变得像谋杀犯，从而在最后一刻调换了各种角色，使受刑的罪犯变成怜悯或赞颂的对象。”③ 换言之，对肉体的残暴刑罚非但不能起到一般预防的作用，还

① 张明楷：《责任刑与预防刑》，第 6 页，北京，北京大学出版社，2015 年。

② ［意］切萨雷·贝卡里亚：《论犯罪与刑罚》，黄风译，第 119 页，北京，中国法制出版社，2002 年。

③ ［法］米歇尔·福柯：《规训与惩罚》，刘北成、杨远婴译，第 9 页，北京，生活·读书·新知三联书店，2012 年。

有可能导致社会大众对暴行习以为常，导致正义的审判变成与犯罪相类似的某种公开的虐待。

18世纪的启蒙学者对于专制社会的残酷刑罚进行了深刻的批判，并逐步建立起以心理威吓为特征的法治社会刑罚的一般预防理念。在这个过程中，费尔巴哈的心理强制说发挥了重要的作用。在费尔巴哈看来，人具有趋利避害的本能，惯于两害相权取其轻。而刑法正是一个具体犯罪与刑罚的对应表，意欲犯罪者在对犯罪行为所对应的刑罚有所了解之后，就会因高昂的犯罪代价而打消犯罪念头。费尔巴哈所提出的司法威吓是法律的威吓，而不是用行刑的恐怖场面进行威吓。相对于封建专制的一般预防理论而言，这是一种重大的历史进步。但是，以心理强制为特征的一般预防主义也存在问题，甚至有学者直言不讳地指出："消极预防理论利用人的恐惧心理和对利害得失的计算进行心理强制，收效甚微。"[①]

究其原因，主要有以下两个方面：首先，心理强制说具有强烈的理性主义性质，建立在潜在犯罪人可以冷静地分析行为利弊并以此作为行动指南的基础之上。可是实际上人的犯罪动机十分复杂，在无意识或非理性状态下进行的犯罪在全部犯罪中占了相当大的比例。这是心理强制说无法解释的，对于此类犯罪，刑罚很难起到一般预防的效果。其次，一般预防的本质是利用对犯罪人的惩罚来震慑社会其他成员，实际上是把犯罪人视为实现特定目的的工具，否定了其作为人的尊严。"威吓固然终于会激发人们，表明他们的自由以对抗威吓，然而威吓毕竟把正义摔在一旁。"[②]总之，刑罚的威吓作用或许会在短期内阻止部分犯罪，但它对于相当大一部分犯罪无能为力，从社会长远发展来看，也无助于培养公民对法律规范的真诚接纳和尊重。

社会治理是一个多层次跨领域的宏大议题，并非只有刑法一个部门法在发挥作用。的确，刑法是社会生活的最后一道防线，是维护社会生活安宁稳定的最有力武器，但正因为如此，才不能够轻易动用刑法应对社会生活中的

---

① 周光权：《刑法总论（第三版）》，第396页，北京，中国人民大学出版社，2016年。

② 陈兴良：《一般预防的观念转变》，载《中国法学》，2000年第5期，第20页。

轻微违法行为，坚守刑法的谦抑性原则。从功利主义的角度出发，对违法行为的惩罚应该刚好达到足以与违法的严重程度相对应的水平即可，一味地追求严刑峻法并非上策——这也是历史早已证明了的。

就高空抛物、坠物类案件而言，最根本的防治措施还是要加强对公民的安全教育，提升社会的文明程度，将人人都应该为公共安全承担自己的那一份责任的观念输入社会一般人的意识之中。正如切萨雷·贝卡里亚所说，“预防犯罪的最可靠但也是最艰难的措施是：完善教育”。[①] 要立刻禁止某人做某件事很容易，但若要使其今后一直不去做这件事，即使在监管的盲区也能产生自发的约束，却非常困难，不是刑法能够独立做到的。社会中某一类不良行为成为热点话题，会给立法机关和政府管理部门带来很大压力，在这种时候更能够体现出社会治理的高超技巧和高屋建瓴的前瞻性眼光。社会关切需要得到回应，并且需要得到更精准、更高效的回应。

四、不特定或多数人：公共安全的讨论视域

从《刑法修正案（十一）》来看，立法机关对高空抛物、坠物的态度较为明确，确认该类犯罪危害公共安全的属性，但同时又认为此类犯罪不同于原有的以危险方法危害公共安全罪，危险性要更小一些。立法者的态度，对高空抛物、坠物案件的定性具有非常重要的指导意义。

（一）危害公共安全罪的保护客体

所谓的保护客体就是指刑法特定罪名所意欲保护的某一类社会关系。通说认为，《刑法》第二章所规定的危害公共安全罪的保护客体是社会的公共安全，即不特定或多数人的生命、健康和重大公私财产的安全。

所谓的“不特定”指的是侵害对象的不特定性，或者对象虽然特定，但无法预料和控制可能造成的后果及其程度。最典型的例子是为了杀某人而向其所在人群投掷炸弹的，因为爆炸行为可能造成的损害范围是行为人难以控

① [意] 切萨雷·贝卡里亚：《论犯罪与刑罚》，黄风译，第 124 页，北京，中国法制出版社，2002 年。

制的，可能只炸死了少数人，但危险随时具有向外发展的可能性。此时，刑法上会将这种行为判定为侵害了公共安全，构成危害公共安全罪。如果是为了杀某人而将其骗到人迹罕至的郊外，然后引爆炸弹的，由于周边环境的特殊性导致受害人只可能是被害人一人，不具备侵害不特定或者多数人的危险，就不能构成危害公共安全罪。而“多数人”是相对于那些一般只危害少数人的犯罪而言的，如果侵害具有特定性，那么只有在可能受到侵害的人数较多的情况下，受损法益才会提升到公共安全的高度。[①]问题在于，受侵害的人数达到多少时才可以认定为多数？有学者认为，“多数人”体现了一种受害者的公共性，主要还是与实施行为的方式联系在一起。如果是以放火、爆炸等危险方法实施的侵害行为，并且侵害了众多人的生命、健康，或者产生了重大财产损失，就具备侵害公共安全的属性。而非以危险方法实施的侵害行为，即使行为具有一定的公共性，也不能构成危害公共安全罪。[②]简单来说，“不特定”“多数人”和危险方法是相互限制、彼此关联的。危险方法的核心特征就是，一经实施即可同时威胁不特定或多数人的生命健康或财产法益。

（二）危险方法的同质性解释

以危险方法危害公共安全罪的条文采取的是列举加概括性兜底表述的立法方案，在放火、决水、爆炸、投放危险物质之外，还提出了“其他危险方法”这一兜底性规定。但对“其他危险方法”不能随意解释，必须受到与前述具体危险方法的同质性限制。

其他危险方法必须与放火、决水、爆炸和投放危险物质行为具有同质性，这是由刑法条文的规定方式所决定的。当刑法分则条文在列举了语义确定的犯罪构成要素之后，又使用“等”“其他”之类的概念时，对于其概括指代的内容必须作出同质性的解释。因此，就以危险方法危害公共安全罪而言，“在性质上，‘其他方法’必须等同于放火、决水、爆炸和投放危险物质，即行为本身一经实施就具备了难以预料、难以控制的高度危险性；在程

---

① 高铭暄：《刑法学》（第六版），第 331 页，北京，北京大学出版社，2014 年。

② 曲新久：《论刑法中的“公共安全”》，载《人民检察》，2010 年第 9 期，第 19 页。

度上，‘其他方法’又必须达到放火、决水、爆炸和投放危险物质所能产生的同等危险状态，即足以威胁不特定或者多数人的生命、健康以及重大财产安全。”①

判断行为是否具有危险方法的同质性，有一个实用且直观的标准，大部分时候都能够得出较为准确的判断：危险方法往往是同时能够造成数人或者不特定人受到侵害的方法，如果某种行为一次实施只会导致单人的法益侵害，即使事实上由于被数次实施而造成了数人的法益侵害，也不能认定为危险方法。例如，甲持刀在闹市随意捅刺路人，即便造成了数人的伤亡结果，也不能认为甲构成以危险方法危害公共安全罪。这是因为，多人受伤或死亡的后果不是由行为本身的危险性决定的，是由行为多次实施的实际情况决定的。同理，高空抛物、坠物案件也应当结合具体案情判断行为的危险性，如果是从楼上抛掷单个物品，不会同时造成不特定多数人受伤的结果，则不应当处以以危险方法危害公共安全罪。《刑法修正案（十一）》将高空抛物另立新罪，而不是归入原有的以危险方法危害公共安全罪，就是出于这样的考虑，认为一般的高空抛物行为不具有危险方法的属性。

（三）“侵害”与“威胁”

如前所述，以危险方法危害公共安全罪的判断并非是随意擅断，更类似于遵循科学解释方法、在严格限制下“戴着镣铐跳舞”，需要结合案发时现场的具体环境、行为人的犯罪情节谨慎定罪。在此基础上，如果重新阅读本文所讨论的蒋某某高空抛物案的判决书，读者的感受或许会产生很大变化。事实上，法院在判决书中并未说明蒋某某投掷物品时楼下是否有行人经过的问题，在论证部分使用的措辞是“被告人……虽未造成人身伤害或财产重大损失的严重后果，但足以危害公共安全，其行为已构成以危险方法危害公共安全罪”。②

---

① 孙万怀：《以危险方法危害公共安全罪何以成为口袋罪》，载《现代法学》，2010 年第 5 期，第 79 页。

② 陈龙辉：《龙岗警方发布〈高空坠物警情物业小区排行榜〉》，载深圳新闻网，2020 年 7 月 4 日；http://www.sznews.com/news/content/2020-07/04/content_23313701.htm，2020 年 7 月 11 日访问。

“足以危害公共安全”的表述说明，在法院看来，以危险方法危害公共安全罪的成立不需要被告人的行为实际上危害公共安全，只要具有足以危害公共安全的危险即可。这与《刑法》第一百一十四条的规定并不相同。《刑法》的原文采用的是“实际危害公共安全”的立场，规定：“放火、决水、爆炸以及投放毒害性、放射性、传染病病原体等物质或者以其他危险方法危害公共安全，尚未造成严重后果的，处三年以上十年以下有期徒刑。”“危害”和“足以危害”看起来区别不大，实际上折射出刑法理论中的“具体危险犯”与“抽象危险犯”之争。

一般认为，《刑法》第一百一十四条以危险方法危害公共安全罪是一种对具体危险犯的规定，该罪的犯罪既遂不要求造成侵害结果，但需要具备危害公共安全的具体危险。所谓的具体危险，是指“在司法上以行为当时的具体情况为根据，认定行为具有发生侵害结果的紧迫（高度）危险……在具体危险犯中，没有发生实害只是一种偶然。”[①]而抽象的危险也是一种紧迫的危险，只是由于刑法的规定，不需要司法上的具体判断。只要行为人实施了特定的行为，就推定该行为已经造成了法益侵害的紧迫危险。例如，盗窃、抢夺枪支弹药罪中，刑法将任何情况下的盗窃、抢夺行为都拟制为具有公共危险的行为，就属于抽象危险犯。

简单来说，具体危险犯中的危险需要结合案情进行司法的具体判断，而抽象危险犯中则不必如此。在上海闵行区蒋某某高空抛物的案件中，法院的判决思路更类似于对抽象危险犯的判断而非具体危险犯。这或许并不能归咎于法院本身，因为在前述《关于依法妥善审理高空抛物、坠物案件的意见》中，第五条明确规定：“故意从高空抛弃物品，尚未造成严重后果，但足以危害公共安全的，依照《刑法》第一百一十四条规定的以危险方法危害公共安全罪定罪处罚。”这一规定突破了《刑法》第一百一十四条“危害公共安全”的规定，将未实际危害公共安全，但足以危害公共安全的情形也纳入本条规定之罪的处罚范围。即便司法解释的原意并非如此，这样的表述至少

① 张明楷：《刑法学》（第五版），第 167 页，北京，法律出版社，2016 年。

也是令人迷惑的。“在一些下级司法机关原本就没有正确区分‘足已造成实害’与‘足以造成危险’的司法现状下，在下级司法机关没有充分理解和适用《刑法》第一百一十四条的‘危害公共安全’的当下更不宜将《刑法》第一百一十四条中的‘危害公共安全’变更表述为‘足以危害公共安全’”。[①]

（四）刑法对“风险社会理论”的回应

在《刑法修正案（十一）》的制定过程中，社会各界对惩治高空抛物、坠物行为的呼声发挥了直接的作用。作为对这种呼声的回应，立法机关倾向于制定单独罪名来规制此类行为。

《刑法修正案（十一）》第三十三条即是对高空抛物的规定。该条对罪状的描述是“从高空抛掷物品，危及公共安全的”情形。从语义上看，新制定的高空抛物罪也属于具体危险犯。刑法理论认为，一个完整的法益侵害过程包括危险产生、发展，逐步具象化，最终变为现实的诸多环节。对于一部分犯罪，刑法处罚的是它所造成的危害结果；对于另一部分犯罪，刑法不仅处罚危害结果，还处罚它所创设的风险。将“危险”入刑是近年来刑法发展的一个重要趋势，《刑法修正案（八）》是这一趋势的直观展现，将数个实害犯修正为危险犯。例如，《刑法修正案（八）》修改了《刑法》第三百三十八条污染环境罪的条文，删去了原条文中“造成重大环境污染事故，致使公私财产遭受重大损失或者人身伤亡的严重后果的”这一关于危害结果的规定，只要行为人是在特定保护区排放污染物，或者排放的污染物达到一定数量，就可以构成污染环境罪。这一修改使得环境污染的犯罪标准在法益侵害的自然过程中前移，提前了刑罚处罚的实现。

刑法之所以作出这样的修正，是应对风险社会的需要。风险社会理论由德国著名社会学家乌尔里希·贝克提出，其主旨是以“风险”作为分析工具，揭示工业时代社会转型的特殊性。贝克认为，风险社会与传统的工业社会不同。在传统的工业社会中，社会关注的焦点在发展生产力、解决物质短缺的问题上，对工业化带来的消极后果则无过多重视。而在风险社会中事情则不

① 高铭暄：《刑法学》（第六版），第 18 页，北京，北京大学出版社，2014 年。

是这样，伴随工业化而来的风险成为一种促进社会发展的重要力量，对风险的关注孕育出社会系统地处理现代化自身招致危险和不安全感的方式。①

“现代社会风险复杂而矛盾的特性决定了风险社会中的政策基调：不是要根除风险或被动地防止风险，也不是简单地考虑风险的最小化，而是设法控制不可预知的风险，并尽量公正地分配风险。”②正是因为经济的急速发展和社会的高度分化，社会风险呈现出复杂化、广泛化的特征，刑事立法不得不对此作出回应。但是，“立法的频繁使得我们必须保持足够的警惕，防止刑法无节制的扩张”③，这不仅要求立法机关谨慎立法，还要求司法机关严格按照立法的规定，不能私自扩大犯罪圈。对于高空抛掷物品的问题应当遵循如下的裁判思路：首先判断行为是否造成了严重后果，如果造成了财产损失或人身伤亡的结果，应当结合行为人的主观态度判断是否构成杀人、伤害或者损毁财物类犯罪。如果未造成严重后果，则需要判断行为是否达到了对公共安全的具体危险。只有在构成具体危险的情况下，才能成立《刑法修正案（十一）》新增设的高空抛物罪。如果既没有造成严重后果，又不构成对公共安全的具体危险，只能不作为犯罪处理，以民法或行政法规加以规制。

五、反思与启示：个人自由的边界

高空抛物案件在刑法上并非难以处理的疑难问题，对这类案件进行反思和解构，社会意义远大于刑法意义。这类案件之所以引发社会的广泛热议、为人们所深恶痛绝，一个很重要的原因是：高空抛物对行为人未必有利，却对社会共同体中的其他个体危害巨大，是所谓的“损人不利己”的行为。这在我国的传统道德观念中非常值得谴责，也引发了人们关于个人自由边界的思考。

自新文化运动以来，“自由”观念被赋予了启发民智、救亡图存的深刻含

---

① [德]乌尔里希·贝克：《世界风险社会》，吴英姿、孙淑敏译，第5页，南京，南京大学出版社，2004年。

② 劳东燕：《风险社会中的刑法》，第36页，北京，北京大学出版社，2015年。

③ 高铭暄：《风险社会中刑事立法正当性理论研究》，载《法学论坛》，2011年第4期，第8页。

义。在中国古代，“自由”这个词更侧重于回向内心，如《庄子·列御寇》中列子御风而行，虚而遨游；再如隐士如陶渊明“采菊东篱下，悠然见南山”。直到封建社会濒临崩溃的近代，“自由”一词的另一重含义才浮出水面。当人们谈论自由的时候，不再是坐而谈玄，而是在争取一种不受外力限制或束缚的个人状态。“自由”作为一种权利，其定义众说纷纭。在约翰·密尔看来，自由是“社会所能合法施用于个人的权力的性质和限度”。[①] 在康德看来，自由是“所有理性存在者的意志的特性……每一个只是按照自由观念行动的存在者，在实践方面，才是真正的自由”。[②] 事实上，自由的概念是有多个维度的，无论是中国古代作为一种人生态度的自由，还是密尔笔下作为一种社会规则的自由，抑或是康德所说作为理性意志的自由，都是自由概念不同维度的体现。在不同的历史时期，自由展现出不同的含义。“自由主义在历史上有解除束缚的作用”，[③] 但在现代社会，在个人自由得到张扬、在社会治理手段走向多元化的大环境下，个人自由的界限问题应当重新回到讨论者的视野之中。

自由从来都是有限度的，这种有限性在城市生活中表现得尤为突出。随着城市化进程的推进，公民与公民之间的空间距离缩短，权责关联程度却因此提升。在城市的高楼大厦之中，每一户居民都与他人或多或少地共用着生存空间，自身的一举一动都会直接影响到他人的生活状态。在这种情况下，个人必须让渡自己的一部分自由，同时容忍一部分他人的自由，社会生活才能够平稳运行。毫无疑问，个人自由的行使不能以危害他人利益为代价，这是当代社会不可逾越的铁则。

回顾近年来引发热议的高空抛物事件，抛物者的行为动机主要有两类：一类发泄情绪，例如本案中的蒋某某就是因与父母产生争执，为泄愤而将家中财物从高楼扔下；一类是谋求个人方便，部分高空抛物事件中，被抛掷楼

① [英] 约翰·密尔：《论自由》，许宝骙译，第 1 页，北京，商务印书馆，2015 年。

② [德] 伊曼努尔·康德：《道德形而上学基础》，孙少伟译，第 201 页，北京，中国社会科学出版社，2009 年。

③ 胡适：《容忍与自由》，第 20 页，南京，江苏文艺出版社，2013 年。

下的主要是生活垃圾、废弃物品，甚至是人畜排泄物。行为人为了满足自己的特定需求，毫不顾忌对他人可能产生的人身安全等方面的影响，严重欠缺公德之心和对社会的责任感。换句话说，行为人看似是在行使个人生活的自由，实则是在以自由的名义实施对他人和社会公共利益的侵害，这是对个人自由的严重误读，必须得到及时、彻底的纠偏。

（曾一珩）

“未满 14 周岁”是现代免死牌吗

——大连 10 岁女孩被杀案

引言

2019 年 10 月 24 日 21 时 20 分许，大连警方通过其微博账号“大连公安”发布了一则消息，称：“2019 年 10 月 20 日 19 时许，公安机关接到报警，沙河口区发生一起故意杀人案，受害者某某（女，10 岁）被害身亡。接警后，市公安局高度重视，立即组成专案组全力开展侦查。经连夜工作，于当日 23 时许，在走访调查中发现蔡某某（男，2006 年 1 月出生，13 岁）具有重大作案嫌疑。到案后，蔡某某如实供述其杀害某某的事实。依据《刑法》第十七条第二款之规定，加害人蔡某某未满 14 周岁，未达到法定刑事责任年龄，依法不予追究刑事责任。同时，公安机关依据《刑法》第十七条第四款之规定，按照法定程序报经上级公安机关批准，于 10 月 24 日依法对蔡某某收容教养。”

据报道，该案被害人为小琪，是在上完美术课回家的途中遇害的。当时，加害人蔡某某把小琪骗到家中，想要性侵年仅 10 岁的小琪，而可能是由于小琪的反抗惹怒了蔡某某，蔡某某用刀子连捅了小琪 7 刀，导致小琪流血过多死亡。事后，蔡某某把小琪的尸体扔到了距离家不远处的绿化带内，并用塑料袋将小琪尸体压住。在小琪家人找到小琪尸体时，所有人都震惊了，小琪的裤子居然被脱到了膝盖以下，上衣也非常凌乱。而蔡某某在作案后在班级微信群里试图为自己脱罪，声称自己是偶然间碰到了小琪的尸体，并顺手把带有血迹的纸巾扔到了现场；同时还强调自己未满 14 周岁，并未达到承担刑事责任的法定年龄。蔡某某在小琪死后，还两次特意当面询问小琪父母是否找到了小琪；在众人发现小琪尸体的现场，蔡某某说了一句：“不就是杀了一个人吗？”①

大连警方的消息一经发布，迅速引爆了整个中国舆论圈。例如，有媒体就写道：“最近大连10岁女孩被杀案闹得人尽皆知，13岁的男孩在杀人后一度抛尸藏凶器，案发后因为犯罪嫌疑人为未成年人，不予追究刑事责任，仅仅被收容教养。这一举措引发了广大网友的愤慨，众人对《未成年人保护法》，究竟是保护谁闹得沸沸扬扬。杀了人居然还不用负刑事责任，只是去收容所教养几年就完事了？众多网友纷纷表示这处罚太轻了，就算是未成年人也该对自己的过错负刑事责任，而不是收容教养了事！如此，不得不让人深思，《未成年人保护法》究竟保护的是谁？同样是未成年人，加害者仅仅是收容教育，而被害者又得到了什么？”②还有网友感慨道：“同样是未成年人，凭什么施害者能受到保护，被害者却只能逝去？事到如今，回忆起这件事发生的前因后果，仍觉得心头一惊……每当孩子做了错事，我们总会以‘他还是个孩子’来原谅他所犯下的错。但现在的孩子，我们又真正了解多少呢……犯罪哪里分大人和小孩，只有坏人而已！虽然这种极其恶劣的未成年犯罪事件带有偶发性，但不能不引起法律的充分重视……防范和惩戒未成年人犯罪，其实是对其他未成年人，甚至是成年人最大的保护。”③而有媒体更是指出：“就在大家还在疑惑的时候，10月25日，一女邻居确认，蔡某某曾尾随她两次，第一次拍了她肩膀，第二次跟进门。该女邻居的丈夫表示，被尾随的事情发生以后，他们也到派出所报过案，他们说出这样的事情，就是不想让蔡某某被放出来，他们觉得蔡某某对社会的危害太大了，并不是收容管教以

---

① 小郭老师谈教育：《央视点评大连 10 岁女孩被害一案，不愧是仗义执言白岩松！》，载百度，2019 年 11 月 4 日；https：//baijiahao.baidu.com/s？ id=1649164455151359004&wfr=spider&for=pc，2020 年 7 月 15 日访问。

② 《大连 10 岁女孩被杀案　男孩仅判 3 年收容》，载 B2B 网站大全网，2019 年 10 月 28 日；https：//www.b2b101.com/public/bba022c4.html，2020 年 7 月 15 日访问。

③ 创意社长：《大连 10 岁女孩被杀案最新进展：还是放过了，那个未成年人》，载搜狐网，2019 年 10 月 31 日；https：//www.sohu.com/a/350677213_290609，2020 年 7 月 15 日访问。

后，他就能够改变的。如果关了几年之后，就被放出来，还是继续会危害社会的。从外表来看，根本看不出来是一个未成年人，一个13岁的男孩，长一米七多。”①

在几乎全民的愤慨声中，大家一方把声讨的对象对准了本案的加害人蔡某某，另一方则显然将矛头指向了我国现行刑法中关于刑事责任年龄的规定。就笔者的观察而言，在网络讨论中，除极少数人士表示支持我国现行刑事责任年龄制度以外，例如有学者指出："此案引起了降低未成年犯罪刑事责任年龄到14岁以下的普遍呼声，但在笔者眼中，基于愤怒盲目呼吁并不可取。虽然当前未成年人犯罪呈现出低龄化趋势，是否降低刑事责任年龄仍然需要慎重考虑和充分讨论”②；大多数讨论者几乎都在质疑我国现行刑事责任年龄制度的合理性，认为我国现行刑法对刑事责任年龄的规定由于过高而不切实际，因而有放纵犯罪之嫌，立法机关有必要立即开启降低刑事责任年龄的刑法修正进程，以进一步防止此类恶性事件的再次发生。③

一、刑事责任年龄制度的对与错

事实上，近年来未满14周岁未成年人采取极端残忍的手段实施严重暴力伤害案件不断曝光，除上述大连10岁女孩被杀案以外，还有13岁盐城少年杀母案、12岁沅江男童杀母案等，如何惩处未满14周岁未成年人实施的严重失范行为，不仅在网络上引起了媒体与大众的急切关注，在法学理论界与实务界同样引起了广泛讨论。

（一）降低现行刑事责任年龄

2017年，公安部推动了《治安管理处罚法》修订工作的开启，在修订公

①《大连杀人男孩被曝曾多次尾随女性》，载B2B网站大全网，2019年10月26日；https://www.b2b101.com/public/26f29bd9.html，2020年7月15日访问。

② 赵倩誉：《大连10岁女孩被杀案：法理讨论不应盲目进行》，载红网，2019年10月30日；https://hlj.rednet.cn/content/2019/10/30/6174368.html，2020年7月15日访问。

③ 据称，在一项网络调查中，有88%的受访者表示，支持将我国现行刑法所设定14周岁刑事责任年龄下调至12周岁。陈禹衡、王金雨：《对提倡恶意补足年龄制度的批驳——以农村留守儿童为分析视角》，载《山东青年政治学院学报》，2020年第3期，第97页。

开征求意见稿中，公安部拟提议将执行行政拘留处罚的最低适用年龄由 16 周岁下调至 14 周岁。2012 年《治安管理处罚法》第二十一条规定："违反治安管理行为人有下列情形之一，依照本法应当给予行政拘留处罚的，不执行行政拘留处罚：（一）已满十四周岁不满十六周岁的；（二）已满十六周岁不满十八周岁，初次违反治安管理的；（三）七十周岁以上的；（四）怀孕或者哺乳自己不满一周岁婴儿的。"即对 14—16 周岁的未成年人违反治安管理的，绝对不执行行政拘留处罚；对于 16—18 周岁的未成年人违反治安管理的，只有对累犯者才执行行政拘留处罚，对初犯者也不执行行政拘留处罚。这一规定的立法初衷是保护未成年失范者的身心健康，避免因关押对其造成难以抚平的身心伤害。然而，由于没有相应的配套性制度安排，实践中对违反治安管理而又不能执行行政拘留处罚的未成年失范者，往往是一放了之而不采取任何管束与帮教措施。而由此，这些有过违法行为的未成年人由于其失范问题并未实际解决，常常是一犯再犯、屡犯不改，最终走向犯罪的深渊，成为社会稳定的不确定因素。[①] 正如有学者在评析我国少年司法制度时所指出的："尽管在法律和实践维度有着显著进步，但我国的少年司法制度呈现出保护色彩浓重以及适用干预措施的单一性，其带来的最直接后果就是无法对尚未达刑事责任年龄触犯刑法的青少年，或者虽行为恶劣却尚未触犯刑法的青少年施行有效干预。"[②] 为了根治这一顽疾，2017 年公安部在其公布的《治安管理处罚法（修订公开征求意见稿）》中表示，拟向我国立法机关提议将执行行政拘留处罚的年龄起点由 16 周岁下降至 14 周岁，将原第二十一条修改为："违反治安管理行为人有下列情形之一，依照本法应当给予行政拘留处罚的，不执行行政拘留处罚：（一）已满十四周岁不满十八周岁，初次违反治安管理的；（二）七十周岁以上的，但是二年内曾因违反治安管理受过行政拘留处罚或者曾受过刑事处罚、免予刑事处罚的除外；（三）怀孕或者哺乳自己婴儿的。"

① 予顺法现：《〈治安管理处罚法〉将修改，征求意见稿新旧对比及解读》，载搜狐网，2019 年 6 月 13 日；https://www.sohu.com/a/320345114_120060615，2020 年 7 月 16 日访问。

② 安琪：《保护、惩治与预防——我国少年司法制度变迁七十年（1949—2019）》，载《中国青年研究》，2020 年第 2 期，第 39 页。

若据此，与适用原第二十一条不同，14—16周岁的未成年人若之后再违反治安管理，则不再像以前一样有着绝对不执行行政拘留处罚的优待地位，对累犯者必须执行，因而执行行政拘留处罚的年龄起点实际也就由16周岁下调至14周岁。

此外，2017年出台的《民法总则》也将原《民法通则》所设定的限制民事行为能力人年龄起点，由10周岁下调为8周岁。2017年《民法总则》第十九条规定："八周岁以上的未成年人为限制民事行为能力人，实施民事法律行为由其法定代理人代理或者经其法定代理人同意、追认，但是可以独立实施纯获利益的民事法律行为或者与其年龄、智力相适应的民事法律行为。"第二十条规定："不满八周岁的未成年人为无民事行为能力人，由其法定代理人代理实施民事法律行为。"而原《民法通则》第十二条第一款规定："十周岁以上的未成年人是限制民事行为能力人，可以进行与他的年龄、智力相适应的民事活动；其他民事活动由他的法定代理人代理，或者征得他的法定代理人的同意。"第二款规定："不满十周岁的未成年人是无民事行为能力人，由他的法定代理人代理民事活动。"

因而，与此相适应，不论是在法学理论界还是实务界，呼吁下调我国现行刑法所设定的14周岁刑事责任年龄的声音也日益响亮。例如，有观点提出："现行刑事责任年龄引发了一系列争议并产生一定困境，理论上刑事责任年龄已不符合实质因素——当前青少年的辨认和控制能力，实践中犯罪低龄化暴力化趋势日益明显，同时由于保障体系的不完善而导致实质的放纵。面对以上困境，刑法应当予以应对，从而发挥保障社会的功能。必须走出对未成年人适用刑法即是重打击并适用刑罚的误区。在澄清这个误区的前提下可以尝试降低刑事责任年龄，并借鉴美国恶意补足年龄规则这种相对弹性的制度模式设置恶意负责年龄阶段。当然，在降低的年龄起点、责任范围及恶意认定标准等方面也要作出适合我国国情的相应转化。"[①] 还有观点提出："现有关于未成年人犯罪刑事处遇政策或刑事责任年龄的争议主要存在双方各说

① 杨统旭：《现行刑事责任年龄规定的困境及出路》，载《青少年犯罪问题》，2018年第6期，第13页。

各理而论争焦点不明晰、非此即彼而类型区分不明显的特点，其中围绕的核心政策取向不仅是一个刑法问题，对于这一问题的澄清、解决具有现实紧迫性。应对未成年人犯罪，需要在'责任、惩治'与'复归、保护'的政策之间进行拿捏，保护与惩治属于两个不同维度的未成年人犯罪刑事处遇政策，对于'保护'偏绝对化的现实状况，需要'惩治'的消解与补充。应破除'刑不上未成年'的思维窠臼，抑制犯罪，刑罚的威慑效果是不可或缺的。散见于不同司法解释文件的分类思想并未得到理论上的系统梳理与总结。应当就不同类型的未成年人犯罪适用不同的宽严政策。"[①] 具体而言，该观点认为，立法应考虑将现行14周岁的刑事责任年龄下调至12周岁，但为了不过于扩大未成年人承担刑事责任的范围，结合目前未成年人恶性案件的现实形势与趋势，应对调整后12—14周岁未成年人承担刑事责任的范围进行缩限，应小于现行14—16周岁未成年人承担刑事责任的范围，[②] 仅限于故意杀人、故意伤害致人重伤或者死亡、强奸以及绑架。[③] 这样的意见也与近来诸位人大代表向"两会"所提交的议案内容大致相符。据称，2019年"两会"期间，有30名全国人大代表联名提交了一份关于修订《未成年人保护法》[④] 的议案，建议将未成年人承担刑事责任的年龄起点设置为12周岁，相对负刑事责任的年龄阶段设置为12—14周岁，完全负刑事责任的年龄起点设置为14周岁。[⑤]

（二）引入恶意补足年龄制度

除了主张直接降低现行刑事责任年龄的观点以外，为了应对当下日益严峻且多发的未成年人恶性案件，学界还有着一种也力主现行刑事责任年龄制

① 崔志伟：《保护与惩治之间：未成年人犯罪刑事政策的争议焦点与类型区分》，载《青少年犯罪问题》，2018年第1期，第38页。

② 现行14—16周岁未成年人承担刑事责任的范围为：故意杀人、故意伤害致人重伤或者死亡、强奸、抢劫、贩卖毒品、放火、爆炸、投毒。

③ 崔志伟：《保护与惩治之间：未成年人犯罪刑事政策的争议焦点与类型区分》，载《青少年犯罪问题》，2018年第1期，第44页。

④ 准确地说，刑事责任年龄制度是由《刑法》规定而并非由《未成年人保护法》规定的，因此要修改现行刑事责任年龄制度，应当提请修改的是《刑法》，而不是《未成年人保护法》。

⑤ 安琪：《保护、惩治与预防——我国少年司法制度变迁七十年（1949—2019）》，载《中国青年研究》，2020年第2期，第39页。

度改革且又较为有力的观点，那就是认为应当引入盛行于英美法系国家的恶意补足年龄制度。

例如，有学者就认为："近年来，不满14周岁未成年人实施故意杀人、强奸等严重暴力犯罪的案件时有发生。我国现行最低刑事责任年龄制度以生理年龄作为唯一标准，不考虑行为人实际心理成熟程度的做法，在犯罪日益低龄化、暴力化的当下，已不能满足法益保障和维护社会治安的实际需要，对完全不负刑事责任年龄制度的修改完善已势在必行。部分专家学者提出了降低最低刑事责任年龄的建议，但简单地降低责任年龄起点的做法并不能很好地应对未成年人犯罪的复杂性与差异性。因此，若能引入英美法系的'恶意补足年龄'规则，从技术层面对现行最低刑事责任年龄阶段的划分进行补充完善，结合目前正在推行的案例指导制度，形成具有中国特色的'恶意补足年龄'规则，可以有效提高我国应对犯罪低龄化现象的能力。"①

还有学者指出："随着校园暴力事件中未成年人犯罪低龄化趋势的加剧，僵化、单一的刑事责任年龄认定已然不能较好地管控该现象的发生。英美法系国家应对校园暴力事件中未成年人犯罪低龄化现象时，'恶意补足年龄'规则发挥着举足轻重的作用，并且已具备完善的体系构造。因此，我国有必要在全面研究该制度的同时，认清校园暴力低龄化犯罪治理的严峻态势，将其作为未成年人犯罪年龄认定的补充规则，以满足校园暴力低龄化防范的现实需求。"②

恶意补足年龄，英文称为"malice supplies want of age""malice supplies the age""malice is held equivalent to age"，是随着英美法系国家刑事责任年龄制度的发展而出现的一种制度，是判定未成年人刑事责任能力的方式之一，最初由英国著名律师布雷克斯顿在其所著的《英国法精义》一书中提出。布雷克斯顿认为，由于刑事责任能力的本质是辨认和控制自己行为的能力，因而完

① 何萍、陈松然：《论"恶意补足年龄"规则的价值及本土化途径》，载《青少年犯罪问题》，2020年第3期，第22页。

② 陈伟、熊波：《校园暴力低龄化防控的刑法学省思——以"恶意补足年龄"规则为切入点》，载《中国青年社会科学》，2017年第5期，第93页。

全按照年龄来确定刑事责任能力的办法是过于机械的，一个 11 周岁的儿童完全有可能如同一个 14 周岁的儿童那样成熟或狡猾，所以有必要采取恶意补足年龄的规则来对刑事责任能力的有无进行补充性的最终认定。即对于处于特定年龄阶段的未成年人，一般为 10—14 周岁的未成年人，先推定其不具有辨认和控制自己行为的能力，即不具有刑事责任能力，但控方或者说公诉方、检方有权利通过证明其具有“恶意”，即具有辨认和控制自己行为的能力，来推翻这一先在的推定。例如，控方可以通过证明涉案的未成年人曾经有过与涉案行为同样或者类似的危害行为，而推翻其不具有刑事责任能力的先在推定。①《布莱克法律词典》将“恶意补足年龄”解释为：“未到青春期的儿童被推定为缺乏必要的犯罪意图，除非证明其有明确的犯罪意图。”②

不过，在对恶意补足年龄制度的内容进行具体理解时，关于该制度所适用的准确年龄阶段，国内学界有不同看法。有的学者认为，恶意补足年龄制度是关于相对刑事责任年龄的规定，仅适用于处于相对刑事责任年龄阶段的未成年人；如果涉案的未成年人处于无刑事责任年龄阶段，那么则无法对其适用恶意补足年龄制度。例如，有学者指出：“因为人们认识到未成年人在某些特殊情况下是具有恶意的，一个 11 岁的人可能和 14 岁的人一样的狡猾。所以，在证明存在恶意的情况下，未成年人应该受到惩罚。在上述思想的指导下，“恶意补足刑事责任年龄”被提出。这一改变最重要的影响就在最低的刑事责任年龄的基础上，规定了一个更高的附条件的年龄，在这个最低刑事责任年龄与更高的附条件的年龄之间，未成年人被推定为无犯罪能力，而最终是否需要承担刑事责任取决于对其个人的评价。”③而相反，有学者认为，恶意补足年龄制度是针对刑事责任年龄起点的规定，是对于在最低刑事责任年龄以下且又处于特定年龄阶段的未成年人的规定。例如，有学者归纳道：

① 何萍、陈松然：《论“恶意补足年龄”规则的价值及本土化途径》，载《青少年犯罪问题》，2020 年第 3 期，第 22 页；陈禹衡、王金雨：《对提倡恶意补足年龄制度的批驳——以农村留守儿童为分析视角》，载《山东青年政治学院学报》，2020 年第 3 期，第 97 页。

② Bryan A. Garner， Black’s Law Dictionary， Thomson Reuters， 2009， p.1144。

③ 俞元恺：《英美法系“恶意补足刑事责任年龄”的本质与借鉴可能——关于当前降低刑事责任年龄争议的回应》，载《预防青少年犯罪研究》，2020 年第 1 期，第 91 页。

“‘恶意补足年龄’规则的基本含义是指，对于处在特定年龄阶段的不满最低刑事责任年龄的未成年人，原则上推定其不具有刑事责任能力，但该推定又可以被推翻，如果控方能够充分证明该未成年人在实施刑法所禁止的严重危害行为时具备‘恶意’，即意识到行为的错误性（抑或是社会公众对该行为的消极评价）且执意为之，则可否定之前对其作出的不具有刑事责任能力的推定，视为已达刑事责任年龄，该未成年人也就最终需要对已经产生的严重危害结果承担刑事责任。简而言之，‘年龄不足，恶意来补’，年龄不再是绝对的免责理由。”[①] 不过，值得特别注意的一点是，国内力主引入恶意补足年龄制度且又认为该制度是关于相对刑事责任年龄之规定的学者，往往会同时认为，对于我国现行刑事责任年龄制度的改革来说，降低我国现行刑法所设置的最低刑事责任年龄即刑事责任年龄起点，是引入恶意补足年龄制度的先在条件。例如，前述所引的认为恶意补足年龄制度是关于相对刑事责任年龄之规定的学者，也是主张引入恶意补足年龄制度的学者，而其就明确直言：“‘恶意补足刑事责任年龄’本质是关于相对负刑事责任年龄的规定，其是被限定在相对负刑事责任的年龄阶段中的。”“所以说，如果我国保持现有的关于相对负刑事责任年龄的规定不变，即使引入‘恶意补足刑事责任年龄’，14 周岁以下的未成年人即使犯罪依然不会受到惩罚。只有在降低最低刑事责任年龄的情况下，才能使惩处 14 周岁以下的未成年人成为可能。可见，抛开降低最低刑事责任年龄去谈适用‘恶意补足刑事责任年龄’以应对未成年人犯罪低龄化问题是毫无意义的。换句话说，通过刑事处罚的方法应对未成年人犯罪低龄化的问题的关键在于降低最低刑事责任年龄。”[②] 而这也就是说，目前我国主张引入“恶意补足刑事责任年龄”制度的学者其实都会认为，应当在我国现行刑法所设置的 14 周岁刑事责任年龄之下，来确定可适用“恶意补足刑事责任年龄”制度的年龄阶段。

① 何萍、陈松然：《论“恶意补足刑事责任年龄”规则的价值及本土化途径》，载《青少年犯罪问题》，2020 年第 3 期，第 22 页。

② 俞元恺：《英美法系“恶意补足刑事责任年龄”的本质与借鉴可能——关于当前降低刑事责任年龄争议的回应》，载《预防青少年犯罪研究》，2020 年第 1 期，第 93 页。

恶意补足年龄制度在英国被广泛适用，对同属英美法系的美国也产生了重要的影响，与美国少年司法制度一道形成了极具鲜明特色的美国少年司法体系。美国《模范刑法典》将 7—14 周岁设置为可适用恶意补足年龄制度的年龄阶段，规定："7 岁至 14 岁为推定刑事责任年龄阶段，如果控方有足够的证据证明行为人有责任能力的，要负刑事责任。"① 其各州刑法也根据自身的实际情况对可适用恶意补足年龄制度的年龄阶段进行了设置："在美国的俄克拉荷马州，7 岁至 14 岁的儿童，如果在没有明确的证据证明他们在实施被指控的行为时知道其不法行为，则不具有刑事责任能力。"②"同样的规定也出现在内华达州的立法中，只是相对负刑事责任的年龄范围是 8 岁至 14 岁，并且将 8 岁至 10 岁的未成年人所应承担刑事责任的犯罪范围缩小到谋杀和性犯罪。"③ 然而，对于我国是否应当引入恶意补足年龄制度这一问题来说，需要特别警醒的一点是，虽然该制度目前的现状是在英美法系国家存在着广泛的相关规定，但就其于英美法系国家的未来发展趋势而言，并非是越发流行、普遍，而是正在走向衰亡。例如，有学者就发现："在英国，1992 年的'毁车盗窃案'中将恶意补足年龄制度实际予以取消，并于 1998 年颁布法案彻底取消，而在随后的 2009 年，英国的上议院再次重申了这一决定，并且将英国的刑事责任能力下调至 10 周岁。在典型的 DPP v.Camplin 案中，充分地体现了对未成年人辨识能力的特殊考量，改变了在过去适用的确定一般人标准时完全不考虑个人特征的立场。在该案中，被告人作为一名 15 周岁的男孩，在被被害人鸡奸后又被嘲讽，因而盛怒之下用煎锅猛击被害人头部致其死亡，在考虑是否构成挑衅的辩护时，摒弃了一以贯之的'一般成年人'（reasonable

① 转引自蓝晓蓉：《域外未成年人刑事责任年龄制度》，载《人民法院报》，2009 年 11 月 8 日第 8 版。

② 参见俄克拉荷马州立法机关网站，https: //www.google.com/search ? q=oklahoma+statutes&o-q=OKLAHOMA+STATUTES&aqs=chrome.0.0l6.493j0j8&sourceid=chrome&ie=UTF-8. 转引自俞元恺：《英美法系"恶意补足刑事责任年龄"的本质与借鉴可能——关于当前降低刑事责任年龄争议的回应》，载《预防青少年犯罪研究》，2020 年第 1 期，第 91 页。

③ 参见内华达州立法机关网站，https: //www.leg.state.nv.us/NRS/NRS-194.html. 转引自俞元恺：《英美法系"恶意补足刑事责任年龄"的本质与借鉴可能——关于当前降低刑事责任年龄争议的回应》，载《预防青少年犯罪研究》，2020 年第 1 期，第 91 页。

adult)”的标准，而是采用了对‘一般少年（reasonable boy）’的标准，要求考虑被告人年龄的因素。由上述案例可以得出，对于未成年人犯罪而言，刑事责任能力和刑事责任年龄的分析也摆脱了单纯的报应刑的桎梏，对于未成年人犯罪，将更多的介入因素纳入考虑的范畴，旧有的恶意补足年龄制度已经失去了生存的土壤。”①

对于力主引入恶意补足年龄制度的观点，笔者认为，从本质上讲，与其说其是在改变我国现行刑法所确立的与年龄相关的刑事责任能力判断实体标准，不如说其是意图从刑事证据、刑事诉讼的层面改变相应事实认定的证据规则。因为恶意补足年龄制度的核心要义在于摆脱年龄所具有的形式化、机械化禁锢，而从实际、实质的层面灵活地以恶意的有无来认定刑事责任能力的有无，一方面既未完全否定、抛弃刑事责任认定对年龄这一因素的关注；另一方面也并未明确设立新的刑事责任年龄节点。也正是在这一意义上，恶意补足年龄制度往往被视为一种弹性化的刑事责任年龄制度，其关键之处并不在于如何具体地设置刑事责任年龄节点，而是在于在认定刑事责任能力的过程中，弹性化地认可恶意否定或者说超越年龄的可能性，不走唯年龄论的极端路线。

李玫瑾教授更是直接从刑事证据法的角度提出，应当改变我国现行未成年人刑事责任能力认定之证据规则的声音。其指出：“本来犯罪‘行为’是法律禁止的底线，对于已经完成的犯罪行为，法律还特别设置了‘刑事责任能力’。刑事责任能力中无论‘精神病态’还是‘年龄’，其判断根据都超出刑法学的研究。于是，刑事司法将前者交给并不研究犯罪行为和犯罪心理的司法鉴定机构；后者则参照世界各国普遍规定的责任年龄标准，虽然也有生理—心理方面的考虑，但对其根据仍有质疑。既然刑事立法的起点是行为，就不可忽视行为证据在判断刑事责任能力中的作用。行为证据有四个客观特性可以辅助刑事责任能力的判断。在遇到特定案件时，无论精神状态还是年龄，可以考虑将‘行为证据’作为刑事责任能力鉴定的补充，从而使刑事责

① 陈禹衡、王金雨：《对提倡恶意补足年龄制度的批驳——以农村留守儿童为分析视角》，载《山东青年政治学院学报》，2020年第3期，第98页。

任能力的判断更为严谨和科学。"[①]所谓"行为证据",是指行为信息。运用行为证据,就是指通过分析犯罪嫌疑人作案前后的各种行为信息来对相应的案件事实作判断。行为证据的四特性,则包括行为指向的预期性、行为策划的隐匿性、行为实施的掩逸性以及行为陈述的谎言性。显然,恶意正是行为证据的一种。

二、我国刑法中有关年龄的规定

是否需要或可以改变我国现行刑法所确立的刑事责任年龄制度,并非一个简单的问题。因为年龄对于定罪量刑来说是一个极为复杂的因素,在我国现行刑法以及相关司法解释中,有着大量的关于年龄的规定:

(一)《刑法》总则中关于定罪的年龄规定

首先,对于所有犯罪的认定或者说入罪,我国现行刑法确立了完全无刑事责任能力、相对有(也可以说"相对无")刑事责任能力以及完全有刑事责任能力的三分制刑事责任年龄制度,这也正是本文所关切的方面。在我国《刑法》第一编"总则"第二章"犯罪"第一节"犯罪和刑事责任"中,第十七条分四款就年龄对未成年人刑事责任能力的影响作了规定。其中,第一款规定:"已满十六周岁的人犯罪,应当负刑事责任。"第二款规定:"已满十四周岁不满十六周岁的人,犯故意杀人、故意伤害致人重伤或者死亡、强奸、抢劫、贩卖毒品、放火、爆炸、投放危险物质罪的,应当负刑事责任。"[②]因而,据此在入罪上我国刑事责任年龄分为三个阶段,包括大于16周岁的完全有刑事责任能力阶段、14—16周岁的相对有刑事责任能力阶段,以及小于14周岁的完全无刑事责任能力阶段。处于完全有刑事责任能力之年龄阶段的人,需要对自己所犯的所有类型的犯罪承担刑事责任;处于完全无刑事责任能力之年龄阶段的人,无须对自己所犯的任何类型的犯罪承担刑事责

① 李玫瑾:《从刑事责任年龄之争反思刑事责任能力判断根据——由大连少年恶性案件引发的思考》,载《中国青年社会科学》,2020年第1期,第10页。

② 第五款规定:"因不满十六周岁不予刑事处罚的,责令其父母或者其他监护人加以管教;在必要的时候,依法进行专门矫治教育。"

任；而处于相对有刑事责任能力之年龄阶段的人，需要也仅需要对 8 种犯罪承担刑事责任，即需要也仅需要对故意杀人、故意伤害致人重伤或者死亡、强奸、抢劫、贩卖毒品、放火、爆炸、投放危险物质罪承担刑事责任，若所犯之罪并不在此 8 种之列则无需承担刑事责任。

对于我国在入罪上采取的三分制刑事责任年龄制度，有三点值得特别注意：其一，已满 16 周岁的人即已处于完全有刑事责任能力的年龄阶段，不论其是否已经达到了 18 岁的成年年龄，只要其行为构成犯罪，就应当承担刑事责任。换言之，在我国，完全有刑事责任能力的年龄节点与成年的年龄节点并不一致，并非仅有成年人才是处于完全有刑事责任能力之年龄阶段的人，中国传统文化影响下“未成年人做错事可以被原谅”的观点，并不完全契合我国现行刑法的精神与规定。当然，这一点不仅在我国是如此，在其他国家亦是如此。例如，英国的完全刑事责任能力年龄节点为 14 周岁，而成年年龄节点是 18 周岁，前者低于后者 4 周岁，这一差距较我国的而言还高出 2 周岁。其二，不满 14 周岁的未成年人实施了任何类型的犯罪行为都不承担刑事责任，而所谓“满”则是从公历周岁生日后的一天算起，不含生日当天——14 岁生日当天依旧为不满 14 周岁。对此，我国相关司法解释有着明确的规定。2006 年最高人民法院出台的《关于审理未成年人刑事案件具体应用法律若干问题的解释》（以下简称《解释》）第二条指出：“刑法第十七条规定的‘周岁’，按照公历的年、月、日计算，从周岁生日的第二天起算。”①同时，为严格执行这一标准，该解释还在第三条、第四条以及第十二条第一款分别规定：“审理未成年人刑事案件，应当查明被告人实施被指控的犯罪时的年龄。裁判文书中应当写明被告人出生的年、月、日。”（第三条）“对于没有充分证据证明被告人实施被指控的犯罪时已经达到法定刑事责任年龄且确实无法查明的，应当推定其没有达到相应法定刑事责任年龄。相关证据足以证明被告人实施被指控的犯罪时已经达到法定刑事责任年龄，但是无法准确查明被告人具体出生日期的，应当认定其达到相应法定刑事责任年龄。”（第

① 2013 年最高人民检察院出台的《人民检察院办理未成年人刑事案件的规定》第八十条规定：“实施犯罪行为的年龄，一律按公历的年、月、日计算。从周岁生日的第二天起，为已满 ×× 周岁。”

四条)"行为人在达到法定刑事责任年龄前后均实施了犯罪行为，只能依法追究其达到法定刑事责任年龄后实施的犯罪行为的刑事责任。"(第十二条第一款)其三，处于相对有刑事责任能力之年龄阶段的未成年人，需要对 8 种特定的犯罪承担刑事责任，而所谓的 8 种犯罪是指 8 种特定的行为，而非 8 种特定的罪名。换言之，由于刑法法条之间的错综复杂的关系，想象竞合、法条竞合等情形常常容易出现，但只要处于相对有刑事责任能力之年龄阶段的未成年人实施了 8 种特定性质的行为，即便在罪名上并非依照此 8 种罪名对其论处最为合适，也依然可对其追究刑事责任。例如，在此 8 种犯罪中并不存在着关于绑架的规定——其中并无"绑架"二字，但是如果处于相对有刑事责任能力之年龄阶段的未成年人实施了绑架杀人的行为，那么尽管此一行为依照绑架罪论处而非依照故意杀人罪论处最为合适，[①] 也依旧可以追究该行为人的刑事责任。对此，我国也是有着明文规定的。2002 年全国人大常委会法制工作委员会出台的《关于已满十四周岁不满十六周岁的人承担刑事责任范围问题的答复意见》(以下简称《意见》)、2003 年最高人民检察院法律政策研究室发布的《关于相对刑事责任年龄的人承担刑事责任范围有关问题的答复》(以下简称《答复》)，以及《解释》[②]，均明确指出相对刑事责任年龄所对应的 8 种犯罪是指 8 种罪行而非罪名。

《意见》指出："刑法第十七条第二款规定的八种犯罪，是指具体犯罪行为而不是具体罪名。对于刑法第十七条中规定的'犯故意杀人、故意伤害致人重伤或者死亡'，是指只要故意实施了杀人、伤害行为并且造成了致人重

---

① 我国现行《刑法》在第二百三十九条规定了绑架罪："以勒索财物为目的绑架他人的，或者绑架他人作为人质的，处十年以上有期徒刑或者无期徒刑，并处罚金或者没收财产；情节较轻的，处五年以上十年以下有期徒刑，并处罚金。犯前款罪，杀害被绑架人的，或者故意伤害被绑架人，致人重伤、死亡的，处无期徒刑或者死刑，并处没收财产。以勒索财物为目的偷盗婴幼儿的，依照前两款的规定处罚。"此处关于绑架杀人的规定是历经两次刑法修正而形成的。2009 年《刑法修正案(七)》第六条在 1997 年原规定的基础上，增加了"情节较轻的，处五年以上十年以下有期徒刑，并处罚金"的规定，并将原规定中的"致使被绑架人死亡或者杀害被绑架人"单立为第二款。而 2015 年《刑法修正案(九)》第十四条则将 2009 年单立出来的第二款，即"犯前款罪，致使被绑架人死亡或者杀害被绑架人的，处死刑，并处没收财产"，修改成了如今的第二款。

② 2006 年最高人民法院出台的《关于审理未成年人刑事案件具体应用法律若干问题的解释》。

伤、死亡后果的，都应负刑事责任。而不是指只有犯故意杀人罪、故意伤害罪的，才负刑事责任，绑架撕票的，不负刑事责任。对司法实践中出现的已满 14 周岁不满 16 周岁的人绑架人质后杀害被绑架人，拐卖妇女、儿童而故意造成被拐卖妇女、儿童重伤或者死亡的行为，依据刑法是应当追究其刑事责任的。”

《答复》指出：“一、相对刑事责任年龄的人实施了刑法第十七条第二款规定的行为，应当追究刑事责任的，其罪名应当根据所触犯的刑法分则具体条文认定。对于绑架后杀害被绑架人的，其罪名应认定为绑架罪。二、相对刑事责任年龄的人实施了刑法第二百六十九条规定的行为的，应当依照刑法第二百六十三条的规定，以抢劫罪追究刑事责任。但对情节显著轻微，危害不大的，可根据刑法第十三条的规定，不予追究刑事责任。”

《解释》第十条规定：“已满 14 周岁不满 16 周岁的人盗窃、诈骗、抢夺他人财物，为窝藏赃物、抗拒抓捕或者毁灭罪证，当场使用暴力，故意伤害致人重伤或者死亡，或者故意杀人的，应当分别以故意伤害罪或者故意杀人罪定罪处罚。已满 16 周岁不满 18 周岁的人犯盗窃、诈骗、抢夺罪，为窝藏赃物、抗拒抓捕或者毁灭罪证而当场使用暴力或者以暴力相威胁的，应当依照刑法第二百六十九条的规定定罪处罚；情节轻微的，可不以抢劫罪定罪处罚。”①

（二）《刑法》总则中关于量刑的年龄规定

对于所有犯罪的量刑，我国现行刑法及相关司法解释针对年龄设置了大

① 此种情形下，与已满 14 周岁不满 16 周岁的人不同，已满 16 周岁的人是应当以依照抢劫罪论处的。《刑法》第二百六十九条规定：“犯盗窃、诈骗、抢夺罪，为窝藏赃物、抗拒抓捕或者毁灭罪证而当场使用暴力或者以暴力相威胁的，依照本法第二百六十三条的规定定罪处罚。”而所谓的第二百六十三条是关于抢劫罪的规定：“以暴力、胁迫或者其他方法抢劫公私财物的，处三年以上十年以下有期徒刑，并处罚金；有下列情形之一的，处十年以上有期徒刑、无期徒刑或者死刑，并处罚金或者没收财产：（一）入户抢劫的；（二）在公共交通工具上抢劫的；（三）抢劫银行或者其他金融机构的；（四）多次抢劫或者抢劫数额巨大的；（五）抢劫致人重伤、死亡的；（六）冒充军警人员抢劫的；（七）持枪抢劫的；（八）抢劫军用物资或者抢险、救灾、救济物资的。”

量的从宽（减轻、从轻）[①] 处罚规定。

首先，最为典型的，我国现行《刑法》第十七条第三款规定：“对依照前三款规定追究刑事责任的不满十八周岁的人犯罪，应当从轻或者减轻处罚。”第十七条之一规定：“已满七十五周岁的人故意犯罪的，可以从轻或者减轻处罚；过失犯罪的，应当从轻或者减轻处罚。”第四十九条规定：“犯罪的时候不满十八周岁的人和审判的时候怀孕的妇女，不适用死刑。审判的时候已满七十五周岁的人，不适用死刑，但以特别残忍的手段致人死亡的除外。”第六十五条第一款规定：“被判处有期徒刑以上刑罚的犯罪分子，刑罚执行完毕或者赦免以后，在五年以内再犯应当判处有期徒刑以上刑罚之罪的，是累犯，应当从重处罚，但是过失犯罪和不满十八周岁的人犯罪的除外。”第七十二条第一款规定：“对于被判处拘役、三年以下有期徒刑的犯罪分子，同时符合下列条件的，可以宣告缓刑，对其中不满十八周岁的人、怀孕的妇女和已满七十五周岁的人，应当宣告缓刑：（一）犯罪情节较轻；（二）有悔罪表现；（三）没有再犯罪的危险；（四）宣告缓刑对所居住社区没有重大不良影响。”也正是因此，14—18 周岁与 75 周岁以上在我国通常被称为减轻刑事责任年龄阶段。

其次，在《解释》中，第十一条规定：“对未成年罪犯适用刑罚，应当充分考虑是否有利于未成年犯罪的教育与矫正。对未成年罪犯量刑应当依照刑法第六十一条的规定，并充分考虑未成年人实施犯罪行为的动机和目的、犯罪时的年龄、是否初次犯罪、犯罪后的悔罪表现、个人成长经历和一贯表现等因素。对符合管制、缓刑、单处罚金或者免予刑事处罚适用条件的未成年罪犯，应当依法适用管制、缓刑、单处罚金或者免予刑事处罚。”第十二条第二款规定：“行为人在年满 18 周岁前后实施了不同种犯罪行为，对其年满

① 就目前的规定而言，我国《刑法》及相关司法解释中并不存在着基于年龄的从严（加重、从重）规定。《刑法》第二十九条中“教唆不满十八周岁的人犯罪的，应当从重处罚”的内容，不能算是基于年龄的从严规定。在《刑法》中设置基于年龄的从严规定，也并不符合刑法所推行的平等原则与罪刑均衡原则。我国现行《刑法》第四条与第五条分别对平等原则与罪刑均衡原则作了规定。第四条指出：“对任何人犯罪，在适用法律上一律平等。不允许任何人有超越法律的特权。”第五条指出：“刑罚的轻重，应当与犯罪分子所犯罪行和承担的刑事责任相适应。”

18 周岁以前实施的犯罪应当依法从轻或者减轻处罚。行为人在年满 18 周岁前后实施了同种犯罪行为，在量刑时应当考虑对年满 18 周岁以前实施的犯罪，适当予以从轻或者减轻处罚。”

2010 年最高人民法院《关于贯彻宽严相济刑事政策的若干意见》第二十条指出：“对于未成年人犯罪，在具体考虑其实施犯罪的动机和目的、犯罪性质、情节和社会危害程度的同时，还要充分考虑其是否属于初犯，归案后是否悔罪，以及个人成长经历和一贯表现等因素，坚持‘教育为主、惩罚为辅’的原则和‘教育、感化、挽救’的方针进行处理。对于偶尔盗窃、抢夺、诈骗，数额刚达到较大的标准，案发后能如实交代并积极退赃的，可以认定为情节显著轻微，不作为犯罪处理。对于罪刑较轻的，可以依法适当多适用缓刑或者判处管制、单处罚金等非监禁刑；依法可免予刑事处罚的，应当免予刑事处罚。对于犯罪情节严重的未成年人，也应当依照刑法第十七条第三款的规定予以从轻或者减轻处罚。对于已满 14 周岁不满 16 周岁的未成年犯罪人，一般不判处无期徒刑。”

2013 年最高人民检察院《人民检察院办理未成年人刑事案件的规定》第二十六条规定：“对于犯罪情节轻微，具有下列情形之一，依照刑法规定不需要判处刑罚或者免除刑罚的未成年犯罪嫌疑人，一般应当依法作出不起诉决定：（一）被胁迫参与犯罪的；（二）犯罪预备、中止、未遂的；（三）在共同犯罪中起次要或者辅助作用的；（四）系又聋又哑的人或者盲人的；（五）因防卫过当或者紧急避险过当构成犯罪的；（六）有自首或者立功表现的；（七）其他依照刑法规定不需要判处刑罚或者免除刑罚的情形。”第二十七条规定：“对于未成年人实施的轻伤害案件、初次犯罪、过失犯罪、犯罪未遂的案件以及被诱骗或者被教唆实施的犯罪案件等，情节轻微，犯罪嫌疑人确有悔罪表现，当事人双方自愿就民事赔偿达成协议并切实履行或者经被害人同意并提供有效担保，符合《刑法》第三十七条规定的，人民检察院可以依照《刑事诉讼法》第一百七十三条第二款的规定作出不起诉决定，并可以根据案件的不同情况，予以训诫或者责令具结悔过、赔礼道歉、赔偿损失，或者由主管部门予以行政处罚。”第二十九条规定：“对于犯罪时已满 14 周岁不满 18

周岁的未成年人，同时符合下列条件的，人民检察院可以作出附条件不起诉决定：（一）涉嫌刑法分则第四章、第五章、第六章规定的犯罪；（二）根据具体犯罪事实、情节，可能被判处一年有期徒刑以下刑罚；（三）犯罪事实清楚，证据确实、充分，符合起诉条件；（四）具有悔罪表现。”

（三）《刑法》分则中有关年龄的裁判规范

除以上外，在《刑法》分则领域，针对具体的个罪，基于年龄的从宽处罚规定更是数不胜数。例如，《解释》第六条规定：“已满 14 周岁不满 16 周岁的人偶尔与幼女发生性行为，情节轻微、未造成严重后果的，不认为是犯罪。”第七条规定：“已满 14 周岁不满 16 周岁的人使用轻微暴力或者威胁，强行索要其他未成年人随身携带的生活、学习用品或者钱财数量不大，且未造成被害人轻微伤以上或者不敢正常到校学习、生活等危害后果的，不认为是犯罪。已满 16 周岁不满 18 周岁的人具有前款规定情形的，一般也不认为是犯罪。”第九条规定：“已满 16 周岁不满 18 周岁的人实施盗窃行为未超过 3 次，盗窃数额虽已达到“数额较大”标准，但案发后能如实供述全部盗窃事实并积极退赃，且具有下列情形之一的，可以认定为‘情节显著轻微危害不大’，不认为是犯罪：（一）系又聋又哑的人或者盲人；（二）在共同盗窃中起次要或者辅助作用，或者被胁迫；（三）具有其他轻微情节的。已满 16 周岁不满 18 周岁的人盗窃未遂或者中止的，可不认为是犯罪。已满 16 周岁不满 18 周岁的人盗窃自己家庭或者近亲属财物，或者盗窃其他亲属财物但其他亲属要求不予追究的，可不按犯罪处理。”

（四）小结

因此，对于我国现行刑事责任年龄制度的改革来说，降低刑事责任年龄起点与否，显然不应当只是一个单向度的问题，而是应当置于整体的刑事年龄规范之下，甚至是全部的法律年龄规范之下来看，作体系性的分析与协调化的处理。例如，在要求降低刑事责任年龄起点的声音日益高涨的当下，基于对儿童性权利的保护，要求提升未成年人可自主行使性自主权的年龄的声音也日益响亮。而事实上，这一升一降的呼声是有着严重的内在冲突的。因为不论是对未成年人可自主行使性自主权的年龄节点的设置，还是对最低刑事责任年龄节点的调整，其实质都取决于未成年人究竟在多大的年龄开始具有了辨认和控制自己行为的能力，不可能一方对未成年人的辨认和控制能力作低龄化处理，一方又将未成年人的辨认和控制能力作高龄化对待。

三、刑事责任年龄制度的守与变

就我国现行刑事责任年龄制度是否需要调整，是否需要降低我国现行刑事责任年龄起点这一问题来说，现行规范是基本合理的，若一定要对我国现行刑事责任年龄起点作降低化处理，也应当是基于充分的相关实证调研而具体展开，根据媒体曝光的诸个相关个案而直接对我国现行刑事责任年龄制度作调整，并不科学合理。而至于是否需要引入英美法系国家盛行的恶意补足年龄制度，笔者的看法也是否定的。

因为笔者认为，一方面，现代刑法的核心精神在于罪刑法定原则，在罪刑法定原则的束缚之下，个别在伦理道德层面极其恶性的案件不能为刑事司法所打击，是一个必然的现象，这一点是实行罪刑法定原则的代价，需要民众理解与接受，而非在民情的浪潮中被否定与唾弃，而引入恶意补足年龄制度是在给予刑事司法过大的自由裁量权，并不完全契合罪刑法定原则派生子原则中明确性原则的要求。

罪刑法定原则是刑法的基本原则，是立法者制定刑法和司法者适用刑法所必须遵循的最为重要的原则，其基本含义是："法无明文规定不为罪""法无明文规定不处罚"。其诞生于欧洲资产阶级革命，是反对封建司法蛮横专制的产物与成果，是对罪刑擅断主义的否定，作为法律原则，一般认为，其最初发端于1215年的《英国大宪章》。1215年《英国大宪章》第三十九条规定："凡自由民非经其同级贵族依法判决或遵照国家法律的规定，不得加以拘禁、监禁、没收其财产、剥夺其法律保护权或加以放逐、伤害、搜索或逮捕。"这一规定之后为美国与法国的宪法所吸纳。1787年《美国宪法》第一条第九项规定："禁止溯及既往的法律"。1791年《美国宪法修正案》第五条规定："未经正当法律程序不得剥夺任何人的生命、自由或财产。"1868年《美国宪法修正案》第十四条又规定："无论何州，未经正当法律程序，不得剥夺任何人的生命、自由或财产。"1789 年《法国人权和公民权利宣言》第八条规定："法律只应规定确实需要和显然不可少的刑罚，而且除非根据犯罪行为前已制定、公布和合法施行的法律，不得处罚任何人。"1810 年《法国刑法典》第四条规定："不论违警罪、轻罪或重罪，不得判处犯罪前法律未规定的刑罚。"我国 1979 年《刑法》没有明文规定《刑法》的基本原则，更未对罪刑法定原则作出明确，但 1997 年《刑法》确立了罪刑法定原则，1997 年《刑法》第三条规定："法律明文规定为犯罪行为的，依照法律定罪处刑；法律没有明文规定为犯罪行为的，不得定罪处刑。"虽然可能有观点会认为该条全部是关于罪刑法定原则的规定，即前半部分规定的是积极的罪刑法定原则——"法律明文规定为犯罪行为的，依照法律定罪处刑"，后半部分规定的是消极的、经典的罪刑法定原则——"法律没有明文规定为犯罪行为的，不得定罪处刑"；但一般认为，罪刑法定原则仅有消极面而并无积极面，该条仅有后半部分是关于罪刑法定原则的规定。具体而言，罪刑法定原则则有以下 5 个派生小原则：其一，禁止类推适用，即不得类推适用不利于被告人的刑法规定。所谓类推，是指将刑法没有明文规定为犯罪并处以刑罚的案件事实比照刑法中最相类似的规定定罪量刑。类推与罪刑法定原则水火不容，也可以说，目前的刑事司法实践中，要贯彻罪刑法定原则，关键就在于禁止类推。之所以说，我国 1979 年《刑法》并未推行罪刑法定原则，其中重要的原因也是在于其明确设立了类推适用制度，其第七十九条规定："本法分则没有明文规定的犯罪，可以比照本法分则最相类似的条文定罪判刑，但是应当报请最高人民法院核准。"其二，禁止事后法，即刑法没有溯及既往的效力，被告人是否有罪、有何罪、如何处罚，都只能依据行为当时的刑法判定，而不能依照行为后颁布实施的刑法进行判定。其三，禁止习惯法，即刑法应当是制定法、成文法，习惯法不是刑法的渊源，判例也不是刑法的渊源。当然，习惯法与判例对刑法的理解与适用具有重要的参考意义。在大陆法系国家（一般认为我国也是大陆法系国家），法律一般并不明确要求下级法院必须遵循上级法院在判例中所确立的原则与规则，但由于审级制度的存在，上级法院尤其是最高法院所确立的原则与规则，在实际上会对下级法院产生重要的规范作用，下级法院往往很少会明确违背这些原则与规则，相反下级法院常常会将其作为自身裁判过程中重要的参考，甚至是依据。其四，禁止不定刑，即立法者不能制定、司法者不能适用绝对不定刑和绝对不定期刑。绝对不定刑是指刑法仅仅规定什么行为是犯罪而却不规定应当如何论处这一犯罪行为，此种情形之下如何处罚犯罪人也就完全交由了司法者恣意决断。绝对不定期刑是指刑法并不规定司法者宣告自由刑的期限，因而此时剥夺犯罪人多长实践的人身自由也就完全由刑罚执行机关决定。其五，明确性原则，即刑法关于犯罪与刑罚的规定应当清楚明确而不能含糊不清，因为只有清楚明确的刑法规定才能为普通老百姓与司法工作人员所理解，进而遵守。一般人如果无法理解自己行为的后果，也就无法预测自己行为的后果，其行动自由也就无从谈起；司法工作人员无法理解刑法的规定，也就无法依法进行裁判，其裁判的合法性与合理性也就无从判定。[①]

另一方面，不论是降低刑事责任年龄起点，还是引入恶意补足年龄制度，其实都是在扩张犯罪圈的外延，在进行犯罪化处理。然而，尽管基于罪刑法定原则的存在，犯罪的认定只能依靠刑法完成，但犯罪的治理并非单靠刑法的一己之力，而是由刑法与其他部门法共同完成。换言之，严重危害社会行为的治理不能仅仅依靠刑事力量的介入，必须寻求多种手段的参与。而鉴于刑罚所具有的最严厉性特征，基于国家制裁力量的合比例性分配要求，刑事手段则显然应当是后置性的手段，刑法应当是补充法与保障法。即对任何严重危害社会行为的治理，首先应当交由民法与行政法去完成，只有在民法与行政法无法完成这一治理任务时，才能交由刑法出手应对、制裁。从法律体系的角度来说，这是宪法之比例性原则的要求，从刑法内部的视角来看，这则是罪责刑相适应原则的要求。我国现行《刑法》第五条对罪责刑相适应原则作了明确规定，指出："刑罚的轻重，应当与犯罪分子所犯罪行和承担的刑事责任相适应。"而因此，对于低龄未成年人实施的严重恶性案件，

① 曲新久主编：《刑法学》，第 12—14 页，北京，中国政法大学出版社，2011 年。

首先无疑是应当交由民事手段与行政手段去处理，而非直接寻求刑事手段的参与，降低刑事责任年龄起点与引入恶意补足年龄制度都并非上策。更何况，如前所述，在我国当下现行的应对低龄未成年人实施严重恶性案件的法律制度体系中，行政性的措施还是长期缺位的。

这里值得重申的是刑法的补充性与保障性。所谓刑法补充性与保障性，指刑法意义与价值是在于为前置法即民法与行政法提供力量上的补充，对前置法的实施进行保障，刑法并不具有直接调整社会关系、规范社会秩序，进而构建法律关系、法律秩序的功能。这一点从本质上讲，来源于刑罚的特性。刑罚或者说刑事制裁是国家权力的一种，因而刑事制裁必然要受到约束公权力之帝王原则即比例原则的限制。比例原则认为，公权力措施的采取必须有助于相应目的的实现，必须与相应目的之间具有相称性、相当性，而且所采取的措施还必须是，诸多能够到达相应目的中造成损害最小、最轻的一种。而同时由于刑事制裁措施乃是最为严厉的国家制裁措施，[①]在三种不同性质的国家制裁措施即刑事制裁措施、行政制裁措施、民事制裁措施中，刑事制裁措施的应然排序无疑便是后位于行政制裁措施与民事制裁措施。也就是说，为了有效地规制社会生活，在国家的宏观法律体系中，所有的部门法其实将被划分成两道防线：第一道是由非刑事部门法之集合而组成的前置法防线，包括调整平等主体之间的民法与调整不平等主体之间的行政法。第二道则是由刑事法所独守的补充法、保障法防线。前置法构建法律关系、法律秩序，确立法益，并为法益提供第一次保护，而刑法并不确立法益，仅仅选择法益，为选择的法益提供第二次保护。而由此，就刑法的理解而言，在逻辑上自然也就有了两大结论：其一，犯罪的认定机制应当是“前置法定性刑事法定量”。毕竟，只有突破了第一道防线的违法行为或侵权行为，才有可能来到并突破第二道防线，从而在最终的意义上成为

① 我国现行《刑法》第三十二条规定：“刑罚分为主刑和附加刑。”第三十三条规定：“主刑的种类如下：（一）管制；（二）拘役；（三）有期徒刑；（四）无期徒刑；（五）死刑。”第三十四条规定：“附加刑的种类如下：（一）罚金；（二）剥夺政治权利；（三）没收财产。附加刑也可以独立适用。”第三十五条规定：“对于犯罪的外国人，可以独立适用或者附加适用驱逐出境。”

犯罪行为。其二，刑法的意义与责任在于补充、救济前置法，在于对前置法提供有效的后备保障，以弥补前置法在规制社会生活中的不足，刑法是补充法与保障法。

正如有学者所言："刑法作为所有部门法的后盾与保障，无论是犯罪圈的划定还是刑事责任的追究，既要在形式上受制于其保障的前里法之保护性规则的规定，更要在实质上受制于其与前置法之保护性规则共同保障的调整性规则的规定。对于前者，刑法是补充法、救济法；对于后者，刑法是从属法、次生法。因而，前置法定性与刑事法定的统一，不仅是包括自然犯与行政犯在内的所有刑事犯罪的认定机制，而且是对刑法与其前置法在犯罪规制上的定性从属性与定量独立性关系的揭示与反映。由此决定，行政犯法律责任的实现，在程序上应以'行政优先'为一般原则，在实体上应以'并合实现'为必要，对于在先适用的行政责任形式，与在后适用的刑事责任形式的竞合，按照功能相同者予以折抵，功能不同者分别执行的原则处理。"①

最后，通过以上论述也不难发现，刑法的补充性与保障性实乃具有双重含义：一方面，其意味着犯罪的认定机制应当是"前置法定性刑事法定量"，前置法对刑法有着消极的制约作用，不具有前置法之违法性的行为绝无构成刑事犯罪的可能；而另一方面，其也意味着刑法的规制是对前置法规制力量之不足的及时救济，刑法对前置法有着积极的捍卫功能，如果通过前置法还无法达至有效治理的目的，那么即应考虑刑事手段的运用。在刑法学界普遍忽视前置法对刑法之消极制约作用的当下，无论如何强调"前置法定性刑事法定量"的犯罪认定机制也不为过；但与此同时，一样蕴含于刑法补充性与保障性之中的，刑法对前置法的积极捍卫功能，其实也是绝对不能被忽略的。

（黄文轩）

① 田宏杰：《行政犯的法律属性及其责任——兼及定罪机制的重构》，载《法学家》，2013年第2期，第51页。

权利行使与敲诈勒索罪的边界

——华为前员工李洪元被控敲诈勒索案

引言

2019 年 10 月 31 日中国共产党第十九届中央委员会第四次全体会议通过了《中共中央关于坚持和完善中国特色社会主义制度　推进国家治理体系和治理能力现代化若干重大问题的决定》。该《决定》指出，要坚持法治建设为了人民、依靠人民，加强人权法治保障，保证人民依法享有广泛的权利和自由、承担应尽的义务，引导全体人民做社会主义法治的忠实崇尚者、自觉遵守者、坚定捍卫者；加大全民普法工作力度，增强全民法治观念，完善公共法律服务体系，夯实依法治国群众基础。随着法治观念不断深入人心，公民的权利意识也日臻成熟，在权利受到侵害或可能受到侵害时，越来越多的人能够凭借法律依据积极地行使权利，以补救或防止权利损害。鉴于诉诸公力救济实现权利的成本往往较高，权利主体则常倾向于以私力救济的方式实现权利，即争取以“短平快”的方式消除争端。这种私力救济发生在以私人为主导的沟通平台，以或融洽或冲突的方式实现双方的利益平衡。但是，权利不能滥用，没有人的权利是不受制约的。由于私力救济的沟通平台缺乏监管，因此没有第三方公权力机构能对权利是否滥用作出公允评价，进而一个原本“事出有因”的权利人在权利行使过程中往往容易从“正当”的一端滑向“不正当”的一端，甚至成立犯罪却不自知。

华为前员工李洪元敲诈勒索案就是这一社会现象的经典写照。李洪元向华为行使权利的限度在哪里，以及李洪元行使权利的过程中是否同时构成敲诈勒索罪，是我们反思这一社会现象的问题意识。其实，上述这两个问题不过是同一问题意识的“一体两面”，因为当我们能够判断李洪元行使权利的限度在哪里，自然也能判断出李洪元是否构成敲诈勒索罪，毕竟一个合法的权利行使行为（没有过限）不可能构成犯罪，否则就是对整体法秩序的违背，是对公民自由保障的极大侵蚀——一个既合法又犯罪的行为，将导致公民对法规范无所适从。

一、案情介绍

犯罪嫌疑人李洪元系2005年10月入职华为技术有限公司的老员工。在案发之前，李洪元在逆变器销售管理部工作。逆变器业务是一个通过政府补贴而存在的行业，由于销售毛利低，所以只能通过大规模销售的方式增加利润。在这种运营模式下，部门业务造假的现象很早就存在，这也导致公司大量资金被占用，仓储、存货方面都承担着巨额损失。据李洪元说“出于我对华为的感情来说，我觉得我必须要把这股歪风给遏制住，所以我就在2016年11月举报了”。[①]李洪元的举报是向华为公司发送举报邮件，按其所言，既是为部门的长期发展考虑，也是从华为公司的整体利益出发。随后2017年全年，公司派驻了审计工作组进驻，相关责任领导受到问责，但也只是被调换了部门继续任职。然而，李洪元却因此被停职。2018年1月，李洪元所在部门对其作出了不予续签的决定，并决定给予“N+1”补偿。所谓“N+1”的补偿，是指依据《劳动合同法》第四十六条、第四十七条之相关规定，“经济补偿按劳动者在本单位工作的年限，每满一年支付一个月工资的标准向劳动者支付。六个月以上不满一年的，按一年计算；不满六个月的，向劳动者支付半个月工资的经济补偿”。“N”即年或月的数量；而按照第四十条规定，“用人单位提前三十日以书面形式通知劳动者本人或者额外支付劳动者一个月工

①《华为卷入前员工被拘251天风波：正讨论是否回应》，载搜狐网，2019年12月2日；https://m.sohu.com/a/357866270_120177965，2020年6月20日访问。

资后，可以解除劳动合同”。“+1”即是额外一月的补偿。但是，“N+1”只是法定最低标准，也是华为的惯常标准，但并非固定标准，例如会有企业给到“N+6”甚至更高。[①]而李洪元主张采用“2N”标准，因为根据第八十七条规定，“用人单位违反本法规定解除或者终止劳动合同的，应当依照本法第四十七条规定的经济补偿标准的二倍向劳动者支付赔偿金”。此外，李洪元还对附加年终奖提出了主张（依照《劳动合同法》第六十二条），部门领导对上述主张表示同意，谈判过程有李洪元录音为证。基于部门领导对李洪元上述主张的认可，李洪元于 2018 年 3 月签署了离职协议。由于按照华为惯例，应采用“N+1”的补偿标准，且由于华为在李洪元工作 8 年时买断工龄，因此到第 12 个年头时相当于新一轮的第 4 年，于是按照“N+1”的标准应取得 5 个月的工资。[②]而按照李洪元主张的算法，显然是在否认买断工龄有效性的前提下主张将 12 年一并计算，因此“2N”为 24 个月。“N+1”已由华为的对公账户转给李洪元，而不足“2N”的差额部分 30 余万元，由部门领导秘书的个人账户转账至李洪元账户，交易摘要为“离职经济补偿”。2018 年 11 月 7 日，李洪元因未拿到其要求的年终奖曾起诉华为，华为以 2018 年 1 月会议中认定李洪元绩效不佳为由，拒绝给予李洪元年终奖。

随后，事态发生了巨大的转折。2018 年 12 月 6 日，华为以李洪元涉嫌职务侵占罪为名报警，但并未成立。其后，华为公司委托法务人员到深圳市公安局经侦支队八大队报案称：公司员工李洪元与他人勾结，在与公司的离职补偿劳动纠纷中，威胁将资料外泄披露，要求公司给予补偿。在公安机关以侵犯商业秘密立案而查证无果的情况下，于 12 月 28 日，将报案罪名变更为敲诈勒索罪。[③]而敲诈勒索罪所涉及的事由，正是由部门领导秘书的个人账户转账至李洪元账户的那 30 余万元，被认为是以举报部门主管在业务上存在

---

①《大鱼漫画：裁员时公司要赔多少钱？都在法里了！》，载凤凰网，2019 年 12 月 4 日；https://news.ifeng.com/c/7s8SkPySPku，2020 年 6 月 20 日访问。

②《倒腾了一番 11 年前对“华为买断工龄”的那拨报道后，我们钩出一个小八卦……》，载搜狐网，2019 年 12 月 3 日；https://www.sohu.com/a/358122092_115207，2020 年 6 月 21 日访问。

③《华为前员工李洪元“敲诈”案始末：HR 何承东良心发现自己翻供！》，载腾讯网，2019 年 12 月 2 日；https://new.qq.com/omn/20191202/20191202A0AIJC00.html，2020 年 6 月 21 日访问。

违规操作的行为作为要挟，进而从部门主管处勒索得来的，报案人正是华为公司。2019 年 1 月 22 日，经检察院批准，李洪元被深圳市公安局逮捕。2019 年 8 月 22 日，深圳市龙岗区人民检察院认为犯罪事实不清、证据不足，不符合起诉条件，决定对李洪元不起诉，次日，李洪元重获自由。据李洪元讲述，不起诉的直接证据是一段两个多小时的录音。他与华为人力资源部门协商离职赔偿，其中未谈及任何以“举报业务造假”来要挟获取赔偿。李洪元在此期间被羁押 251 天之久，根据深圳市龙岗区人民检察院《刑事赔偿决定书》，李洪元获得了包括人身自由损害赔偿金、精神损害抚慰金共计约 10 万元的国家赔偿；同时会向李洪元原工作单位及其父亲所在的工作单位发函，为其消除影响、恢复名誉。[①]

二、敲诈勒索罪的理论辨析——兼论与权利行使的界限

我国《刑法》第二百七十四条规定，敲诈勒索公私财物，数额较大或者多次敲诈勒索的，处三年以下有期徒刑、拘役或者管制，并处或者单处罚金；数额巨大或者有其他严重情节的，处三年以上十年以下有期徒刑，并处罚金；数额特别巨大或者有其他特别严重情节的，处十年以上有期徒刑，并处罚金。此外，最高人民法院、最高人民检察院于 2013 年发布的《关于办理敲诈勒索刑事案件适用法律若干问题的解释》对敲诈勒索罪的适用进行了具体的规定。学理上认为，敲诈勒索罪，是指以非法占有为目的，对他人实行威胁（恐吓），索取公私财物数额较大或者多次敲诈勒索的行为。敲诈勒索罪（既遂）的基本结构是：对他人实行威胁（恐吓）——对方产生恐惧心理——对方基于恐惧心理处分财产——行为人或第三者取得财产——被害人遭受财产损失。[②]但是，以权利行使正当化为前提时，单纯凭借上述材料并不能得出确切的结论，因为一个正当的权利行使也可能以实施恐吓的方式进行，也会令对方产生恐惧心理进而处分财物；如果正当的权利行使存在略微的过限，

① 《华为前员工李洪元：公开信非出自本人事情有些失控》，载网易新闻，2019 年 12 月 3 日；https://news.163.com/19/1203/11/EVFI0MR4000187R2.html，2020 年 6 月 21 日访问。

② 张明楷：《刑法学（下）》，第 1015—1016 页，北京，法律出版社，2016 年。

被恐吓的对方当然也会产生财产损失，可是在沟通过程中对于权利行使正当性的拿捏又不可能“严丝合缝”，这就导致权利行使的外观与敲诈勒索罪具有极大的相似性，与敲诈勒索罪犯罪构成的标准若即若离。

在德日犯罪论体系的理论上，上述现象是构成要件符合性阶层所阐明的，其认为正当的权利行使与不正当的敲诈勒索具有相同的行为外观，因此都是符合构成要件的行为类型；只不过正当的权利行使在随后的第二个阶层，即违法性阶层，由于行为人是在行使自己的正当权利，或者认为不仅是在行使正当权利，而且手段也具有社会相当性，因此一个符合敲诈勒索构成要件的行为，它的违法性也就应当被否定，而一个典型的敲诈勒索的行为，却不能被否定违法性。而在我国实务中所通行的四要件犯罪论体系下，上述现象则可以直接放在犯罪客观方面中加以探讨，即直接认为敲诈勒索罪的行为，与正当的权利行使行为，在犯罪客观方面存在本质的不同，前者是具备社会危害性的行为，后者是不具备社会危害性的行为，因此行为人的行为是否正当，完全可以放在犯罪客观方面加以甄别，亦即应当对犯罪客观方面进行实质性的判断。虽然犯罪论体系的观念各有不同，但是这个现象意在提示我们，合法与非法的行为在外观上很难作出形式的区分，罪与非罪的考量并不机械地依赖于法条查询的技术性，而是灵活地依赖于正义衡平的价值性。这就是为什么，即使直觉告诉我们，某一案件所涉及的法条是我国《刑法》第二百七十四条敲诈勒索罪，我们也不能直接根据这一罪名表述而定罪处刑，而是要回归到整体法秩序理念，去考究本案的情形是否真的符合第二百七十四条所传递出来的规范目的。

（一）“有说有笑”不是否认敲诈勒索罪的必然标准

据李洪元讲述，不起诉的直接证据是一段两个多小时的录音。这份录音能够证明当时的商谈是在双方有说有笑的基础上进行的，最终经过 2 小时 12 分 24 秒的充分协商，达成了离职补偿协议，整个过程并无李洪元实施威胁或要挟的语言，反倒是部门领导反复强调该协议内容合法，要求该员工李洪元尽快接受协议约定的内容并迅速签字。

就这一证据来看，该证据可以否认李洪元“要挟”华为这一事实。因为成立敲诈勒索罪首要的条件便是“对他人实行威胁（恐吓）”，如果有证据证明双方的合意是基于洽谈，即李洪元并未“对他人实行威胁（恐吓）”，那么似乎直接从形式上就可以排除敲诈勒索罪的认定了。但是，从刑法理论角度出发，此事并非如此简单。笔者认为，“有说有笑”不是否认敲诈勒索罪的必然标准。基于对这一论断的展开，笔者对如下问题进行探讨。其一，敲诈勒索罪的构成并不排斥以平和的方式进行；其二，即使是不平和的方式，也不一定构成敲诈勒索罪。由此解决的问题是，假如在李洪元没能提供录音的情况下，并没有必要通过纠结谈判是否融洽来判断李洪元是否构成敲诈勒索罪。这是因为即使存在不平和的“要挟”，也完全可能是权利正当行使的应有之义，不能由此说明行为人的行为就是构成敲诈勒索罪的行为，所以退一步讲，即使李洪元是以不平和的方式“要挟”或不能提供录音也无法查明这一事实，我们也可以通过对权利行使问题的剖析来判断是否成立敲诈勒索罪。

1. 敲诈勒索罪的构成并不排斥以平和的方式进行

众所周知的是，威胁并不一定要以激烈的方式进行。当当事人双方基于某种心照不宣的事实为前提，而不再重述之时，双方的语言表达往往只能由当事人理解其中之意，旁观者却不能领会。甚至，两者的对话之中，只说一些台面上的抑或是与真实意图完全无关的话语，以化解“真实交易”的尴尬，以及规避基于“说错话”而流露违法意图的风险。这种现象多发生于高明的勒索者。而对于被勒索者而言，激烈反抗往往是被敲诈勒索过程的前期，而等到决定“私了”的环节，往往表现为顺从，即顺从勒索者的优势地位，对勒索者的主张一概认同。由是，为了尽快摆脱纠缠，在情急之中被勒索者完全可能会顺从勒索者的思维逻辑去违心表露不真实意思。当然，笔者并不是说李洪元的录音内容其“暗线”是在勒索华为，而是提示完全可能出现上述现象，因此绝不能认为所谓的“平和商谈”就是排除敲诈勒索罪的有力事实。

与上述问题相关的是敲诈勒索罪与抢劫罪相关问题的探讨，笔者揭示这一点，将对上文逻辑提供一种类型化比较。车浩教授指出，根据个案中的外部形态是“被害人交付”（作为敲诈勒索罪标准）还是“行为人取走”（作为抢劫罪标准）在经验层面有其道理。但是，作为行为人与被害人之间互动的两种外部形象，交付与取得之别仅仅是在某些场合作为证明处分自由的经验素材来使用，并不能成为独立的、决定性的理论标准……从经验层面来看，区分两罪时也不能仅仅考虑外部形象是主动交付，还是任其拿走。在某些抢劫案的场合，当被害人的反抗完全被压制的情况下，也可能没有任何选择余地，甚至主动将财物交给行为人。此时，被害人表现出来的也是一种交付财物的外部形象；而在以“行为人当场使用暴力威胁，并且当场取得财物（即两个当场）”是否存在作为区分敲诈勒索罪与抢劫罪标准的问题上，虽然绝大多数抢劫罪的确都具备“两个当场”的条件，但“两个当场”也只是对大量常见的、规律性现象的一种经验上的总结和归纳，即应当将“两个当场”上升和抽象到理性的层次去理解为“被害人缺乏处分自由”的情形，若非这样理解，则某些“两个当场”从形式上看并没有“被害人缺乏处分自由”的情形，而某些并非“两个当场”的从形式上看又存在“被害人缺乏处分自由”的情形。[①] 从上述理解可以看出，对于罪与非罪、此罪与彼罪的区分，要寻找其本身的“罪质”，亦即“底层代码”。这种“底层代码”并非从形式上进行的行为解读，而是从实质上进行的结构分类。一个敲诈勒索行为的“底层代码”就是“被害人存在处分自由”，而一个抢劫行为的“底层代码”就是“行为人缺乏处分自由”，由是，不论是“被害人交付”，还是“行为人取走”、抑或“两个当场”，只不过是用来描述“底层代码”的经验素材。如果错将经验素材当作区分罪名的标准，则必然出现价值判断的偏差，这或许不应归咎于经验素材的不稳定性，而应归咎于解释者对“底层代码”的发掘出现偏差。

同理，以上述现象说明，并非当事人双方“平和协商”或被索要财物者承认对方合法合理的依据，就说明并不存在敲诈勒索行为，相反，只是说一种并非敲诈勒索的行为往往或仅是可能以“平和协商”的方式或令被索要方“心悦诚服”的方式实现。所以，笔者认为，虽然李洪元案中录音资料作为直接证据至关重要，且事实上根据录音资料再结合全案事实确实能判断出李

---

① 车浩：《抢劫罪与敲诈勒索罪之界分：基于被害人的处分自由》，载《中国法学》，2017 年第 6 期，第 279—281 页。

洪元果真没有实施敲诈勒索的手段，但是绝不能认为所谓的“商谈是在双方有说有笑的基础上进行的”是敲诈勒索罪出罪的必然依据。树立这样的理解方式，是为了堵截敲诈勒索者以所谓“平和”的方式索要财物，也是为了对被害人“迫于无奈”的处境加以识别，由此实现对被害人权利的实质维护。

2. 即使是不平和的方式，也不一定构成敲诈勒索罪

本案中，李洪元因为能够提供当时的录音资料作为自证清白的依据，才有效化解了自己所面临的即将身陷囹圄的危机。但问题是，如果李洪元并没有如此精明的维权意识，不能提供录音资料，而事后华为的部门领导等一干“被勒索人”一致主张是基于恐吓与胁迫才不得不向李洪元额外支付 30 余万元，此时是否一定要查明李洪元谈判时存在恐吓与胁迫的表意吗？或者假设事实为，李洪元确实以某种内容的恐吓与胁迫相威胁，使得对方不得不支付其 30 余万元，在这种情况下，李洪元构成敲诈勒索罪吗？

笔者认为，如果能够说明，即使是以不平和的方式索要这 30 余万元，也不一定构成敲诈勒索罪。如果这种观念能够确立，那么本案中李洪元提供录音资料证明自己并无敲诈行为与意图的证据，倒并非必要之举；而是从检方的角度看，并不需要犯罪嫌疑人过多地负担自我举证的义务，而是可以根据基本的事实陈述便可以直接否认犯罪的成立。

关于这个问题，正如前文中提到的观点所指出的那样，权利行使与敲诈勒索往往存在相同的外观，这使得两者的界限往往过于模糊。这同时也说明，权利行使本身并不一定就排斥以敲诈勒索的方式实现，因为以敲诈勒索的方式行使权利往往“事出有因”，由于“事出有因”导致权利受损，进而对受损权利的保障无法通过正常途径实现或以其他途径实现成本明显过高时，往往衍生出了敲诈勒索的类型化行为，所以在一定的条件下，我们允许以敲诈勒索的方式实现对自我权利的私力救济。例如，李洪元主张的这 30 余万元，正是其因为被华为开除而寻求补偿的对价，“事出有因”即在这里体现出来。这就是所谓的即使是以不平和的方式行使权利，也不一定构成敲诈勒索罪的原因。但是，之所以说“不一定”构成敲诈勒索罪，是因为以敲诈勒索这种方式行使权利一定要受到某种条件的限制，至于受到什么条件的限制，

或者说什么才是权利行使的正当性标准，将是下文重点讨论的内容。本文以下试做分析，以说明在李洪元案中，即使存在恐吓与威胁的成分，李洪元的行为也不构成敲诈勒索罪。

（二）具体考量的展开

1. 考量一：权利正当性

应当认为，权利行使正当性的先决条件在于权利基础的正当性，只有存在具备正当性的权利基础，才可能称之为“事出有因”，才能为以敲诈勒索手段实现权利的行为找到正当的依据。前文已经阐述，在李洪元案中，华为按照惯例为李洪元支付了以“N+1”为标准的离职补偿款，但是李洪元主张华为应支付以“2N”为标准的离职补偿款。领取所谓的离职补偿款，是职工依据《劳动合同法》所明确享有的权利，只是以什么标准领取，法律在适用过程中还存在不同的操作模式。但在剖析这一问题之前，我们暂且将其称之为受争议之权利，并从权利的一般性问题入手，循序展开本案的逻辑线条。

毋庸置疑，财产权利是各国宪法保障的权利，在我国也不例外。以宪法为法秩序设计之顶点，其他各个部门法贯彻落实宪法的各项精神，而刑法作为其他法律部门的二次保障法，对其他法律部门所认可的权利做兜底性质的、最为严厉与慎重的保障。因此，我国《刑法》第五章侵犯财产罪中规定了敲诈勒索罪，就是对公民财产权利加以保护的体现。而敲诈勒索罪作为侵犯财产权利的犯罪，就应当对财产权利中的“权利”概念首先做一个类型化的描述。彭诚信教授指出，正义是利益走向权利的桥梁，而法律的核心就是正义，它对利益是否正当进行着过滤，构成了内核与基础。换言之，只有利益被法律认可，才能成为权利。[①]因此，权利象征着合法。但是，既然利益是权利的本源，只不过经过了法律的首肯才能成为权利，那么意味着一个值得被规范保护的“事物”，即一种应当被法律保护的利益，完全是先于法概念而存在的。换言之，法律只能表述权利，不能创制权利。那么，这势必导致这样一种现象，即某些应当成为“权利”的“事物”并没有及时地被法律明文

① 彭诚信：《现代权利理论研究》，第294—295页，北京，法律出版社，2017年。

规定出来，这种现象既可能源于立法技术的局限性，也可能源于立法观念的滞后性。正如张文显教授所言，权利没有确定的量，不能因为法律没有明确宣告而否定某些应有的权利的存在。[①]因此，价值的填补需要经过解释论来完成。也就是说，立法不够，解释来凑，这是法制度运行的一种常见现象。并不能因为某种权利在实定法层面无法找到直接相关的依据，就认为某种权利必然地不存在。

民法作为私法的一部分，是调整平等民事主体之间财产关系与人身关系的法律规范的总和。这意味着在民事法律规范调整的权利义务谱系之外，还可能存在着某种非实定法意义上的“利益”，其以非法定权利的形式体现出来。我国有学者指出，权利被认可的来源有两种：一种是法律依据，一种是事实依据；权利并不必然都由法律明文规定……民法依存模式的主要问题在于，极有可能将大量类似“有事实请求权”的事实上的财产利益完全被忽视。[②]这里所言的民法依存模式，讲的是刑法的判断完全跟随民法的步伐而进行，只有民事上认可的权利，才能成为刑法意义上被保护的对象；如果民法不承认这样的权利，则刑法亦不能保护这样的权利。可以说，民法依存模式完全忽视了权利的构造这一前提，因为并不是所有权利（或应当成为权利的利益）都被民法所认可，所以在这个意义上，刑法的判断要体现相对独立性，即民法不管的事情，刑法却未必不管。当然，这并不是说刑法要与民法为敌，与民法的价值作对，因为在讲刑法的相对独立性之时并不意味着民法承认的权利刑法不承认，而是说民法不承认的权利刑法也可能承认。中国台湾著名刑法学者林钰雄教授对此也精辟地指出：“原来在盘根错节的规范体系汪洋之中，每种个别法领域都有其局限性、不完整性。”[③]那么，民法的局限性由刑法来填补，便成为顺理成章的事情。

虽然这样来讲难免有些抽象，但是上述观念的梳理是为了确定一般的理

① 张文显：《法哲学范畴研究》，第 393 页，北京，中国政法大学出版社，2001 年。

② 简爱：《权利行使行为的刑法评价》，载《政治与法律》，2017 年第 6 期，第 54—57 页。

③ 林钰雄：《不法原因给付与犯罪所得没收——初探刑法上之准不当得利》，载《政大法学评论》，第 152 期，第 75 页。

论立场，那就是“前置法不保护的，刑法未必不保护”。在李洪元案中即体现了这种思路。李洪元的权利的正当性限度到底是以“N+1”为基准的离职补偿金的请求权，还是以“2N”为基准的离职补偿金的请求权，始终是一个争议的话题，因此我们说是一种争议的权利。从华为的视角看，给予李洪元以“N+1”为标准的离职补偿金并没有问题，因为依据《劳动合同法》第四十六条、第四十七条之相关规定，“经济补偿按劳动者在本单位工作的年限，每满一年支付一个月工资的标准向劳动者支付。六个月以上不满一年的，按一年计算；不满六个月的，向劳动者支付半个月工资的经济补偿”。“N”即年或月的数量；而按照第四十条规定，“用人单位提前三十日以书面形式通知劳动者本人或者额外支付劳动者一个月工资后，可以解除劳动合同”。“+1”即是额外一月的补偿。也就是说，华为符合法定最低补偿标准，并且华为有史以来基本上所有离职员工都在适用这一标准。但是从李洪元的立场看，根据第八十七条规定，“用人单位违反本法规定解除或者终止劳动合同的，应当依照本法第四十七条规定的经济补偿标准的二倍向劳动者支付赔偿金”，李洪元完全可以主张以“2N”为标准受领补偿金。之所以出现这种分歧，是因为李洪元在华为工作已经 12 年，按照《劳动合同法》第十四条规定，无固定期限劳动合同，是指用人单位与劳动者约定无确定终止时间的劳动合同。用人单位与劳动者协商一致，可以订立无固定期限劳动合同。有下列情形之一，劳动者提出或者同意续订、订立劳动合同的，除劳动者提出订立固定期限劳动合同外，应当订立无固定期限劳动合同：（一）劳动者在该用人单位连续工作满十年的；（二）用人单位初次实行劳动合同制度或者国有企业改制重新订立劳动合同时，劳动者在该用人单位连续工作满十年且距法定退休年龄不足十年的；（三）连续订立二次固定期限劳动合同，且劳动者没有本法第三十九条和第四十条第一项、第二项规定的情形，续订劳动合同的。用人单位自用工之日起满一年不与劳动者订立书面劳动合同的，视为用人单位与劳动者已订立无固定期限劳动合同。综合来看，李洪元因为属于应当被单位签订无固定期限劳动合同的员工，在当华为违反《劳动合同法》规定解除或者终止劳动合同时，而有权利主张适用“2N”的离职补偿标准。但是，由于华为在每八年为员工买断一次工龄，意味着员工的工龄从第九年开始重新计算，于是从这个意义上讲，李洪元就不属于应当被签订无固定期限劳动合同的员工。但是这种游走于法律边缘的买断工龄的行为，到底应该如何看待，在劳动与社会保障法领域还存在一定争论。这虽然是明显的利用法律漏洞而侵害劳动者权益的行为，但实践中仍然大量存在这样的现象。而且从企业的立场上看，买断工龄有利于提升劳动者的工作积极性，因为这会避免一些老员工因为与企业签订了无固定期限劳动合同而变得有恃无恐，出现消极怠工的不良情绪，而且也有利于企业以更小的成本实现人员梯队的更新换代，有利于企业的长期发展。正是这种原因，像李洪元这样的员工往往不能被支持“2N”的离职补偿标准，这并不是李洪元身上的个别现象，也不是华为公司的企业文化所致，而是从大的视角来看，实现“2N”的离职补偿标准确实存在相当大的阻力。而且，既然李洪元在工作满八年时已经被华为买断过一次工龄，那么当时显然应该也已经被适用了“N+1”的标准，也就是说在八年时已经得到了九个月的工资（8+1=9），那么按照这个逻辑，到第十二年时离职时，应当再得到五个月的工资（12−8+1=5），因此应当是分两次拿到十四个月的工资。可一旦主张“2N”的标准，则总计拿到了二十四个月的工资（2×12=24）。如果说按照“N+1”标准时前八年没有取得相应补偿金，那么主张“2N”离职补偿金最后将多取得十个月的工资，这倒也合乎情理，因为买断工龄确实属于对劳动者利益的实质侵害。但是，为何会在前八年没有取得九个月的离职补偿金？似乎没有明确的信息可供参考，如果这九个月的离职补偿金在第一次已经取得，那么再主张“2N”标准，则实际上多取得了十九个月的离职补偿金，如果是这样，就说明李洪元确实主张了超乎法定标准的离职补偿金，即确实有超出财产权利边界之嫌了。

但是，这里的探讨似乎是在纠结，到底“N+1”是合法标准，还是“2N”是合法标准，以及事实上李洪元究竟应当拿多少钱才叫合法。这似乎成为李洪元财产权利基础正当性判断的核心问题。但是，正如前文所言，放在“前置法不保护的，刑法未必不保护”的分析工具中去探讨，或许会绕开上述纠结。假设在最不利于李洪元的权利状态下，我们只承认其应适用“N+1”的离职补偿金标准，进而假设李洪元主张权利过度，不被《劳动合同法》所保护，进而就算李洪元将华为诉到法院、“对簿公堂”，法院也不会支持李洪元如此过限的财产数额，那么是否会意味着李洪元由于缺乏权利基础的正当性，因此在以恐吓或威胁的方式下索取离职补偿金的，会构成敲诈勒索罪呢？笔者认为，从“有事实请求权”的事实上看，这种财产利益虽然未必能够得到民事法律的支持，但是不排除基于私法意思自治的有效性而在事实意义中被认可。这种被认可，不仅仅体现在私下达成协议并履行完毕之后民事上不再予以受理，更可能体现在刑法不将这种基于私下协议实现给付的类型叫作财产损失，进而不做有罪处理。

与此相关的问题是基于维权的动机而实施的“天价索赔”案件。例如，曾经轰动一时的“李海峰天价维权案”，当事人李海峰因为在所食用的过期方便面中检测出超标物质，进而向“今麦郎”索赔450万元并最终实施曝光行为的事件，因为其索赔数额显然超乎寻常，对此是否可以理解，权利基础超过正当限度呢？对此，理论与实务界存在以下几种观点。

其一，严格的区分说。实践中有判例显示，在消费维权活动中明显超过限度的数额已使合法的索赔变为非法，足以反映其主观上的非法占有目的。[①]理论观点也指出，如果行为人故意超出自己的权利范围，实施恐吓，其超出部分自然说明具有非法占有目的，可以认定为犯罪；在行为人行使不特定权利时，非法占有目的确实不容易判断，因此可以采用举证责任倒置的程序设计，来化解非法占有他人财物目的难以证明的难题。[②]这种标准是最为严格的理论构想，即试图在合法与不合法之间划出一条明确的界限。

其二，相对的区分说。有学者指出，过度维权，尤其是“数额过度”如何界定，确实难以设定一个明确的标准。但是，对于物质损害赔偿的标准，还是有一定的标准可供参照。在部分“天价索赔”案中，行为人主观上至少

① 最高人民法院刑一庭、刑二庭主编：《刑事审判参考（第4辑）》，第63页，北京，法律出版社，2004年。

② 董玉庭：《行使权利的疆界——敲诈勒索罪与非罪的理论解析》，载《法律适用》，2004年第9期，第45页。

应确切地知道自己索要的数额与实际损失明显不成比例关系。对于高价索赔案件，如果辅之以威胁、要挟方法，应该以敲诈勒索罪论处。[①] 依据同一逻辑，还有学者指出，当行为人具有一定的权利基础时，提出的索赔要求即使与合法的求偿范围有所出入，也存在否定行为人非法占有目的可能性。事实上，只要存在一定的合理基础，在“存疑时有利于被告”原则的适用下，原则上应否认行为人具有非法占有目的，从而认定其不构成敲诈勒索罪；当然，在行为人对其主张的赔偿金额完全不具有合理基础，其对权利的主张违背社会通常观念，那么法官就应运用心证认定非法占有目的，从而认定敲诈勒索罪。[②] 这意味着，在巨额索赔的情形下，虽然难为某一权利的行使划定量值，但是这也不是绝对的不能划定，一些“明显不合理”的索赔也会基于社会一般观念识别出来。最高人民法院指导性案例曾给出这样的观点，可视为对上述理论的说明。其指出，“在司法实践中应当注意行为人为索取明显超出债务数额的财物而非法扣押、拘禁他人的，因其行为已带有‘借机勒索’的性质，可以依照刑法二百三十九条第一款规定的绑架罪定罪处罚”[③]。《刑法》第二百三十九条第一款规定，以勒索财物为目的绑架他人的，或者绑架他人作为人质的，处十年以上有期徒刑或者无期徒刑，并处罚金或者没收财产；情节较轻的，处五年以上十年以下有期徒刑，并处罚金。绑架罪虽然被规定在《刑法》第四章侵犯人身权利、民主权利当中，但是本罪保护复杂客体，将人身权利与财产权利一并保护。当然，这里之所以“以绑架罪定罪处罚”，是因为手段方式不仅仅是敲诈勒索，还包括了非法拘禁；如果没有非法拘禁，自然也没有评价为绑架罪的空间，而只是论以敲诈勒索罪。可见，如果索财数额明显不合理的，自然有评价为敲诈勒索罪的空间，但如果并非

---

① 徐光华：《从典型案件的“同案异判”看过度维权与敲诈勒索罪》，载《法学杂志》，2013 年第 4 期，第 45 页。

② 陈文涛：《权利行使行为与敲诈勒索罪的类型分析》，载《中国刑警学院学报》，2019 年第 1 期，第 18—19 页。

③ 李兵：《〈关于对为索取法律不予保护的债务，非法拘禁他人行为如何定罪问题的解释〉的理解与适用》，最高人民法院刑事审判庭主办，《中国刑事审判指导案例——侵犯公民人身权利、民主权利罪》，第 507 页，北京，法律出版社，2009 年。

明显不合理，只是出于一种模棱两可的状态，也并不会被认为就丧失了权利的基础。故而，之所以将其称之为相对区分说，就是要与第一种严格区分说的理想化设定做一个中和。

其三，不区分说。有学者认为，在索赔数额已经明显超出实体权利的情况下，实际上消费领域中维权所涉及的债权关系（赔偿数额）多数是不确定的。既然不存在对消费者索赔数额的禁止性规定，那么无论是《消费者权益保护法》规定的双倍赔偿，还是《食品安全法》规定的10倍赔偿金都是裁判规范的体现，不可将该规定作为行为规范对消费者加以约束。对于此类有争议的权利，权利范围的最终确定需要双方进行协商，消费者向生产经营者主张赔偿数额，无须得到对方的同意。同样，谈判过程中生产经营者也有权拒绝消费者主张的数额。[①]这是因为，当权利的被行使者在为权利行使者造成损失的情况下，法律并没有规定必须赔付权利行使者多少钱，上述援引之条文只能说明，当当事人双方寻求公力救济时，法院只能依据“双倍”“十倍”等相关标准进行裁判，但这并不意味着权利行使者获赔更多就是违法。在私法领域，法无禁止即可为，如果权利的被行使者愿意赔付更多自然是法律无需过问的事情，尤其是在私力救济场合，基于当事人双方的意识自治，索赔数额当然随着双方意愿来确定，如果权利的被行使者不接受，完全可以通过诉讼解决，此时则面临接受“双倍”“十倍”的标准。因此，不能说权力行使者提出了高额的索赔请求，其就理所当然地构成了敲诈勒索罪。但是，如果介入了权利行使者施加胁迫的因素，则性质截然不同。在将两个彼此独立、毫无关联的合法行为组合成一个新的行为之后，这一新行为就具有一种不同于其组成行为的新质。对于这一新行为合法性的判断，就不能根据其组成行为来判断，而应根据该行为自身的性质来判断。因此，孤立地看，高额索赔并不违法，向媒体公布商品的缺陷也不违法，但如果将是否实施公布行为作为获取索赔的手段，将获取索赔作为不实施公布行为的条件，则这种行为就与

① 简爱：《过度维权的罪与罚——兼评李海峰天价索赔今麦郎获刑案》，载《法学》，2017年第2期，第176—177页。

刑法规定的敲诈勒索行为相符合。[①]在这里，虽然考虑到了手段的不正当性会使得天价赔偿不具有正当性，但是单纯看权利基础本身，实际上并没有因为“天价”而认定权利基础的不正当。因为在这一部分，我们只是探讨权利的边界，所以并不考虑因手段性质而改变权利性质的问题，这一点留待下文探讨。总之，索赔数额虽然显然超乎寻常，但是也并没有认为权利基础超过正当限度。尤其是，对于内容不确定的债权，“不能以索赔数额超过法律规定的范围或合理的范畴作为判断依据”。[②]

实际上，这几种观点都存在一定的缺陷，并且相互之间不断地为了解决其他学说的问题而产生新的问题，因此也无法达成一致的共识。第一种观点显然过于理想化，因为权利行使者往往不知道权利行使的界限，例如到底应该主张多少钱是合理的，除了部分存在明确债权债务关系的民事法律关系之外，权利受侵害者并不能知道自己的合法界限在何处，而且在客观条件不允许的情况下也无法咨询法律工作者以准确地主张自己的权利。这种权利在通过公力救济来实现时，尚且要在法庭上对抗一番，更别期待在私力救济的场合就能评价三言两语辩得分明，因此可以说大部分情况下都是存在争议的、不确定的权利。基于这种状态，就要求由权利行使者承担举证责任，去运行举证责任倒置的制度设计，显然是一种消极的“甩锅”现象。将本应由检方承担的举证责任甩给被告人，是对人权保障的极大侵蚀。

就第二种观点而言，虽然能够弥补第一种观点的缺陷，但最大的问题在于，什么是“明显不合理”？这种概念如果无法技术化，则将造成过大的司法裁量权。诚然，理论与实务往往以所谓的“一般观念”为标准，但是在大量的自然之债的场合，例如小三主张青春损失费，应当赔偿小三多少钱才能被“一般观念”所支持？显然也无法回答。在此做一个简短插叙。对于小三敲诈勒索青春损失费的，理论界与实务界并不认为一概构成敲诈勒索罪。有理论观点指出，只要行为人的权利请求是道德上所认可的，具有道德上的合理

① 叶良芳：《权利行使与敲诈勒索罪的界限》，载《中国刑事法杂志》，2007 年第 3 期，第 68 页。

② 陈兴良：《刑法各论精释》（上），第 576 页，北京，人民法院出版社，2015 年。

性，这种行为就属于违法阻却事由，自然不构成敲诈勒索罪；若小三怀孕，以怀孕为由向领导主张赔偿（怀孕小三索赔案），如果赔偿数额在社会一般人看来是合理的，系道德所认可的行为，那就属于违法阻却事由。[①]也就是说，违法与否的判断还要尊重一定的道德标准，法律是道德的底线，因此构成犯罪的往往是触碰了道德底线的人，此即“以法入罪”，但是如果当行为尚存一定道德可言，则可以实现“以理出罪”。因此，小三的青春损失费虽然属于自然之债，即当其诉至法院，在民事上也不会为其受理，因为并无请求权基础。《民法典》第九百八十五条规定，“得利人没有法律根据取得不当利益的，受损失的人可以请求得利人返还取得的利益，但是有下列情形之一的除外：（一）为履行道德义务进行的给付”，即是此理。但是，这并不意味着法秩序上不承认那么一点点权利（利益），正如前文所言，民法与刑法有时规范保护目的不同，任务也不同，因此即使是在民事上不被保护的利益，在刑事上未见得不被保护，即刑法上以“不将其评价为财产犯罪（敲诈勒索罪）”的方式来保护。实务中，《关于对为索取法律不予保护的债务，非法拘禁他人行为如何定罪问题的解释》也指出，行为人为索取高利贷、赌债等法律不予保护的债务，非法扣押、拘禁他人的，依照非法拘禁罪定罪处罚。如果青春损失费因为民法的不赋予救济而被刑法“遗弃”，那么在这里作为不被（民法）保护的债务，为何不评价为绑架罪，而是相对较轻的非法拘禁罪？显然自有其“可矜”之处。回归到上文第二观点，既然敲诈勒索青春损失费也不一定就构成敲诈勒索罪，而可能属于权利正当行使的范畴，那么当然也无可避免地探讨，主张多少青春损失费是权利行使，主张多少青春损失费构成敲诈勒索罪？“明显不合理”的青春损失费由谁判断？这都是第二种观点悬而未决的问题。

就第三种观点而言，笔者认为其观点相对具有合理性，而且是明确贯彻了“前置法不保护，刑法未必不保护”的观点。有观点指出，权利的基础包括两个要素：一是事实根据；二是法律依据。权利的产生应当具备事实依

① 罗翔：《法益理论的检讨性反思——以敲诈勒索罪中的权利行使为切入》，载《中国刑事法杂志》，2018年第2期，第57—60页。

据，权利的请求应当具有法律依据，具备了这两个要素，当事人就具有了权利基础，这份权利基础便具有了民事上的可诉性。[①] 虽然这种观点的结论并不符合“前置法不保护，刑法未必不保护”的结论，但是其将权利的事实基础与权利的法律基础做二元区分，倒是存在可取之处。这意味着，虽然索赔相对地具备法律依据，但是其事实依据并没有对索赔数额做固定的限制，因此显然不能说法律依据的数额就是事实依据的标准。但问题是，虽然其可以确定，只要权利基础正当，索赔数额暂且不论，但是当数额过大且手段不正当时，还是存在敲诈勒索罪的评价可能。可是，似乎还是没有规避“什么是数额过大”这一难题，因为当数额没有过大且处于合理范围之内时，使用不正当的手段当然不构成敲诈勒索罪。在行使权利过程中，往往就是那么一套所谓不正当的行为，例如相关论者以“向媒体发布信息”为不正当手段，可是在索取相当的合法财产时完全可以以此相威胁，而索取“天价”时又不可以以此为威胁，否则构成敲诈勒索罪——如果认为“协调方式既包括认可其他法领域的违法阻却事由亦是刑法的违法阻却事由，如紧急情况下的自救行为，也包括将虽然符合构成要件的行为经过利益权衡排除在违法性之外，或者得出违法性程度较低的结论”、“假设本案中在醋包汞超标的情况下，李海峰却以不赔付就发表‘方便面导致母亲癌症’的不实言论要挟今麦郎公司进行赔偿，那么该行为完全符合敲诈勒索的实行行为，但是在违法性阶层的考量中，可因确实存在身体健康损害的事实而有获得赔偿的权利适度降低违法性评价”[②]，按照这个逻辑，认为此种以敲诈勒索方式主张“天价赔偿”的情形会产生降低违法性的效果，那么所谓彻底排除违法性的情形则一定是考虑到行为人索赔数额并非“天价”，而是具有相当性的情形，否则还会以什么理由彻底地排除违法性呢？由此可见，同样是“向媒体发布信息”的行为，在实质违法性的判断中还是要考量索赔数额是否有正当性，如果正当就可以阻却违法，如果不正当至多减轻违法而构成敲诈勒索罪，从轻处罚。于是还

① 柏浪涛、谷翔：《敲诈勒索与权利行使的界限》，载《法律适用》，2010年第10期，第77页。

② 简爱：《过度维权的罪与罚——兼评李海峰天价索赔今麦郎获刑案》，载《法学》，2017年第2期，第180—181页。

是存在上述观点二的问题，即什么是“明显不合理”的标准。所以，试图以手段正当性判断来消解“合理赔偿”与“天价赔偿”之间的鸿沟，似乎依然乏力。

基于上述观点的展示与评议，在李洪元案中，我们可以看到，离职补偿金以“2N”为标准与以“N+1”为标准所产生差额的30余万元，到底是不是敲诈勒索罪的评价范围，从权利基础上来检视，正是应当定位到上述问题的探讨。如果按照第一种观点，其实对于李洪元来说最为不利，因为这30余万差额中似乎并没有排除其第八年买断工龄时已经受领的补偿金，即使适用“2N”标准，也应该扣除前八年已经受领的九个月的工资（8+1=9），否则显然有“多占”的嫌疑，于是按照第一种观点，只要是“多占”，就具备了敲诈勒索罪的不正当权利基础。而按照上述观点二与观点三的理解，李洪元的权利基础到底是否正当确实也不是不言自明，一方面可以认为，赔偿多少在私人谈判的场合确实要依靠意思自治，只要双方没有“谈不拢”，那么就可以肯定李洪元权利的正当性；但另一方面也可以认为，既然没有员工拿到过“2N”标准的离职补偿金，且因为前期买断工龄是双方合意的结果（其完全可以选择不同意而跳槽），则法律规定的“2N”标准也不意味着允许其重复受偿，因此从李洪元比其他离职人员多拿了那么多离职补偿金来看，完全也存在“明显不合理”的评价可能。但总之，根据第二种观点与第三种观点，李洪元不论如何还是存在权利基础层面出罪的解释路径的，因此要比第一种观点更为缓和。当然，即使能够肯定李洪元“高价索赔”已超出权利基础的正当性，这也不意味着其一定构成敲诈勒索罪，因为只要李洪元手段具有正当性，也可以排除犯罪的成立。而实际情况也正是采取了这个思路，通过手段正当的认定排除其构成敲诈勒索罪，也并没有纠结于权利基础本身的正当性。至于手段正当性的问题，下文将继续探讨。此外，如果事实不是这样，李洪元并没有重复受偿且受偿数额完全可以被法律支持，则无论如何应当肯定其权利的正当性，即在第一个问题上就可以排除敲诈勒索罪的成立。

2. 考量二：手段正当性

李洪元案不起诉理由之关键在于手段正当性的认定。因此，如何看待李洪元索取离职补偿金的手段，至关重要。虽然本案是以谈判“有说有笑”为理由否定了手段具有敲诈勒索性质，但是我们基于一种“坏人思维”，要再次审视其手段的正当性与否。毕竟李洪元在职期间曾经举报过部门领导及部门的相关问题，大家对李洪元的手段是存在预估的，所以在谈判期间李洪元显然也没有必要去和对方“撕破脸”。因为无法排除这样的可能，我们就不能单纯依据所谓“有说有笑”来认定其手段的正当性。

首先，我们必须明确，手段正当性的考量是一定要成为形式上敲诈勒索行为的实质限缩。基于这个立场，有学者指出，对方造成权利受损的事实属客观存在，权利人对此并不存在保密义务，行使权利的方式只要不为法律所禁止，即使客观上会使对方心理产生恐惧的效果，也不应当认为是符合敲诈勒索罪构成要件的胁迫行为。[①] 还有观点则实质地否认了这种心理上的恐惧效果，即认为只要行使权利的方式没有被法律禁止，就不具有非法性和强制性，被索赔方往往也不会产生恐惧心理，因此否认了索赔行为属于刑法意义上的要挟。[②] 上述相关观点不管是肯定恐惧但是例外承认其正当性，还是以正当性为理由否认恐惧，虽然解释路径不同，但是实际效果是相同的，那就是：手段正当的就不构成犯罪。但是，相反的观点指出，一般情况下，作为恐吓内容恶害的实现都具有违法性，如伤害他人身体、剥夺他人生命、毁坏他人财物、诋毁他人名誉等。但是恐吓的成立不以恶害实现的违法性为必要，因为恶害的实现本身可能并不违法，以此胁迫他人同样成立恐吓；将“电视台曝光”行为合法作为无罪理由并不恰当，因为恐吓行为的合法性不阻碍敲诈勒索罪客观行为的成立。[③] 显然，这种观点认为不能以合法性说明正当性，与上述观点存在本质区别，这种观点的逻辑是：只要恐吓就构成犯罪。再进一步探究，这种观点是以形式解释为主导的入罪化思维，其潜意识

① 简爱：《过度维权的罪与罚——兼评李海峰天价索赔今麦郎获刑案》，载《法学》，2017 年第 2 期，第 177 页。

② 肖本山：《消费纠纷领域敲诈勒索罪的认定》，载《法学》2009 年第 5 期，第 98—100 页。

③ 董玉庭：《行使权利的疆界——敲诈勒索罪与非罪的理论解析》，载《法律适用》，2004 年第 9 期，第 43 页、第 45 页。

里认为：构成犯罪的就不是手段正当。“从法制社会的应然性角度看，应鼓励民众通过正当、合法的方式维权，对于违反《刑法》规定的维权行为，应予以犯罪化”[①]，也是出于相同的理解。应当认为，这种观点确实有待商榷。“构成犯罪的就不是手段正当”，从逻辑上看，这完全是将上述观点的论断“倒果为因”，不判断手段正当性，如何判断犯罪与否？就如作为正当化事由的正当防卫一样，能够说“构成犯罪的就不是正当防卫”吗？显然这是一个伪命题，正当防卫作为典型的正当化事由本来就是在外观上看上去构成了犯罪，但实质上不具有违法性，根本不能说一个正当防卫行为因为构成了故意伤害或故意杀人罪，所以不属于正当化事由。可见，手段正当性与否的判断应当作为犯罪判断的实质内容，否则基于“恐吓”的形式理解就作出有罪结论，实际上是犯罪圈的无限度扩张。因此，手段正当性的判断必须在得出罪与非罪的结论之前优先进行。

其实，上文在探讨权利正当性的问题时，指出第三种观点是以手段正当性判断来消解“合理赔偿”与“天价赔偿”之间的鸿沟，于是有意无意地已经将话题带入到手段正当性判断。的确，手段正当性问题的探讨往往离不开权利正当性问题的缠绕，因此下文在探讨手段正当性问题时依然会不可避免地谈及相关权利正当性问题。而就此，上述第三种观点所呈现的这种现象正可以为下文的探讨提供一把切入问题意识的“楔子”。

上述第三种观点认为，如果以适度的不正当手段（向媒体发布信息）敲诈勒索相当的赔偿数额，并不具有敲诈勒索罪的实质违法性，或云实质的社会危害性，但是索赔“天价”的就应当构成敲诈勒索罪，只不过社会危害性较低，应作从轻处罚。有观点认为，索赔数额倒不是完全与权利行使无关，在特定情形中数额相对较高是能够识别出来的，只是手段如果依然是正当的，那么也不应当构成敲诈勒索罪。[②]有学者也指出，仅仅是提出高额索

① 徐光华：《从典型案件的“同案异判”看过度维权与敲诈勒索罪》，载《法学杂志》，2013 年第 4 期，第 48 页。

② 蔡桂生：《合理行使权利与敲诈勒索罪的区分》，载《国家检察官学院学报》，2018 年第 2 期，第 30 页。

赔，这也只是表明行为人有非法占有的意图，尚不能认定行为人构成敲诈勒索罪。要认定敲诈勒索罪，除了提出不当的高额索赔外，还必须要有胁迫行为；对此，向媒体公布会对相对方造成一定程度的精神强制，是一种胁迫行为。但是，在行为人采用胁迫手段迫使相对方支付其应当支付的财物时，由于行为人主观上并不具有非法占有意图，目的合法正当，相对方也没有财物减损的事实，因而应当否定非法占有目的的存在，因此不成立敲诈勒索罪。[①]在这里，非法占有目的的客观事实起点，在于索赔数额的确定，如果将索赔数额作为权利基础正当性的内容，且必须通过一定客观手段来将这种目的外化出来，则非法占有目的的认定只不过是植根于权利正当性，表现于手段正当性而已，归根到底是权利与手段的判断。在应当支付的范围内胁迫不构成敲诈勒索罪，在不应当支付的范围内胁迫就构成敲诈勒索罪，且不说这一观点没能实质绕开“索赔数额是否明显不合理”的纠结，从手段正当性的评价上来看，其似乎将手段正当性的判断作为一个静态概念而存在。也就是说，其主张的立场是“向媒体公布”就是手段不正当，这一结论是稳定的，而不是说在应当支付的范围内“向媒体公布”就是手段正当，在不应当支付的范围内“向媒体公布”就是手段不正当，这样就能防止结论的不稳定，防止手段正当性的判断具有相对性。但问题是，手段正当性的判断真的不具有相对性吗？或者说即使一些手段是绝对具有正当性的（如以诉讼相威胁）或绝对不具有正当性的（如以杀人相威胁），这种绝对性能够一以贯之吗？笔者认为，手段正当性的判断依然不可避免地具备相对性，而这种手段相对性是随着权利基础的变化而变化的，这也意味着，权利基础的不同使得权利正当性类型也不是恒定不变的。

正如有观点指出，在权利行使行为的实行性的判断上可以比不存在权利义务关系的情形进行更为严格的判断，因此可以根据具体情形否定敲诈勒索罪的实行行为性。[②]按照这种思路，其认为某种行为是否具有敲诈勒索的实行

---

① 叶良芳：《权利行使与敲诈勒索罪的界限》，载《中国刑事法杂志》，2007 年第 3 期，第 68 页。

② 杜文俊：《财产犯刑民交错问题探究》，载《政治与法律》，2014 年第 6 期，第 56 页。

行为性，必须关注到与权利基础有关的情形，也就是说如果存在一定的权利基础，则行使权利的手段就是正当的，就不是敲诈勒索罪的实行行为，亦不具有实质的违法性或社会危害性；在一定的权利基础之外，则行使权利的手段就不是正当的，就属于敲诈勒索罪的实行行为，并具有实质的违法性或社会危害性。这种构造实际上就与上述观点的构造存在实质的不同，即认为手段正当性的判断是相对的。这种观念越来越被我国《刑法》制度取向所采纳。《刑法修正案（十一）》显示，新增第二百九十三条之一："有下列情形之一，催收高利放贷产生的非法债务，情节严重的，处三年以下有期徒刑、拘役或者管制，并处或者单处罚金：（一）使用暴力、胁迫方法的；（二）限制他人人身自由或者侵入他人住宅的；（三）恐吓、跟踪、骚扰他人的。该条为寻衅滋事罪的规定，那么为何以相关手段催收合法债权的不被评价为寻衅滋事罪（手段正当），而只有收取不被法律保护的债务时才构成寻衅滋事罪（手段不正当）？这种理解并非空穴来风，最高人民法院早在2005年6月8日的《关于审理抢劫、抢夺刑事案件适用法律若干问题的意见》就指出："行为人为索取债务，使用暴力、暴力威胁等手段的，一般不以抢劫罪定罪处罚。构成故意伤害等其他犯罪的，依照《刑法》第二百三十四条等规定处罚。"也就是说，如果认为抢劫是更严重的敲诈勒索，是更严重的寻衅滋事，为什么在这种情况下既不构成保护财产法益的敲诈勒索罪，也不构成保护人身法益的寻衅滋事罪，而是只有构成故意伤害罪时才不被允许？显然在这里，应当理解，如果通过抢劫手段强取债权的，抢劫手段中蕴含的寻衅滋事手段也是被容忍的手段，即手段具有正当性；但是，如果针对的是不被法律保护的债务，就是连寻衅滋事的手段也是不被容忍的，因此手段不具有正当性。可见，以寻衅滋事为手段的正当性存在与否，受制于在先权利正当性类型的理解，而并不是与权利正当性类型无关的静态概念。这种现象在敲诈勒索罪的语境下也是如此。实务观点指出，在非诉纠纷解决途径中，双方确实存在一个博弈的过程，当有一方握人把柄、捏人短处进行谈判势必导致过程和结果的不平等。当然，无论权利是否行使，无论权利的内容是否合法，当这种要挟行为只是用于迫使对方支付其应当支付财物时，只要行为本身不超越社会和公众容忍的底线，这仍然属于民事上的“私力救济”，虽然具有一定的非法性，但并不触犯刑律。即使胁迫手段情节特别严重，超出了社会的容忍限度，也只可能构成其他犯罪。[①] 笔者对上述观点除了最后一句，都表示认同，因为其反映出面对不同利益纠葛，手段正当性的容忍程度并非是一成不变的原因在于社会与公众容忍的底线，这种所谓的底线是抽象且微妙的，难为手段正当性设置一个一以贯之的标准。但同时，如果认定了某种手段是正当的、不被刑法处罚的，为何还要讲“即使胁迫手段情节特别严重，超出了社会的容忍限度，也只可能构成其他犯罪”？这还是一个悖论，如果构成其他犯罪依该罪定罪处罚的，当然不是手段正当性的体现。所以，笔者倒是主张，对于法律不予保护的债权之索赔，抑或具有权利基础但索赔数额无标准之案件，一律以不得触犯寻衅滋事罪为手段正当性标准，由此亦可能处理“天价索赔”的相关问题。既然索赔“明显不合理”如此难以探求，那么当相对方感受到索赔数额无法接受时，自然会与权利行使者发生冲撞，此时双方博弈的临界点不在于是否构成敲诈勒索罪，以防止权利行使者有恃无恐地认为自己完全正当、法院因为数额难以确定所以不会轻易认定敲诈勒索罪，而是将临界点设定在是否构成寻衅滋事罪上，这样使得权利方要挟时如果相对方能够接受索赔，则不需要适用敲诈勒索罪，但在相对方在不可接受索赔时，权利方如果无理取闹将使得相对方以权利方构成寻衅滋事罪作为反向要挟，以实现“私力救济”的平衡。

当然，手段正当性确实也应该存在一些明确的标准。有观点认为，当今社会，媒体报道的客观公正性还有待提高，以向新闻媒体揭发相要挟，当然会对商家产生心理上的强制。如果仅是通过媒体揭露问题，是行使言论自由行为。但如果以向媒体曝光作为向他人高额索赔的条件，此时已经不具有合法性，并不排除其手段的威胁性。[②] 还有观点进一步甄别，指出如若以曝光

① 屠晓景、徐凤、杨素琴：《如何认定权利行使过程中的敲诈勒索罪》，载《中国检察官》，2008年第4期，第56页。

② 徐光华：《从典型案件的“同案异判”看过度维权与敲诈勒索罪》，载《法学杂志》，2013年第4期，第46页。

真实不良信息相要挟索要高额赔偿的，手段行为不违法，不宜以敲诈勒索罪处理；如若以曝光虚假不良信息相要挟索要高额赔偿的，手段行为违法，应以敲诈勒索罪处理合宜。[①]还有人从“禁止公器私用”的角度，认为舆论监督是涉及社会公共利益的权利或者权力，并非个人的私权，如果将“向媒体曝光”作为对方给付财物的要挟，则索赔沦为交易，索要的财物沦为“掩口费”。因此禁止以“向媒体曝光”作为索赔的手段，以此来防止侵害公众知情权及其他合法权利的侵害。[②]问题是，第一，权利受侵害者是否能事前辨别出自己要曝光的信息是真是假？如果是自己伪造的信息，或者是基于自己伪造的事实而产生的信息（由“碰瓷”产生的真实信息），那么当然是敲诈勒索无疑，但除此之外，是否真实恐怕并非权利人所能预见。第二，如果向媒体曝光是每个公民享有的权利，那么怎么会以媒体报道素质不高进而造成侵害不可逆为理由，来惩罚向媒体曝光的公民？不论向媒体曝光是否产生恐吓效果，其正当性都应该被肯定，如果媒体错误报道，则应该由不负责任的媒体为权利行使相对方承担责任。其三，权利行使人“向媒体曝光”是权利，而不是义务，绝不能把媒体人的义务看成是权利人的义务。退一步讲，就算是“交易”，权利行使者也只是手段不正当，而权利基础是正当的，难道能因为手段不正当而改变权利基础的评价，进而成立敲诈勒索罪吗？因此，笔者认为，在“向媒体曝光”这件事上，权利行使者不应当有任何的顾虑。

3. 总结

通过上文的阐述可以发现，我们并不是在探讨，到底“只有权利正当手段也正当时不构成敲诈勒索罪”，或者是“只有权利不正当手段也不正当时才构成敲诈勒索罪”。换言之，并不是探讨，“权利正当手段不正当”，或者“权利不正当手段正当”这两种情形到底是否构成敲诈勒索罪。而是在探讨，权利正当则不构成敲诈勒索罪，如果手段不正当当然构成其他相应的犯罪，

① 邓勇胜：《从典型案例看过度维权与敲诈勒索罪的界限》，载《犯罪研究》，2018 年第 1 期，第 90 页。

② 高翼飞：《索赔还是勒索——民刑分界的模糊地带》，载《犯罪研究》，2011 年第 6 期，第 45—46 页。

只是手段是否正当的判断虽然存在一定的标准，但还应作价值的动态调整，以防止结论的过于僵化。

在李洪元案中，李洪元的手段具有相对的正当性。向公司举报、反映问题的行为一般是具有正当性的，这不仅在其没有离职时是正当的行为，而且即使在其离职时与部门领导谈判的过程中，其仍然以此作为要挟，也不可否定其手段的正当性。因为这就是从离职补偿金权利正当性中延伸出来的手段正当性，举报部门问题并没有超越这种手段的正当性限度。因此，即使是录音资料表示，谈话过程不是在“有说有笑”的气氛中进行的，而是在“剑拔弩张”“暗流涌动”的气氛中进行的，也不能说明李洪元就是敲诈勒索，就是寻衅滋事。

当然，笔者既然主张只要具有权利基础，且赔偿数额无法确定的，就不宜评价为敲诈勒索罪，至多构成寻衅滋事罪。那么按此逻辑，李洪元如果享有权利基础的话，则无论如何不构成敲诈勒索罪。但是，如果因为离职补偿金问题无法达成合意，索赔数额不能被华为或李洪元所在部门所接受，说明在要挟过后，开价已经超过相对方对要挟的恐惧因此不能就范，此时李洪元如果觉得自己有理当然可以诉诸诉讼的渠道来解决，否则其一而再再而三地去举报或者向社会披露所谓的内幕，在真假难辨的情况下虽然不必评价为损害商业信誉、商品声誉罪，但其目的终究是“索赔”，故而应构成具有恐吓、强拿硬要等情节的寻衅滋事罪。此外，如果赔付时已经签协议约定好权利行使到此为止，那么此后便不再具有权利基础，即否定了权利的正当性（如果事后反悔，可以走民事程序寻求公力救济），此时再去寻求私力救济实施要挟，则当然可以评价为敲诈勒索罪。有观点从司法实践与刑法规范解释的角度描述了“权利一次用尽”原则，便说明了本文上述观点的可能性。[①]

三、后记

在《中共中央关于坚持和完善中国特色社会主义制度推进国家治理体系

① 庄绪龙：《“先因型”敲诈勒索行为入罪之反思》，载《法治论丛》，2015年第4期，第23页。

和治理能力现代化若干重大问题的决定》提出“引导全体人民做社会主义法治的忠实崇尚者、自觉遵守者、坚定捍卫者”的大背景下，公民权利意识不断提高的同时，如何保障权利、实现权利又成为新的研究课题。这一课题着重于手段行为正当性的考察，应当认为，凡是公民根据一般观念能够确定是合法的渠道或合理的行为，都不应当成为构成敲诈勒索罪的理由，否则公民容易陷入“投鼠忌器”的困境之中。而这个手段行为限度，虽然在法律技术上存在着复杂的判断，但是应当认识到“合法的必定是合理的”，因此在日常生活中，只要做到“以理服人”，切忌“胡搅蛮缠”，自然不会触碰法律的底线；另外，复杂法律评价也将倒逼公力救济的依赖性的提高，这将引导公民在权利行使不确定的状态下，尽量选择公力救济。李洪元被控敲诈勒索案为我们在权利行使问题上提供了一个良好的法律示范，当然，本案背后所承载的理论问题要远比本案所呈现出来的现实资料丰富得多、繁杂得多，值得理论界与实务界展开持续的探索。

（龙天鸣）

生物技术发展与刑法规制

——贺建奎“基因编辑婴儿”案

艾滋病（AIDS），是一种传染性疾病，由艾滋病病毒（HIV）引起，危害性极大，可以破坏人体免疫系统的CD4T淋巴细胞，从而使人体丧失免疫功能，致死率高。在当今医学领域，如何治愈艾滋病依然是一个难题。然而，2018年11月26日的一则报道震动了医学界、生物学界：中国科学家、南方科技大学贺建奎副教授通过基因改造的方式使得一对双胞胎姐妹出生之时便对艾滋病具有免疫能力。乍一看，这应当是一件好事，可以说人类找到了对抗艾滋病的方法。然而，随着该消息在世界范围内的广泛传播以及不断发酵，贺建奎的行为遭到了来自世界范围内的批评与抵制。2019年7月，深圳市南山区人民检察院对贺建奎等人提起公诉。2019年12月，贺建奎等人被深圳市南山区人民法院判决犯非法行医罪，被依法追究刑事责任。

一、案情回顾

2018年11月26日，人民网发布了一则报道:《世界首例免疫艾滋病的基因编辑婴儿在中国诞生》。报道介绍，来自中国深圳的科学家贺建奎在第二届国际人类基因组编辑峰会召开前一天宣布，一对名为露露和娜娜的“基因编辑”婴儿于11月诞生，这对双胞胎的一个基因经过修改，使她们出生后即能天然抵抗艾滋病，该实验的成功也标志着我国在基因编辑技术用于疾病预防领域实现了历史性突破。但是，该消息的扩散，在全世界范围内引起了巨大轰动，数百位生物学家联名谴责贺建奎的行为，认为其行为已严重违反了医学伦理道德。

事情发生之后，广东省委、省政府高度重视，成立调查组展开调查，并于2019年1月公布调查结果。据调查组介绍，2016年6月开始，贺建奎私自组织包括境外人员参加的项目团队，蓄意逃避监管，使用安全性、有效性不确切的技术，实施国家明令禁止的以生殖为目的的人类胚胎基因编辑活动。2017年3月至2018年11月，贺建奎通过他人伪造伦理审查书，招募8对夫妇志愿者（艾滋病病毒抗体男方阳性、女方阴性）参与实验。为规避艾滋病病毒携带者不得实施辅助生殖的相关规定，策划他人顶替志愿者验血，指使个别从业人员违规在人类胚胎上进行基因编辑并植入母体，最终有2名志愿者怀孕，其中1名已生下双胞胎女婴“露露”“娜娜”；另1名在怀孕中。其余6对志愿者有1对中途退出实验，另外5对均未受孕。调查组认为，该行为严重违背伦理道德和科研诚信，严重违反国家有关规定，在国内外造成恶劣影响。①

2019年7月31日，深圳市南山区人民检察院就贺建奎“基因编辑婴儿”一案向南山区人民法院提起公诉。2019年12月30日，深圳市南山区人民法院一审公开宣判。贺建奎、张仁礼、覃金洲等3名被告人因共同非法实施以生殖为目的的人类胚胎基因编辑和生殖医疗活动，构成非法行医罪，分别被依法追究刑事责任。

经法院审理查明，南方科技大学原副教授贺建奎得知人类胚胎“基因编辑”技术可获得商业利益，即与广东省某医疗机构张仁礼、深圳市某医疗机构覃金洲共谋，在明知违反国家有关规定和医学伦理的情况下，仍以通过编辑人类胚胎CCR5基因可以生育免疫艾滋病的婴儿为名，将安全性、有效性未经严格验证的人类胚胎“基因编辑”技术用于辅助生殖医疗。贺建奎等人伪造伦理审查材料，招募男方为艾滋病病毒感染者的多对夫妇实施“基因编辑”及辅助生殖，采用冒名顶替、隐瞒真相的方式，由不知情的医生将“基因编辑”过的胚胎通过辅助生殖技术植入人体内，致使2人怀孕，先后

① 《新华社发布“基因编辑婴儿”事件调查组初步调查结果》，载搜狐网，2019年1月21日；https://www.sohu.com/a/290516107_120054199，2020年7月28日访问。

生下3名“基因编辑婴儿”。法院认为，3名被告人未取得医生执业资格，追名逐利，故意违反国家有关科研和医疗管理规定，逾越科研和医学伦理道德底线，贸然将基因编辑技术应用于人类辅助生殖医疗，扰乱医疗管理秩序，情节严重，其行为已构成非法行医罪。根据3名被告人的犯罪事实、性质、情节和对社会的危害程度，依法判处被告人贺建奎有期徒刑3年，并处罚金人民币300万元；判处张仁礼有期徒刑2年，并处罚金人民币100万元；判处覃金洲有期徒刑1年6个月，缓刑2年，并处罚金人民币50万元。因涉及有关人员个人隐私，法院不公开开庭审理了此案。据法院负责人介绍，庭审过程中，公诉机关出示了物证、书证、证人证言、鉴定意见、勘验笔录、检查笔录、视听资料、电子数据等证据。3名被告人当庭表示认罪悔罪，辩护律师到庭为3名被告人进行了辩护。人大代表、政协委员、被告人家属、媒体记者及各界群众代表旁听了宣判。广东省对涉事单位和人员进行了严肃处理和问责。卫生健康行政部门已将相关涉案人员列入人类生殖技术违法违规人员“黑名单”，终身禁止其从事人类辅助生殖技术服务工作。科技主管部门已对涉案人员作出终身禁止其申请我国人类遗传资源行政审批、终身禁止其申请财政资金支持的各级各类科研项目等行政处理。科技主管部门、卫生健康行政部门分别责成涉事单位完善科研和医疗管理制度，加强对相关从业人员的监督管理等。①

二、本案的法律适用解析

在本案发生后，关于贺建奎等人的行为是否构成犯罪，认为不构成犯罪的声音比较小。贺建奎本人应该认为这一行为是不构成犯罪的，否则就难以理解其会将这一行为向世界宣布。理论上，认为其不构成犯罪的主要理由是刑法对此没有明确的规定，如果对其适用刑法，可能违反“法无明文规定不为罪”的罪刑法定原则。有学者认为，“在目前直接针对生物技术、人体试

① 《“基因编辑婴儿”案一审宣判　贺建奎等三被告人被追究刑事责任》，载新华网，2019年12月30日；http://www.xinhuanet.com/2019-12/30/c_1125403802.htm，2020年7月28日访问。

验犯罪存在空白的法律框架下，考虑到刑法在面对现代科学技术的风险时应有的适度宽容的立场，断然认为以生殖为目的的人类‘基因编辑’试验就是‘情节严重’的非法行医行为，在刑法适用上理性不足”。[①] 全国人大宪法和法律委员会委员、中国社会科学院法学研究所研究员孙宪忠曾在接受《新京报》采访时认为，对于“基因编辑婴儿”，现行法律没有具体明确的法律条款，但是宪法和民法总则（自 2021 年 1 月 1 日起《民法典》实施后，我国现行的民法总则同时废止）都明确规定，“民事主体从事民事活动，不得违反法律，不得违背公序良俗”，但同时也认为，“‘基因编辑婴儿’明显违背了公序良俗，而且对整个人类的生命安全构成了威胁。所以，虽然没有具体的法条对此作出惩戒性规定，但是其行为本身已经对公共安全造成了威胁，应该以涉嫌危害公共安全罪追究相关各方的责任”[②]。由于贺建奎宣布这一成果后，受到了普遍的谴责，大家普遍认为其涉嫌违法，因此认为其不构成犯罪的声音式微。

在本案尚未正式宣判之前，对“基因编辑婴儿”行为可能适用罪名的激烈讨论在网上展开了。所涉及的罪名主要有：医疗事故罪、以其他危险方法危害公共安全罪、过失致人重伤罪、故意伤害罪、非法行医罪等。虽然法院最终认为贺建奎等人的行为成立非法行医罪，但还是有必要对上述其他罪名作出说明。

贺建奎的行为不构成医疗事故罪。根据《刑法》第三百三十五条对医疗事故罪的规定：“医务人员由于严重不负责任，造成就诊人死亡或者严重损害就诊人身体健康的，处三年以下有期徒刑或者拘役。”根据《刑法》这一规定，首先，构成医疗事故罪的条件之一是医务人员严重不负责任，根据《最高人民检察院、公安部关于公安机关管辖的刑事案件立案追诉标准的规定（一）》（以下简称《立案追诉标准规定（一）》）第五十六条的规定可知，

① 王康：《“基因编辑婴儿”人体试验中的法律责任——基于中国现行法律框架的解释学分析》，载《重庆大学学报（社会科学版）》，2019 年第 5 期。

② 《“基因编辑婴儿”，违法不？》，载新京报网，2018 年 11 月 27 日；http: //www.bjnews.com.cn/feature/2018/11/27/525386.html，2020 年 7 月 28 日访问。

未经批准擅自开展试验性治疗的，可以认定为医疗事故罪中的“严重不负责任”。贺建奎未经批准实施的“基因编辑婴儿”的行为具有实验性和治疗目的，因此可以认为贺建奎等人“严重不负责任”。其次，构成医疗事故罪不仅要求医务人员严重不负责任，还要求因严重不负责任“造成就诊人死亡或者严重损害就诊人身体健康”。根据《立案追诉标准规定（一）》第五十六条规定，所谓“严重损害就诊人身体健康”，是指造成就诊人严重残疾、重伤、感染艾滋病、病毒性肝炎等难以治愈的疾病或者其他严重损害就诊人身体健康的后果。本案的证据不足以证明贺建奎的行为造成就诊人死亡或者严重损害了就诊人的身体健康，所以贺建奎的行为不构成医疗事故罪。

贺建奎的行为也不构成以危险方法危害公共安全罪（包括过失以危险方法危害公共安全罪）。首先，根据刑法解释学的原理，《刑法》第一百一十四条和第一百一十五条规定的以其他危险方法危害公共安全罪中的“方法”应当与之前列举项的犯罪行为即“防火、决水、爆炸以及投放毒害性、放射性、传染病病原体等物质”具有相似性或者说具有相同性质。很难认为“基因编辑婴儿”的行为在危险程度以及性质上与列举行为具有相似性，因而应当排除第一百一十四条和第一百一十五条第一款的适用。其次，“基因编辑婴儿”的行为并没有造成致人重伤、死亡或者使公私财产遭受重大损失的后果，因此第一百一十五条第二款在本案中也得不到适用。

贺建奎的行为不构成故意伤害罪或过失致人重伤罪。成立故意伤害罪或过失致人重伤罪要求对他人造成伤害或者重伤，“他人”是指一个已经出生的人，很难认为一个尚处于胚胎期的细胞属于刑法意义上的“他人”。故意伤害罪和过失致人重伤罪都要求对他人造成伤害或者重伤的结果，如前所述，根据案件事实与证据，不足以认定“基因编辑婴儿”的行为对他人造成了伤害或者重伤的后果，因而不构成故意伤害罪或者过失致人重伤罪。

法院虽然作出了判决，贺建奎等人也认罪服法，但讨论本案的余温依然在，值得进一步思考的问题颇多。法院认为，贺建奎、张仁礼、覃金洲“基因编辑婴儿”的行为已经构成非法行医罪。《刑法》第三百三十六条规定：“未取得医生执业资格的人非法行医，情节严重的，处三年以下有期徒刑、拘役或者管制，并处或者单处罚金；严重损害就诊人身体健康的，处三年以上十年以下有期徒刑，并处罚金；造成就诊人死亡的，处十年以上有期徒刑，并处罚金。"对于贺建奎等人的行为是否构成非法行医罪，无论是在刑法理论上，还是在司法实践上皆存争议，笔者试图对此作出自己的解析。

（一）"基因编辑婴儿"的行为是否属于"行医"行为

成立非法行医罪客观上要求行为人未取得医生执业资格行医并且情节严重，对于贺建奎的行为是否属于行医行为尚存争论，根据最高人民法院《关于审理非法行医刑事案件具体应用法律若干问题的解释》（以下简称《行医案件解释》）第六条可知，非法行医罪中的行医行为包括了"医疗活动"和"医疗行为"两种，认定标准应当参照《医疗机构管理条例实施细则》中的"诊疗活动"与"医疗美容"。根据《医疗机构管理条例实施细则》第八十八条的规定："特殊检查、特殊治疗：是指具有下列情形之一的诊断、治疗活动：（一）有一定危险性，可能产生不良后果的检查和治疗；（二）由于患者体质特殊或者病情危笃，可能对患者产生不良后果和危险的检查和治疗；（三）临床试验性检查和治疗；（四）收费可能对患者造成较大经济负担的检查和治疗。"基因编辑行为具有危险性和具有试验性。基因技术的危险性体现在基因技术的操作不当可以损害身体健康，甚至发生基因突变等，可以认定其为第一、第三种情形，属于特殊的诊疗活动，因此是行医行为。

（二）贺建奎是否取得医生执业资格

根据《行医案件解释》第一条的规定，具有下列情形之一的应认定为刑法第三百三十六条第一款规定的"未取得医生执业资格的人非法行医"：第一，未取得或者以非法手段取得医师资格从事医疗活动的；第二，被依法吊销医师执业证书期间从事医疗活动的；第三，未取得乡村医生执业证书，从事乡村医疗活动的；第四，家庭接生员实施家庭接生以外的医疗行为的。本案显然不属于后面三种情况，若要认定贺建奎构成非法行医罪只能是因为第一种情况，即贺建奎未取得或者以非法手段取得医师资格从事医疗活动。

《中华人民共和国执业医师法》（以下简称《执业医师法》）对执业医师资格的取得有较为详细的规定。《执业医师法》第八条规定："国家实行医师资格考试制度。医师资格考试分为执业医师资格考试和执业助理医师资格考试。医师资格统一考试的办法，由国务院卫生行政部门制定。医师资格考试由省级以上人民政府卫生行政部门组织实施。"《执业医师法》第十三条规定："国家实行医师执业注册制度。取得医师资格的，可以向所在地县级以上人民政府卫生行政部门申请注册。除有本法第十五条规定的情形外，受理申请的卫生行政部门应当自收到申请之日起三十日内准予注册，并发给由国务院卫生行政部门统一印制的医师执业证书。医疗、预防、保健机构可以为本机构中的医师集体办理注册手续。"《执业医师法》第十四条规定："医师经注册后，可以在医疗、预防、保健机构中按照注册的执业地点、执业类别、执业范围执业，从事相应的医疗、预防、保健业务。未经医师注册取得执业证书，不得从事医师执业活动。"

根据上述相关规定可知，只有通过了医师资格考试，取得医师资格，并经注册获得医师执业证书以后，才能从事医师执业行为。这里取得医师资格和获得医师执业证书与刑法规定的"医生执业资格"有不同的含义。一般观点认为，非法行医罪中的"医生执业资格"是"医师资格"与"执业资格"的统一。非法行医罪中的"未取得医生执业资格"既包括了未取得医师执业资格的人，又包括了取得医师执业资格但是没有经注册取得执业证书的人。[①]同时，医生获得执业证书以后，其实际执业的地点、类别、范围应当与其注册的地点、类别、范围相一致。刑法理论一般也认为，非法行医罪中的"未取得医生执业资格"，可以解释为未取得特定类型的医生执业资格。[②]倘若从事感染科的医生为患者进行牙科手术，依然可以构成非法行医罪。

在本案中，贺建奎并没有获得"基因编辑"方面的执业证书，就不得从事"基因编辑"方面的诊疗活动。贺建奎进行"基因编辑婴儿"的行为与其所注册的执业类别、范围不符，因此可以认定为未取得医生执业资格。

① 张明楷：《刑法学》，第1126页，北京，法律出版社，2016年。

② 张明楷：《刑法学》，第1126页，北京，法律出版社，2016年。

（三）本案是否属于构成非法行医罪所要求的"情节严重"

不具备医生执业资格进行诊疗活动还不足以构成非法行医罪，如果情节并不严重，还不足以构成非法行医罪，无须运用刑法进行处理。根据刑法的规定，构成非法行医罪要求"情节严重"。最高人民法院对此作出了司法解释。《行医案件解释》第二条规定："具有下列情形之一的，应认定为《刑法》第三百三十六条第一款规定的'情节严重'：（一）造成就诊人轻度残疾、器官组织损伤导致一般功能障碍的；（二）造成甲类传染病传播、流行或者有传播、流行危险的；（三）使用假药、劣药或者不符合国家规定标准的卫生材料、医疗器械，足以危害人体健康的；（四）非法行医被卫生行政部门行政处罚两次以后，再次非法行医的；（五）其他情节严重的情形。"

在本案中，根据相关报道，贺建奎进行"基因编辑婴儿"的行为并未造成就诊人轻度残疾、器官组织损伤导致一般功能障碍；没有造成甲类传染病传播、流行或者有传播、流行危险（根据《中华人民共和国传染病防治法》的规定，所谓甲类传染病是指鼠疫和霍乱）；根据相关报道，贺建奎也没有使用假药、劣药或者不符合国家规定标准的卫生材料、医疗器械；根据相关记录，贺建奎在此次事件之前并没有受到卫生行政部门的处罚。既然法院认定贺建奎构成非法行医罪，那么贺建奎的行为只能属于《行医案件解释》第二条中的第五种情况即"其他严重的情形"。

在我国的刑法以及相关司法解释中存在着类似于上述"其他严重的情形"的表述，这种类似的条款被称为"兜底条款"。"兜底条款"是指刑法对犯罪的构成要件在明确列举规定以外，采用"其他……"这样一种概括性方式所作的规定，以避免不完全列举。[①] 刑法作出这样的规定是因为制定法对犯罪的规定具有不完整性，无法考虑到所有的犯罪行为，因此设立"兜底条款"以备不时之需。例如，《刑法》第二百二十五条非法经营罪中，在列举几项具体的非法经营行为（未经许可经营法律、行政法规规定的专营、专卖物品或者其他限制买卖的物品的；买卖进出口许可证、进出口原产地证明以及

① 陈兴良：《刑法的明确性问题：以〈刑法〉第二百二十五条第四项为例的分析》，载《中国法学》，2011 年第 4 期。

其他法律、行政法规规定的经营许可证或者批准文件的；未经国家有关主管部门批准非法经营证券、期货、保险业务的，或者非法从事资金支付结算业务的）之后，又用“其他严重扰乱市场秩序的非法经营行为”的条款进行兜底。又如，《刑法》第一百八十二条操纵证券、期货市场罪中，在具体列举几种明显的操纵证券、期货市场行为之后，用“以其他方法操纵证券、期货市场的”条款进行兜底。再如，《刑法》第一百九十一条洗钱罪中，在列举几项具体的洗钱行为之后，用“以其他方法掩饰、隐瞒犯罪所得及其收益的来源和性质的”条款对洗钱行为进行兜底规定。

对“兜底条款”的态度，刑法学界存在不同观点。有学者认为这样的兜底条款有悖于罪刑法定原则对明确性的要求。对于“兜底条款”的解释，应当以同类解释规则严格限制其适用。同类解释大体可以表述为：对于刑法条文中以“等”“其他”用语的解释要根据该用语之前列出的相关要素进行同性质的解释。司法解释中的“兜底条款”也应当遵循相同的原理。以《刑法》第一百九十一条规定的洗钱罪为例，《刑法》第一百九十一条规定了4种洗钱罪的具体行为以及一个“兜底条款”即“以其他方法掩饰、隐瞒犯罪所得及其收益的来源和性质的”。4种具体行为分别是：提供资金账户；将财产转化为现金、金融票据、有价证券；通过转账或者其他支付结算方式转移资金；跨境转移资产。根据同类解释的规则，对“以其他方法掩饰、隐瞒犯罪所得及其收益的来源和性质的”的解释应当与上述列举的4种具体行为的性质相一致。笔者也认为，类似的“兜底条款”应当受到同类解释的限制，否则罪刑法定原则就会在“兜底条款”的淡化下成为一纸空文，从而不当扩大处罚范围，进而不利于保障国民的自由与发展。如若一概认为类似的“兜底条款”有悖于罪刑法定原则而无效，那么则会导致许多具有严重社会危害性的犯罪行为得不到处罚。

回到本案，既然贺建奎的行为属于《行医案件解释》第二条规定的“其他情节严重的情形”，就应当将贺建奎的行为与《行医案件解释》第二条规定的前4种行为进行比较，贺建奎的行为是否与前4种具体行为属于同性质的行为。要考察性质是否相同，应当将具体案件中的危害行为以及危害结果进行综合分析并得出结论，其主要取决于司法者的判断，因此会因人而异。有持反对观点的学者指出，在目前直接针对生物技术、人体试验犯罪存在空白的法律框架下，考虑到刑法在面对现代科学技术的风险时应有的适度宽容的立场，断然认为以生殖为目的的人类“基因编辑”试验就是“情节严重”的非法行医行为，在刑法适用上理性不足。①

贺建奎“基因编辑婴儿”的行为属于《行医案件解释》第二条规定的“其他情节严重的情形”。《行医案件解释》规定的4种具体行为分别是：“造成就诊人轻度残疾、器官组织损伤导致一般功能障碍的；造成甲类传染病传播、流行或者有传播、流行危险的；使用假药、劣药或者不符合国家规定标准的卫生材料、医疗器械，足以危害人体健康的；非法行医被卫生行政部门行政处罚两次以后，再次非法行医的。”法益侵害性（社会危害性）是犯罪的本质特征，任何犯罪行为都具备法益侵害性，对相关行为是否具有相同性质的比较要以法益侵害性为重点并结合行为特征进行分析。

贺建奎“基因编辑婴儿”的行为的危害性可以从对受试者个人法益的侵害与对社会法益的侵害两个层面来把握。对受试者个人法益的侵害具体表现为，贺建奎实施的“基因编辑”技术具有不稳定性，对受试验者的生命安全以及身体健康具有造成侵害的危险。贺建奎自已也承认，不能保证接受“基因编辑婴儿”在未来的安全性，因此仅提供了18年的观察期这样的说法。“基因编辑”技术对社会法益的侵害具体表现为两点：首先，“基因编辑”技术会对社会秩序造成影响，进而引发社会不平等一系列问题，经“基因编辑”的受试者在基因上存在优势会导致基因方面的歧视以及对立，通过“基因编辑”技术可以使部分人在出生时就拥有更优秀的基因，对社会的伦理秩序产生巨大冲击。其次，基因迭代遗传，具有遗传性，如若“基因编辑”技术的范围得不到控制或者因技术本身产生错误则会改变整个人类群体的特征。正因为如此，我国相关部门出台了《人类辅助生殖技术管理办法》《涉及人的生物医学伦理研究审查办法》《医疗技术临床应用管理办法》《基因工程安全

① 王康：《“基因编辑婴儿”人体试验中的法律责任——基于中国现行法律框架的解释学分析》，载《重庆大学学报（社会科学版）》，2019年第5期。

管理办法》《人类遗传资源管理暂行办法》《人类辅助生殖技术规范》《人类辅助生殖技术和人类精子库伦理原则》等规定，以规范此类行为，防止此类行为给社会造成不利影响。正如有学者指出的那样，倘若“基因编辑”技术得不到有效控制，将有可能从根本上颠覆人与人之间的伦理关系，甚至影响人类社会不同阶层之间的相对平衡，而这将可能引起人伦关系和社会结构的巨大变化。[①]综合上述危害，笔者认为，贺建奎“基因编辑婴儿”的行为在法益侵害性上与《行医案件解释》第二条规定的前两种情形属于同性质的情形，并且都是由行医行为所致，可以认定为“其他情节严重的情形”，符合构成非法行医罪所要求的“情节严重”。

结合上述两点，贺建奎未取得医生执业资格而行医，行医行为情节严重，符合《刑法》第三百三十六条非法行医罪所要求的全部构成要件，对其以非法行医罪论处符合《刑法》规定。当然，在现行的法律规定下，通过“兜底条款”的方式将贺建奎的行为认定为非法行医罪是一种合理有效的方式，但是这并不是万全之策。首先，倘若贺建奎具备相应的执业资格，那么对其伪造伦理审查材料、擅自实施“基因编辑婴儿”的行为就无法以非法行医罪进行处罚。其次，生物科学技术不止“基因编辑”技术一种，如若其他生物技术被以类似的方法滥用，在不符合《刑法》规定的其他罪名的情况下最多只会受到行政处罚或者道德上的谴责，不足以防止其再次发生。

三、刑法面对生物科学技术进步的态度

近年来，基因技术所引发的争议源源不断。1996 年，克隆羊“多利”的诞生在引起人们对未来基因技术所能带来的福利无限遐想的同时，也引起了人们对“克隆人”的批评和争议。我国对于克隆技术的态度非常清楚，《人类胚胎干细胞研究伦理指导原则》明文禁止进行生殖性克隆人的任何研究。2015 年，中山大学副教授黄军就成功修改人类胚胎基因，为治疗“地中海贫血病”提供了可能，但是在世界范围内也引起了争论。贺建奎事件更是让基

① 李石：《论“基因编辑”技术的伦理界限》，载《伦理学研究》，2019 年第 2 期。

因技术进入了大众的视野，将“基因编辑”技术推到了风口浪尖。如何处理科学技术发展与因此带来的风险之间的关系，是一个值得认真思考的问题。

（一）生物科学技术所带来的风险

当今社会，科学技术进步明显，人类社会所面对的风险已经由传统风险向现代风险倾斜。“风险社会”这一概念由德国学者乌尔里希·贝克在其著作《风险社会》中提出，随后在政治、经济、法律等领域内人们展开了广泛的讨论，“风险社会”在刑法领域内更是近几年长盛不衰的一个话题。随着科学技术的进步与发展，其在造福于人类社会的同时也带来了相应的风险，科学技术可以方便人们的日常生活，也可以用于战争之中夺取生命，还可能因为对潜在的风险估计不足或预料不到而造成对社会的重大危害。因此，可以看出，现代风险主要有两个特征：一是风险人为化。随着人类活动能力的加强与范围的扩大，其决策与行为成为风险的主要来源，人为风险超过自然风险，成为现代风险结构中的主导内容。二是风险兼具积极与消极意义。① 例如，机动车的出现方便了人们的出行，但会带来醉驾、严重超速等一系列危险驾驶类风险；网络购物、电子支付技术的蓬勃发展方便了人们的日常生活，却会增加个人信息泄露的风险，进而影响人们的正常生活节奏，甚至危及人身、财产安全。倘若现代社会没有了风险，就代表着社会停滞不前，没有发展。上述风险在民事和行政领域皆有相关法律进行规制，刑法也相应地作出了回应。如为了面对大数据时代下个人信息泄露的风险，《刑法修正案（九）》增加了侵犯公民个人信息罪，将出售、非法提供、非法获取公民个人信息的行为囊括其中。

现代科学技术发展之快，加之制定法具有滞后性的特征，使得刑法对科学技术进步带来的风险的反应往往具有滞后性，甚至在风险有一定规模或数量发生时其才能作出反应，贺建奎“基因编辑婴儿”案就是其例。这也反映了我国刑事立法在规制生物科学技术领域上的空白。作为生物科学技术发展的一种产物，“基因编辑”技术具有现代风险的积极意义与消极意义。其积极

① 劳东燕：《风险社会中的刑法》，第 17 页，北京，北京大学出版社，2015 年。

意义体现在通过“基因编辑”方式可以克服人类自身的缺陷，抵抗疾病，具有治疗作用。基因技术的发展还有利于解决人类面临的资源短缺的问题，转基因食品就是代表。虽然公众对于转基因食品的态度褒贬不一，但不可否认的是，转基因食品的出现在一定程度上有效地解决了不发达地区食物与自然资源供给不足的问题。基因技术的消极意义在于“基因编辑”技术在现行科学技术条件下存在难以控制的风险，若被滥用，轻则会危害他人身体健康以及生命安全，重则会加剧社会矛盾，甚至改变整个人类社会的特征。

（二）我国现行法律框架下的责任分配及反思

在我国现行法律规范当中，针对生物科学技术特别是“基因编辑”技术的法律规定主要集中在行政规章和规范性文件中。直接涉及“基因编辑婴儿”非法人体试验法律责任的主要有《人类辅助生殖技术管理办法》《涉及人的生物医学伦理研究审查办法》《医疗技术临床应用管理办法》等几个，对违反上述规定可以直接适用的主要是行政责任。[①]

应当指出，现行的法律框架存在一些不足，主要问题出在法律规定、处罚力度以及处罚模式上。首先，从法律规定上来看，上述行政规范错综复杂并且存在交叉领域，说明我国对于生物科学技术尚未形成统一的、全面的、系统的法律体系。除了上述几个规定以外，还有《基因工程安全管理办法》《人类遗传资源管理暂行办法》《人类辅助生殖技术规范》《人类辅助生殖技术和人类精子库伦理原则》等。如此多的法律规范相互作用，难免导致协调性不足，形成重复监督。其次，处罚力度轻。对于违规行为的处罚仅仅停留在行政责任上，主要是罚款、责令限期整改、通报批评、警告等，违法成本与收益存在不协调。对于违规者而言，这样的行政处罚难以抑制违规者再次实施违规行为。最后，在处罚模式上，刑事责任缺失。例如，虽然《人类辅助生殖技术管理办法》第二十二条中有“构成犯罪的，依法追究刑事责任”的规定，但是我国刑法中并没有专门针对基因技术方面的罪名，存在立法上的空白。虽然可以通过非法行医罪等罪名进行处理，但还是应当看到，现行刑

① 王康：《“基因编辑婴儿”人体试验中的法律责任——基于中国现行法律框架的解释学分析》，载《重庆大学学报（社会科学版）》，2019 年第 5 期。

法规定在整体上存在的漏洞，容易被有心之人利用，从而逃脱刑事制裁。同时，上述规范性文件的级别都不高，用其作为认定犯罪的前置规定，难免会引发争议。

（三）刑法回应生物技术进步的方式

刑法在应对科学技术进步所带来的风险上主要有三种回应模式可供参考：积极介入型、消极介入型和适当介入型，其在面对生物科学技术的风险时也不例外。积极介入型认为，为了解决生物科学技术进步带来的风险，刑法应当通过立法、解释等形式进行严格的规制，以防止相关技术被滥用，从而带来难以预测的后果。刑法积极的回应可以大大降低相关科学技术带来的风险，即通过刑罚方法惩治违规行为，从而达到预防的作用，但刑法的积极回应会走向极端，也可能产生不利的社会后果，过度地干预生物科学技术的发展会破坏科学技术研究的创造性和自主性，影响科学技术人员的积极性与主动性，不利于科学技术的发展与社会进步。

消极介入型与积极介入型相对应，其认为生物科学技术的问题是纯粹的技术问题，完全可以通过提升科技水平来解决，因此刑法不应当过多地干预，这种态度在技术领域会得到更多的支持。同时，刑法作为调控社会关系的最后保障，在面对科学技术这样的问题上更应该让步，应当让科技研究者在研究过程中不畏手畏脚，保证科学研究者在研究过程中的自主性。如前所述，刑法确实不能过度干预科学技术研究，但是如果对科学技术发展中较明显的不利于甚至有害于社会的风险行为不进行限制，甚至不介入而放任其发展的话，则会走向另一种极端。因为科学技术是一把双刃剑，如若对其带来的风险完全不管，致使相关技术被滥用，同样不利于社会的发展。

适当介入型也可称之为中立型，其认为在对待科学技术的风险上既不能听之任之、毫无作为，也不能过度干预，进而限制科学技术的发展空间。刑法对科学技术介入应当适度，只有那些严重违规的具有社会危害性的行为，才值得动用刑罚处罚，这样一来既能在最大程度上保障科学技术的自由发展，发挥科学技术人员的科研积极性与主动性，也能防止严重违规行为逃脱法律制裁。可见，如何准确地把握介入程度，是一个值得研究的问题。

笔者认为，刑法在面对科学技术带来的风险时应当适当介入，对介入程度的把握上，应当结合刑法的谦抑性与其作为保护社会关系的最后手段的特点进行考量，做到不偏不倚、合理适当，既保护科研工作者的积极性、主动性、创造性，尊重科学技术的发展与应用规律，同时对明显的、科学共同体明确反对的高度风险行为应进行适当干预。

（四）刑法谦抑性在面对生物技术时如何发挥作用

刑法的谦抑性也称刑法的谦抑原则，刑法的谦抑性强调刑法一定是保护法益的最后手段，刑罚的发动具有不得已的特征。因为刑法虽然具有保护法益的目的，但是除刑法之外还有其他法律规范也发挥着保护法益的功能。

应当承认的是，刑法具有部门法律补充性这样一个特征，只有当一般部门法不能充分保护某种法益时，才由刑法保护；只有当一般部门法还不足以抑止某种危害行为时，才由刑法禁止。[①] 但是，尽管刑法谦抑性特征仍然需要予以重视，可这不等于说，刑法就是消极的，甚至是无为的。对于社会生活中的重大利益，比如关系人身安全、公共安全的重大利益，刑法还是应当积极介入的，在刑法规范的供给出现不足时，法律适用者应该在罪刑法定原则所能够允许的最大限度内尽可能地扩充刑法规范的供给，以尽量弥补成文法典自身可能具有的滞后性缺陷，回应现实社会的需要，使刑法在社会保护中发挥更重要的作用。[②] 如若一味地强调刑法的谦抑性，使刑法消极回应社会需要而不主动作为的话，可以说是在开倒车，与刑法应有的法益保护功能相左。

在面对生物技术发展时，刑法的谦抑性应得到维护，不能过多地介入生物技术发展。同时，谦抑性应当体现在责任机制与法律运用两个方面。在责任机制上，应当完善民事责任—行政责任—刑事责任“三位一体”的责任体系。对于那些轻微的违规行为在民事责任与行政责任上予以妥善处理；将情节严重的违规行为作为犯罪处理追究相关人员的刑事责任。情节严重的标准应当参考是否对受试者的生命安全和身体健康安全造成了实际损害或者具

① 张明楷：《刑法学》，第 20 页，北京，法律出版社，2016 年。

② 付立庆：《论积极主义刑法观》，载《政法论坛》，2019 年第 1 期。

有造成实际损害的高度危险，科学共同体是比较一致对相关行为持反对态度的。要区分单位犯罪与自然人犯罪，对于单位犯罪的要按照单位犯罪的规则进行处理，对于自然人犯罪的不能连累单位。要区分出情节严重和情节特别严重，配置轻重有别的法定刑，做到罪刑相适应。

在法律运用上，要注意合理运用《刑法》第十三条但书的规定，将不值得刑法处罚的行为认定为第十三条但书中“情节显著轻微危害不大”的情形予以出罪。根据案件的具体情况，对于情节轻微不需要判处刑罚的，应当免予刑事处罚，使用训诫或者责令具结悔过、赔礼道歉、赔偿损失等非刑罚处置措施予以处理。合理适用《刑法》第三十七条之一关于禁业限制制度，结合特殊预防的必要性，禁止违规人员在一定时间内不得从事相关行业的工作。

五、期待与展望

（一）在立法上通过修正案的方式应对基因技术违规行为

贺建奎事件过后，刑法学者们意识到了我国《刑法》在生物技术立法上的空白并针对此提出了相关建议，主要体现在审查、立法、解释三个方面。例如，周光权教授提出，在审查上，国务院科技行政主管机关、卫生健康主管机关、教育行政主管机关对有关科学研究必须严格监管，在相关领域的海外人才引进、实验室组建、公司成立等方面严格审查，签订相关伦理承诺。在立法上，由司法部牵头，会同国务院相关部门尽快提出立法草案，起草有关法律条文，尽快将生命科学医学研究和实践置于法律语境下，用严格的程序约束有关研究，防止实验的随意性，确保有关科学研究的有序、科学、严谨。要将刑法作为治理社会的最后手段体现在立法草案中，增设“非法从事人体胚胎实验、非法进行基因改良罪”，将非法生产人类基因个体、非法改良人类胚胎、非法编辑基因等行为规定为犯罪，从而达到用铁腕治理非法从事人体胚胎实验的目的，确保中华民族的安全繁衍、社会主义事业的永续发展。[①]在解释上，对现行刑法条文进行解释，通过立法解释与司法解释扩大对法益的理解，尽可能地在不新增罪名的情况下优先适用现存罪名。同时注意罪名之间的竞合——“基因编辑”行为可能会在非法行医罪、投放危险物质罪以及故意伤害罪之间产生竞合。在相关罪名上，有研究指出应当通过修正案的方式新增非法人体试验罪、非法改造人类基因罪等，同时将帮助相关犯罪的行为规定为独立的犯罪，以追求对基因技术方面的全面监管。

考虑到我国在基因技术方面刑事立法的空白，通过刑法修正案的方式增加新罪名可谓是最有效的方式。当然，构成犯罪的前提要以行为人违反了有关规定为前提，有关基因技术的具体操作细则应当由相关法律、行政法规以及规范性文件来规定，立法者对基因技术的态度在最近的《刑法修正案（十一）》当中已经明确。

《刑法修正案（十一）》第三十八条提出，在《刑法》第三百三十四条（非法采集、供应血液、制作、供应血液制品罪；采集、供应血液、制作、供应血液制品事故罪）后增加一条，作为第三百三十四条之一：“违反国家有关规定，非法采集我国人类遗传资源或者非法运送、邮寄、携带我国人类遗传资源材料出境，危害公众健康或者社会公共利益，情节严重的，处三年以下有期徒刑、拘役或者管制，并处或者单处罚金；情节特别严重的，处三年以上七年以下有期徒刑，并处罚金。”《中华人民共和国人类遗传资源管理条例》第二条规定：“人类遗传资源材料是指含有人体基因组、基因等遗传物质的器官、组织、细胞等遗传材料。人类遗传资源信息是指利用人类遗传资源材料产生的数据等信息资料。”对于非法采集他人基因的行为以及向境外组织、个人提供获得的基因信息等行为都在本条范围之内。

《刑法修正案（十一）》第三十九条提出，在刑法第三百三十六条（非法行医罪；非法进行节育手术罪）后增加一条，作为第三百三十六条之一：“将基因编辑、克隆的人类胚胎植入人体或者动物体内，情节严重的，处三年以下有期徒刑或者拘役，并处罚金；情节特别严重的，处三年以上七年以下有

① 周光权：《禁止对人体胚胎实施基因改良，确保中华民族安全繁衍》，载清华新闻网，2019年3月5日；https://news.tsinghua.edu.cn/info/1067/40433.htm，2020年7月28日访问。

期徒刑，并处罚金。"往后对于类似贺建奎伪造伦理审查材料，擅自实施基因编辑的行为，应当适用这一规定。

从上述两项立法规定可以看到，立法者已经意识到了我国刑法在生物技术领域方面存在欠缺。为此，为了有效地打击犯罪，惩治生物科学技术与研究中的犯罪行为，立法者与时俱进，积极回应社会需求，以修正案的方式将情节严重的基因技术违规行为作为犯罪处理。

（二）健全科研伦理审查制度

贺建奎等人通过伪造伦理审查材料、冒名顶替、隐瞒真相等方式进行基因编辑试验，说明我国在对基因技术的伦理审查程序上存在不足。自克隆羊"多利"问世以来，人们对基因技术始终保持警惕，如果相关基因技术作用于人体，对于社会的伦理冲击毫无疑问将是巨大的。因此，对基因试验是否符合伦理的审查是预防利用基因技术实施犯罪的第一道防线。各个医疗机构的伦理审查组织应当提升审查、监管力度，例如制定试验人员报备制度、对试验场所展开不定期检查、开展医学伦理道德教育工作等，尽可能地减少试验人员实施违规行为的可能性。也可以设立分级管理制度，将基因技术所包含的风险程度分为高风险、中风险和低风险三个层级，每个风险等级具有与其风险相对应的伦理审查程序。

（三）制定统一的、系统的基因技术法律规范

如前所述，现行有关基因技术的法律规范错综复杂，立法层级低、协调性不足，对于医疗机构或者医疗机构工作人员而言更是难以把握。贺建奎事件发生后，科技部起草的《生物技术研究开发安全管理条例》（征求意见稿）就有对相关法律、法规、规章、规范性文件进行统一的倾向。《生物技术研究开发安全管理条例》（征求意见稿）属于行政规章，在制定行政规章时应当做好对相关法律的衔接工作，避免重复监督的情况发生，确保各个规范之间和谐运转。有人指出，国家应当制定一部统一的法律，诸如基因技术法、生物技术安全法、人类基因编辑法、生物技术安全管理法等。在笔者看来，由立法机关制定一部统一的、完善的规范基因技术的法律是解决上述问题最有效的办法之一。不过，即使是由国务院有关部门制定的行政规章，只要妥善处

理好与其他法律规范的关系，仔细聆听来自社会各界的意见，吸收国内外的经验教训，一样能够有效地解决上述弊端。

（四）借鉴国外立法，遵守国际公约，加强国际合作

目前，在世界范围内，有部分国家已经通过刑事处罚来应对基因技术犯罪。例如，澳大利亚的《基因技术法》规定，下列行为会被判处15年监禁：故意培育人胚克隆；故意将人的胚胎克隆置于人或动物体内；故意将人的胚胎克隆进口到澳大利亚；故意将人的胚胎克隆出口澳大利亚。[①] 除澳大利亚外，德国、日本、西班牙、美国等国家都有相关的法律规范，对于其他国家在规制基因技术上先进的立法经验可以予以借鉴，但是一定要结合我国的实际情况，切不可全盘照搬。在基因技术方面具有代表性的国际公约主要有《世界人类基因组与人权宣言》《关于人类遗传数据的国际宣言》《世界生物伦理和人权宣言》《联合国关于人的克隆宣言》等，对于这些国际公约各个缔约国应当自觉遵守。基因技术的滥用会对整个人类社会造成危害，因此也应当加强国际合作，对于那些国际间的基因犯罪，如跨国转移人类基因、基因交易、非法基因试验等应当联合打击，共同保障人类社会的和谐发展。

五、结语

生物技术可谓亦敌亦友、亦正亦邪，合理使用生物技术将会造福于人类，若滥用则会有改变整个人类社会特征的风险。基因技术带来的问题也是整个人类社会需要面对的问题。刑法作为保护法益的最后手段，在面临生物技术带来的风险时更是应当积极回应，在不影响科学技术发展的前提下充分发挥其作用，对利用生物技术实施的犯罪行为予以制裁，保障科学技术研究与应用在正确的轨道上前进，以保障人类社会的进步与安全繁衍。

（朱金阳）

① 李贤华、贺付琴：《域外辅助生殖技术法律制度速览》，载《人民法院报》，2018年12月14日第8版。

不向非正义低头

——赵宇见义勇为案

引言

作为2019年度十大法律监督案例[①]之一，赵宇见义勇为案受到了实务界、理论界，以及社会公众的高度关注。从故意伤害到正当防卫，在短短10天内，赵宇就从“犯罪嫌疑人”变成了见义勇为的英雄人物，其命运发生了翻天覆地的变化。一次出手相救，在性质认定上前后却有如此大的反差，着实引人瞩目和深思。

福建检察机关认定赵宇见义勇为属于正当防卫，不负刑事责任，并昭示“法不能向不法让步”。这一最终处理结果既回应了民情民意，使见义勇为者获得应有的奖赏，有利于培育良好的社会风向；同时也为正当防卫制度在实践中的适用进一步提供了参考标准。但是，个案的尘埃落定显然不应成为赵宇见义勇为案的终点，案件定性所经历的曲折和反复，值得进一步反思。具体而言，该案所涉及的诸多理论问题，包括正当防卫制度的激活和适用、法律效果与社会效果的关系等，可以说具有典型的示范效果，具有旧事重提的价值和意义。

① 徐日丹等:《2019年度十大法律监督案例》，载《检察日报》，2020年1月17日第3版。

一、案情回顾

（一）事实梳理[①]

27岁的邹女士和50岁的李某于案发前两个月认识，案发的当晚，两人在一起吃过夜宵。2018年12月26日23时许，李某和邹某在酒后一同前往邹某在福州市晋安区某公寓4楼C118的暂住处。而赵宇和他的妻子就暂住在这个公寓的5楼，在这个公寓租住的大都是来福州打工的外地人，虽然同住一个屋檐下，但大多数人彼此并不相识。

邹某回忆事发经过时，说道："当晚我喝多了酒准备打车回家，李某要和我一起走。我拒绝了，但他还是跟着我上了出租车。下车后，李某提出要去我的住所，我再次拒绝。他和我保持一米左右的距离，一直尾随我上楼。我关上房门后，他就用脚踹门。"李某酒后滋事，用力踢踹邹某暂住处的防盗门，强行进入了邹某住处后，便提出留宿。看到屋里还有其他女子后，又提出要和邹某出去过夜。再一次遭到邹某拒绝后便上前打她，用水壶砸向邹某的头部。激烈的争吵声引来邻居围观。

此时，住在5楼的赵宇听到了邹某的呼喊，便下楼查看情况。赵宇事后表明，在他下楼之前，"听到有踹门声，很响那种，很用力那种，然后等过了一会儿，就听到有女子喊救命"。赵宇下楼后，看到邹某的门口有两个人在围观，赵宇向这二人询问相关情况并问为何不出手相救，两名围观者只言"不知道"便再也没有理睬赵宇。赵宇回忆当时情景时，说道："我听到楼下有人在呼救，出于本能就想下去救人。当时门口站了几个人，但是没人进去帮忙。我看到屋里一个女孩被一名50岁左右的男人掐住脖子，脸都被憋紫了。"赵宇见到邹某正在被李某掐着脖子，几乎难以呼吸，便立刻上前制止，"我把那男的拉开了，就是左手抓着左肩，右手搂他的肩膀，然后我们俩全部倒地了。我离开原地，他也起身，什么都不问，什么都不讲，就过来打我，然后我抓着他肩膀，就把他扔到一边了"。随后，赵宇尝试与邹某一

① 参见福州市公安局于2019年2月17日关于赵宇案的通报；福州市公安局2019年3月1日关于赵宇案的通报；央视《法治在线》栏目2019年3月1日《法不能向不法让步》；等等。

同逃脱，但不幸被李某紧紧地抓住了三根手指，情急之下赵宇向李某的腹部踩了一脚，并拿起屋内的凳子欲砸向李某，被邹某拦下，最后赵宇在妻子的劝说下离开了现场。在问及为何要踩李某时，赵宇回答："刚好女孩拽着我胳膊，然后他抓着我这三个手指，我没办法，就踩了他肚子一脚，让他把手撒开，我把手抽出来之后，就准备离开，他拿着电话指着我们，威胁说要打电话找人弄死我们。"

不久后，警察赶到现场，李某的腹部剧烈疼痛，警察将其送往医院。经鉴定，李某内脏伤残达到重伤二级。邹某伤情属于轻微伤。

（二）案件处理及评析

1. 案件处理

2018 年 12 月 29 日，在医院陪护临产妻子的赵宇被警方以涉嫌故意伤害罪为由进行刑事拘留。2019 年 1 月 10 日，赵宇获取保释放。事情的转折点出现在 2019 年 2 月 17 日，赵宇在社交媒体微博上以"被冤枉的赵宇"为用户名发布了一则求助信息，在说明事情经过后，请求大家转发微博，将此事宣传出去。众多网友转发了这条微博，其中不乏具有影响力的微博"大 V"和辩护律师，网友们纷纷在社交平台上书写自己的意见，大部分人认为赵宇行为系见义勇为，不应该受到处罚。此案因此成为舆论媒体关注的焦点和争相讨论的热门话题。

2019 年 2 月 20 日，福州市公安局晋安分局以过失致人重伤罪向晋安区人民检察院移送起诉。福州市公安局官方于 2019 年 2 月 21 日凌晨发布案情通报，公布了该案案发经过。福州警方通报称，检方认为，赵宇的行为属正当防卫，但超过必要限度，造成了被害人李某重伤的后果。鉴于赵宇有制止不法侵害的行为，为弘扬社会正气，鼓励见义勇为，综合全案事实证据，对赵宇作出不起诉决定。

然而，舆论仍在继续发酵。2019 年 3 月 1 日，在最高人民检察院的指导下，福建省人民检察院指令福州市人民检察院对该案进行了审查，认定赵宇的行为构成正当防卫，不负刑事责任，原不起诉决定书认定的防卫过当属于适用法律错误，依法予以撤销，依据《中华人民共和国刑事诉讼法》（以下简称《刑事诉讼法》）第一百七十七条第一款规定，并参照最高人民检察院2018年12月发布的第十二批指导性案例，对赵宇作出无罪的不起诉决定。2019年3月19日下午，赵宇收到福州市公安局晋安分局为其颁发的见义勇为确认证书。最高人民检察院检察委员会副部级专职委员、第一检察厅厅长张志杰在接受记者采访时，从以下两个方面对最终处理结果说明了理由：

第一，赵宇的行为符合正当防卫的要件。《刑法》第二十条第一款规定："为了使国家、公共利益、本人或者他人的人身、财产和其他权利免受正在进行的不法侵害，而采取的制止不法侵害的行为，对不法侵害人造成损害的，属于正当防卫，不负刑事责任。"本案中，李某强行踹门进入他人住宅，将邹某摁在墙上并用水壶击打邹某头部，其行为属于"正在对他人的人身进行不法侵害"的情形。赵宇在这种情况下，上前制止李某殴打他人，其目的是为了阻止李某继续殴打邹某，其行为具有正当性、防卫性，属于"为了使他人的人身免受正在进行的不法侵害"的情形。

第二，赵宇的防卫行为没有明显超过必要限度。《刑法》第二十条第二款规定，"正当防卫明显超过必要限度造成重大损害的，应当负刑事责任"。本案不属于这一情形。首先，从防卫行为上看，赵宇在制止李某正在进行的不法侵害行为过程中始终是赤手空拳与李某扭打，其实施的具体行为仅是阻止、拉拽李某致李某倒地，情急之下踩了李某一脚，虽然造成了李某重伤二级的后果，但是从赵宇防卫的手段、打击李某的身体部位、在李某言语威胁下踩一脚等具体情节来看，不应认定为"明显超过必要限度"。其次，从行为目的上看，赵宇在制止李某殴打他人的过程中，与李某发生扭打是一个完整、连续的过程，整个过程均以制止不法侵害为目的。李某倒地后仍然用言语威胁，邹某仍然面临再次遭李某殴打的现实危险，赵宇在当时环境下踩李某一脚的行为，应当认定为在"必要的限度"内。

在2019年3月12日的十三届全国人大二次会议第三次全体会议上，最高人民检察院检察长张军作最高人民检察院工作报告时表示，最高人民检察院指导福州市检察机关认定赵宇见义勇为致不法侵害人重伤属正当防卫，依法不负刑事责任，昭示"法不能向不法让步"。

2. 案件评析

案件的处理过程可谓一波三折，其中，值得注意的有以下两点：

第一，正当防卫制度在本案中如何适用存在争议。在对赵宇行为的定性上，各级办案部门曾有着不同的认识，主要是围绕“是否具有防卫性质”和“是否超过了必要的防卫限度”这两个问题展开。对于后一问题的判断，关键就是赵宇最后踩李某的这一脚，是否明显超过了必要限度。案件最后的处理结果认为，赵宇的这一脚并没有明显超出必要限度。那么，这一结论是如何得出的？是否具有充分的法理支撑？

第二，将赵宇行为定性为正当防卫，离不开社会舆论的影响。从过失致人重伤罪到正当防卫，在最高人民检察院的指导下，当地检察机关对赵宇案进行了纠正，前后只花费了 8 天时间。对此张志杰表示，除了以案释法、鼓励见义勇为的初衷之外，更希望通过赵宇案的依法纠正，让公众感受到法律的温度，传达“法不能向不法让步”的明确态度。不要让公众觉得法律是很冷冰冰的。我们要依据事实，依据证据，根据法律规定有错必纠、实事求是。哪怕我们在执法过程中有稍微的瑕疵，也可能会让人民群众对法律的信仰、对法律的尊崇产生不利影响。赵宇在获取保释放后，曾在微博发布求助信息，而这条微博后来引起了广泛的关注，微博网友纷纷转发、评论和点赞，甚至很多微博“大 V”参与其中，形成一股强大的“舆论压力”。而各级检察机关对微博舆论高度重视，福州市公安局第一时间就派专人对案件进行了核查。2019 年 2 月 21 日，在赵宇发布微博后的第四天，赵宇的罪名就由故意伤害罪变更为过失致人重伤罪。由此可见，在赵宇见义勇为案中，社会舆论发挥着举足轻重的作用，而这又进一步关涉社会效果与法律效果如何平衡、司法与媒体的关系等诸多理论问题。

另外，需要附带说明的是相对不起诉和绝对不起诉的区别。对赵宇的第一次不起诉属于相对不起诉，其根据是《刑事诉讼法》第一百七十七条第二款规定，“对于犯罪情节轻微，依照刑法规定不需要判处刑罚或者免除刑罚的，人民检察院可以作出不起诉决定”。相对不起诉的潜在含义是，赵宇仍然构成犯罪，仅仅是因为犯罪情节轻微，而不予起诉，是检察院基于起诉便宜主义运用自由裁量权的结果。而人民检察院对赵宇第二次作出的不起诉决定，属于法定不起诉，根据是《刑事诉讼法》第一百七十七条第一款的规定，“犯罪嫌疑人没有犯罪事实，或者有本法第十六条规定的情形之一的，人民检察院应当作出不起诉决定”。这意味着赵宇的行为不是犯罪情节轻微，而是不构成犯罪。这两者具有本质差别，前者在法律效果上，虽然免除了赵宇的刑事责任，但赵宇仍然需要承担民事赔偿责任，而后者则意味着一切损害都应该由不法侵害人李某自己承担。

二、法理分析

赵宇见义勇为案中所涉及的正当防卫制度之适用，无疑是本案的争议分歧所在。公众大多凭借着朴素的正义观认为赵宇见义勇为的行为成立正当防卫，而学者专家们则围绕着“防卫前提”和“防卫限度”等问题各抒己见。为了更好地展现赵宇见义勇为案中正当防卫制度的法理内涵，本文将首先讨论正当防卫的法理基础，其次探讨正当防卫制度的具体适用，最后再结合赵宇见义勇为案中的具体事实进行分析。

（一）正当防卫制度的法理基础

正当防卫因何“正当”？正当防卫的法理基础将直接关联正当防卫在实践中的具体适用，尤其会对防卫限度的判断产生影响。接下来，本文将从“权利的授予”和“权利的限制”两个角度展开论证。

1. 正当防卫是一项权利

正当防卫是一项权利。为了更好地理解正当防卫性质的特殊性，不妨将正当防卫与紧急避险、意外事件进行对比。在正当防卫、紧急避险和意外事件中，行为人都无须承担刑事责任，但三者具有根本的不同，这体现在刑法对三者的评价态度上。“在正当防卫的过程中，行为人实施的防卫行为及其造成的‘法益侵害结果’，均得到了刑法的合法化，这就使得正当防卫不仅是无罪行为，而且是受到刑法积极肯定的权利行使行为。”[①] 具体而言，在正当

① 转引自陈璇：《注意义务的规范本质与判断标准》，载《法学研究》，2019 年第 1 期，第 152 页。

防卫中，防卫行为和防卫结果均得到刑法的积极评价。但是，与正当防卫本身是一种合法权利不同，“紧急避险是两个合法权益之间的冲突，是‘两害相权取其轻’的问题，而非合法权益和不法侵害之间的矛盾”[①]。所以，紧急避险的合法化并不来源于与不法侵害的斗争，而是因为从功利的角度看，其保护了更大或至少是同等的法益，从而有利于社会的整体利益。而意外事件之所以是无罪行为，是因为行为人缺乏预见与避免法益侵害结果发生的能力，即行为人的行为具有违法阻却事由。但这并不代表造成损害结果是行为人的一项权利。[②]

在德系理论中存在两种观点，可以作为正当防卫权利合法化的理论依据，即自我保护理论和法确证理论。根据自我保护理论，公民允许为了个人利益而对不法侵害人行使正当防卫。但是，若严格遵循自我保护理论，公民就不能够为了保护公共秩序或者法秩序本身进行正当防卫。[③]而法确证理论则允许为维护法秩序而进行正当防卫，从而为正当防卫赋予更多的社会价值。我国《刑法》第二十条第一款规定，“为了使国家、公共利益、本人或者他人的人身、财产和其他权利免受正在进行的不法侵害，而采取的制止不法侵害的行为，对不法侵害人造成损害的，属于正当防卫，不负刑事责任”。据此，我国刑法的正当防卫从防卫目的上可以区分三种类型：第一，保护国家、公共利益的正当防卫；第二，保护本人权利的正当防卫；第三，保护他人权利的正当防卫。由此可见，我国的正当防卫制度兼采两种理论。总而言之，根据自我保护理论和法确证理论，正当防卫的合法性并非源于两种合法利益的对比考量，或是由于行为人主观状态无法谴责，而是因为正当防卫本身，就是法律赋予公民的一项权利。正当防卫保护了公民的合法权利，也维护了社会的伦理秩序。

将正当防卫条款理解为授权规范，具有重要意义。首先，能够鼓励公民

① 高铭暄、马克昌主编：《刑法学》，第142页，北京，北京大学、高等教育出版社，2016年。

② 陈璇：《注意义务的规范本质与判断标准》，载《法学研究》，2019年第1期，第153页。

③［德］汉斯·海因里希·耶塞克、托马斯·魏根特：《德国刑法教科书（上）》，徐久生译，第450页，北京，中国法制出版社，2017年。

与违法行为作斗争。“在面临紧迫的不法侵害的情况下，防卫人没有退避义务”，[①]因为在正与不正的冲突中，正无须向不正让步。其次，能够有效震慑犯罪分子，减少犯罪行为，“必要时甚至可以致伤或致死不法侵害人，这对潜在的犯罪人和不法侵害者都是一种有效的震慑”[②]，能够有效削弱不法侵害人实施不法侵害的动机。

2. 正当防卫权利的限制

黑格尔曾经指出，原始社会的复仇是一种个人任性的主观意志，这种主观意志没有质与量的限制，在每一次侵害中都可体现它的无限性，因而是一种新的侵害。但是，刑罚不同于仇杀或复仇，刑罚是有节制的。社会希望将社会仇恨的能量转化为对罪犯的惩罚，在刑罚的惩罚中，实现对犯罪人的报应，如果不这样做，很可能会遭受族间仇杀和血腥世仇的更大的恶。[③]换言之，刑罚是国家对复仇的垄断，而私力救济则应被严格限制。由上文可知，正当防卫乃是“正对不正”，是公民在自己合法权益面临不法侵害时，实施的私力救济，故行使防卫权也应具有边界。正如高铭暄教授在《中华人民共和国刑法的孕育诞生和发展完善》一书中指出，正当防卫必须具有一定的条件，因为“正当防卫是公民的一项合法权利。当公民正确行使权利的时候，不仅对社会无害处，而且对社会有好处。故法律规定：正当防卫行为不负刑事责任。但是，法律禁止滥用此项权利，过当地对不法侵害分子基于不必要的报复”。[④]

值得注意的是，从1979年刑法到1997年刑法，正当防卫的限度条件逐渐放宽：第一，防卫过当的规定从1979年刑法的“超过正当防卫的必要限度造成不应有的危害”修改为“明显超过正当防卫必要限度造成重大损害”；第二，赋予公民在特定情况下的无限防卫权，即对于严重侵害人身权利的暴力

① 张明楷：《刑法学》（上），第198页，北京，法律出版社，2016年。

② 高铭暄、马克昌主编：《刑法学》，第130页，北京，北京大学、高等教育出版社，2016年。

③ 谢望原：《刑罚价值论》，第31—40页，北京，中国检察出版社，1999年。

④ 高铭暄：《中华人民共和国刑法的孕育诞生和发展完善》，第25页，北京，北京大学出版社，2012年。

犯罪进行正当防卫的，即使造成重伤、死亡的后果，也不属于防卫过当，不负刑事责任。我国学者对无限防卫权的法律规定提出了质疑，认为“刑法既然允许防卫者在受到暴力侵害时可以不受防卫限度的约束，也即防卫者可以在防卫反击时毫无顾忌，这实际上放弃了对防卫者的责任要求，走向防卫者只享有防卫权，不承担防卫后果责任的极端”。[①]但司法实践证明，那些对正当防卫被滥用的担忧完全是多余的。有学者对正当防卫在司法实践中的适用情况进行梳理。以“中国裁判文书网”为数据来源，以“正当防卫”和“防卫过当”为关键词，采集涉及防卫权抗辩的刑事案共计9907份，其中，一审案例6889条，二审案例2909条（最终确定规范可用一审判决6877件、二审判决2624件）。数据表明，防卫权合法性总体认定比例不高于5%，而正当防卫不足1%，无限防卫的认定数为0。[②]总言之，超前的正当防卫立法和滞后的正当防卫司法之间形成鲜明的反差，正当防卫条款几乎处于休眠状态。

（二）正当防卫制度的成立条件

结合我国《刑法》第二十条的规定，本文将从学理上，分别探讨正当防卫成立的4个条件：前提条件、时间条件、主观条件和限度条件。

1. 前提条件

我国《刑法》第二十条第一款规定，“为了使国家、公共利益、本人或者他人的人身、财产和其他权利免受正在进行的不法侵害，而采取的制止不法侵害的行为，对不法侵害人造成损害的，属于正当防卫，不负刑事责任”。据此，正当防卫成立的前提条件是防卫对象必须是“不法侵害”。

首先，在“不法侵害”是否存在的判断标准问题上，学界存在“客观说”和“主观说”之分。“主观说”认为，应当以行为人的主观认识为准，只要行为人主观上认为存在不法侵害，即便客观上并不存在不法侵害，那么前提条件也可成立。而“客观说”则认为，应当以客观上是否存在不法侵害为标准，与行为人的主观认识无关，如果行为人主观上认为是不法侵害，而客观上却

① 卢勤忠：《无限防卫权与刑事立法思想的误区》，载《法学评论》，1998年第4期，第77页。

② 王芳：《中国防卫权刑事审判共识度实证研究》，载《政法论坛》，2018年第6期，第14页。

不存在不法侵害，则成立假想防卫，而非正当防卫。英美国家主要采用“主观说”，而大陆法系和我国则采用“客观说”。

其次，“不法侵害”既包括犯罪行为，也包括其他一般违法行为。因为不管是犯罪行为，还是一般违法行为，都会侵害公民的合法权益，而公民并未有退让的义务。并且，当不法侵害发生时，要求公民在紧急关头区分犯罪行为和一般违法行为，未免过于严苛。

再次，“不法侵害”自然不包括合法行为。因此，对正当防卫、紧急避险、公民扭送行为等合法化事由不得实行正当防卫，否则刑法评价会自相矛盾。

另外，主流学说认为实施“不法侵害”的主体只能是自然人，至于防御动物攻击或自然灾害的行为，应成立紧急避险。

最后，由于我国兼采自我保护理论和法确证理论，“不法侵害”既包括针对防卫者自身和他人的个人法益，亦包括针对国家、社会秩序的公共法益。

2. 时间条件

由我国《刑法》第二十条第一款规定可知，不法侵害必须正在进行，否则将构成防卫不适时（包括事前防卫和事后防卫）。具体而言，“正在进行”是指不法侵害已经开始且尚未结束；从实质上看，不法侵害必须具有紧迫性。关于时间条件的具体判断，值得注意的有以下几点：

第一，不法侵害开始的时间，刑法理论上有“进入侵害现场说”“着手说”“直接面临说”与“综合说”。通说主张以着手为标准判断，特殊情况以直接面临为标准判断。[①]“着手”即要求不法侵害对法益要有现实紧迫的危险，这是相对于具体犯罪的构成要件而言的，而“直接面临说”则是从被害人视角出发。在某些特殊情况下，即便行为人尚未着手实行犯罪，但其行为已经对法益造成了现实紧迫的危险，根据自我保护理论，应该允许公民提前行使防卫权，此时采“直接面临说”较为合理。

第二，不法侵害结束时间的认定，理论上也有不同的观点。从实质上

① 张明楷：《刑法学》（上），第202页，北京，法律出版社，2016年。

看，应认为当法益不再处于现实紧迫的威胁中时，不法侵害就已经结束。需要指出的是，虽然不法侵害已经结束，但若不法侵害结束后的防卫行为与结束前的防卫行为属于一体化的防卫行为，就不应当认定为防卫不适时，而是直接进入限度条件的判断环节（如果没有超过必要限度，应认定为正当防卫；如果超过了必要限度，则认定为防卫过当）。[①] 德国、日本的刑法理论，普遍将防卫过当分为质的防卫过当与量的防卫过当。质的防卫过当，即防卫的强度超过了防卫的必要限度。[②] 而量的防卫过当则涉及了时间条件的判断，二者具有紧密关系。在判断正当防卫是否超过必要限度时，除了不法侵害者已经造成的侵害，还应该考虑潜在的新的侵害，因为不法侵害往往是持续性的行为。[③] 所以，与持续性的不法侵害相对应，防卫人基于一个行为意志发动的防卫行为，只要在客观上具有持续性，就可以评价为一体化的防卫行为，不应对防卫行为进行分割。另外，防卫人在防卫时常常伴随恐惧、愤怒等情绪，在情绪的左右下，要求防卫人精准地把握防卫时间可谓是一种苛求，不利于正当防卫权利的行使。

第三，不法侵害需具有紧迫性，但紧迫性要件在司法实践中时常被误解。首先，紧迫性要件并不代表公民在面临不法侵害时应当履行退让义务，即便防卫人有退让的余地和空间。我国《宪法》第五十一条规定了公民自由和权利的限度，“中华人民共和国公民在行使自由和权利的时候，不得损害国家的、社会的、集体的利益和其他公民的合法的自由和权利”。只要公民行使防卫权时并未侵害他人的合法权利，就无须瞻前顾后。其次，紧迫性要件不等同于禁止公民为制止轻微的不法侵害而实施正当防卫。“紧迫性”是指不法侵害已经使法益处于被威胁的紧急情况，而无论不法侵害所指向具体法益是重大还是微小。若否定对微小法益行使防卫权的可能性，则会陷入“正向不正低头”的荒谬局面。最后，不能仅仅因为有第三人在场，就否定不法侵害具有紧迫性，这还需要具体情况具体分析。

---

① 张明楷：《刑法学》（上），第 204 页，北京，法律出版社，2016 年。

② 张明楷：《防卫过当：判断标准与过当类型》，载《法学》，2019 年第 1 期，第 19 页。

③ 张明楷：《刑法学》（上），第 212 页，北京，法律出版社，2016 年。

3. 主观条件

我国《刑法》第二十条第一款规定，“为了使国家、公共利益、本人或者他人的人身、财产和其他权利免受正在进行的不法侵害……属于正当防卫，不负刑事责任”。由此可知，防卫人的主观条件“为了制止不法侵害”，即必须具有防卫意识。具体而言，防卫意识包括防卫认识和防卫意志。防卫认识是指，行为人必须意识到自己在行使防卫权与不法侵害对抗，而防卫意志还要求防卫人必须是出于保护国家、公共利益、本人或者他人的人身、财产和其他权利免受正在进行的不法侵害的目的，但这一防卫目的于防卫人而言过于复杂抽象，所以防卫意识的重点在于防卫认识。

目前学界存在“防卫认识必要说”和“防卫认识不要说”之争，两个学说在偶然防卫问题的处理上呈现不同的意见。“必要说”认为，若行为主体不具备防卫认识则不能成立正当防卫。在偶然防卫的情况下，即使行为使法益避免了不法侵害，但因为行为主体具备犯罪意图，故应该另外成立犯罪未遂，而非正当防卫。而“不要说”则认为，成立正当防卫不需要具备防卫认识，所以即使行为主体怀有犯罪意图，但只要其行为能够避免法益侵害结果的发生，就可以成立正当防卫。归根到底，“防卫认识必要说”和“防卫认识不要说”之争就是“行为无价值”和“结果无价值”之争。结果无价值论者基于法益侵害说，认为行为只要具有客观违法性就是刑法规定的违法行为，违法与否和行为者的主观状态无关。但若对违法性的本质重新解读，采取行为无价值的立场，根据规范违反说，在强调社会伦理规范重要性的情况下，行为自身的主观样态和客观行为的存在同样重要。

从刑法文本出发，“防卫认识必要说”更符合文义解释的要求。从立法目的角度看，由上文可知，我国兼采自我保护理论和法确证理论，但不管是自我保护理论还是法确证理论，都体现了“正无须向不正低头”的朴素正义观。若将具备犯罪意图的行为解读为“正义”，并不符合一般人的认识。正当防卫是公民的一项权利，刑法鼓励公民行使防卫权，但偶然防卫行为只是恰巧避免了法益侵害结果的发生，具有道德运气的成分，而这并非刑法所倡导的。另外，偶然防卫虽然避免了法益侵害结果的发生，但行为客观上仍然是具有造成法益侵害的危险，若定性为正当防卫，则有评价不充分之嫌。因此，本文认为坚持“防卫认识必要说”更为合理。

与此相关的还有防卫挑拨、相互斗殴的问题。防卫挑拨，是指故意引导对方对自己进行侵害，进而以正当防卫为借口给对方造成侵害。相互斗殴，是指双方都以侵害对方身体为目的相互攻击。根据“防卫认识必要说”，防卫挑拨和相互斗殴都不是正当防卫。

4. 限度条件

（1）一般正当防卫

我国《刑法》第二十条第二款规定了正当防卫的限度条件，“正当防卫明显超过必要限度造成重大损害的，应当负刑事责任，但是应当减轻或者免除处罚”。其中，判断的核心在于如何判断明显超过必要限度，对此学界存在“基本相适应说”“必需说”和“折中说”。

“基本相适应说”认为防卫的必要限度，是指防卫行为必需与不法侵害行为相适应。“基本相适应说”的判断标准即“法益衡量说”所提倡的标准。具体而言，是指防卫行为所造成的损害在大小、轻重方面与不法侵害相适应，认为当防卫行为造成的法益损害小于、等于或者稍稍大于不法侵害行为所造成的损害，就并未超过必要限度，属于正当防卫。但若防卫行为造成的法益损害明显大于不法侵害行为所造成的损害，就超过了必要限度，成立防卫过当。通常情况下，只要确定了不法侵害的行为类型，也就基本确定了不法侵害行为所指向的法益种类和轻重大小，然后便可与防卫行为所造成的法益损害种类和轻重大小作对比，即可得出结论。[①]法益种类之间的轻重形式排序通常为，生命权高于身体健康权，身体健康权高于人身自由，人身自由高于财产权。该说所持的判断标准简单直观，分歧小，方便司法实践的操作，故该说也是学界的通说。

“必需说”主张以有效制止不法侵害的客观实际需要作为限度标准，所以防卫行为造成的法益损害结果可以远远超过不法侵害所造成的损害。但此

① 赵秉志主编：《外国刑法原理》，第 132 页，北京，中国人民大学出版社，2000 年。

时限度条件的判断会受到个案特定因素的影响，需要结合具体情境进行分析。进言之，“要根据具体案件中双方行为的性质、手段、强度、人员多少与强弱、现场所处的客观环境与形势进行全面分析”。[①]因此，“必需说”标准的客观化程度不如“基本相适应说”，但更侧重防卫人利益的保护。“基本相适应说”和我国传统“死者为大”的理念和实用理性思维相契合，符合司法实践中的“维稳”需求。因为一旦防卫行为造成不法侵害人重伤或死亡，不法侵害人就成为刑事诉讼中的被害人，处于“弱势地位”，并开始对办案人员和司法机关施加压力。为了息事宁人，司法机关容易得出“防卫过当”的结论，从而使许多本应该认定为“正当防卫”的行为定性为“防卫过当”，造成“维稳”优于“维权”的局面。但以防卫行为有效性为前提的“必需说”，则能克服这一“唯结果论”的倾向，使“维权”重新处于核心地位。

“折中说”，顾名思义，即同时采纳“基本相适应说”和“必需说”的判断标准。但问题在于，“基本相适应说”和“必需说”的法理内涵有本质的不同，甚至相左，故是否能够有效兼容，一直存在争议。

（2）特殊防卫

我国《刑法》第二十条第三款对“特殊防卫”作了规定，“对正在进行行凶、杀人、抢劫、强奸、绑架以及其他严重危及人身安全的暴力犯罪，采取防卫行为，造成不法侵害人伤亡的，不属于防卫过当，不负刑事责任”。从中可知，特殊防卫所针对的是正在进行行凶、杀人、抢劫、强奸、绑架以及其他严重危及人身安全的暴力犯罪，其他法益的保护仍适用一般正当防卫条款的规定。

（三）赵宇见义勇为案的具体分析

在对正当防卫制度的成立条件进行梳理后，接下来需要探讨的，就是能否将赵宇的行为认定为正当防卫的问题。结合具体案情和我国《刑法》第二十条的规定，对该案的分析至少包括以下 4 个方面：第一，赵宇的行为是否符合正当防卫的前提条件，即赵宇在行为时，是否存在“不法侵害”，对

① 赵秉志、刘志伟：《正当防卫理论若干争议问题研究》，载《法律科学》，2001 年第 2 期，第 71 页。

这一问题的回答涉及对赵宇行为是否具有防卫性质的认定；第二，赵宇的行为是否符合正当防卫的时间条件，即赵宇在踩李某最后一脚时，不法侵害是否“正在进行”；第三，赵宇的行为是否符合正当防卫的主观条件，即赵宇在防卫时，是否具有防卫认识；第四，赵宇的行为是否符合正当防卫的限度条件，具体而言，赵宇踩李某的最后一脚是否超过了正当防卫的必要限度，能否适用《刑法》第二十条第三款特殊防卫的规定。

1. 赵宇的行为符合正当防卫的前提条件

如前所述，正当防卫的前提条件是存在不法侵害。那么，李某的行为是否构成了不法侵害？本案中，李某酒后滋事，用力踢踹邹某暂住处的防盗门，强行进入了邹某住处，对邹某的住宅安宁造成破坏。李某在提出过夜要求遭到拒绝后，用水壶砸向邹某的头部，甚至掐住邹某的脖子，造成邹某呼吸困难，对邹某的生命健康法益已然造成了威胁。虽然李某的行为可能尚未达到刑法值得处罚的程度，并未造成损害结果，但根据上文的分析，不法侵害不仅仅指犯罪行为，还包括一般违法行为，所以李某的行为构成了不法侵害。由此可知，赵宇的行为是针对不法侵害的反击，具有防卫性质，故应该认定为防卫行为。但警方于 2008 年 12 月 29 日以涉嫌故意伤害罪为由对赵宇刑事拘留，并且于 2009 年 1 月 10 日以过失致人重伤罪向晋安区人民检察院移送起诉，这两次的司法处理结果皆遗漏了对赵宇行为具有防卫性质的评价。

值得注意的是，根据自我保护理论和法确证理论，不法侵害既包括针对防卫者自身的法益，也包括他人的法益。因此，虽然李某的不法侵害行为所针对的法益主体是邹某，而不是实施防卫行为的赵宇，依然不影响赵宇正当防卫前提条件的认定。

2. 赵宇的行为符合正当防卫的时间条件

正当防卫的时间条件是不法侵害“正在进行”，而“正在进行”的判断核心在于对不法侵害开始时间与结束时间的认定。

本案中，赵宇见到邹某正在被李某掐着脖子，几乎难以呼吸，便立刻上前制止，拉开李某。据赵宇描述，邹某的脸已经憋得青紫，可见邹某的生命健康法益正面临紧迫现实的威胁，即不法侵害已经开始。虽然当时门口站了几个人，但他们仅仅是在围观，没有人愿意上前帮忙，故不能因为有第三人在场，而否定法益受到威胁的紧迫性。

具有争议的是，当赵宇尝试与邹某一同逃脱时，情急之下向李某的腹部踩了一脚（导致李某重伤），此时不法侵害是否已经结束？换言之，赵宇的行为是否属于事后防卫？根据案情，赵宇在逃脱时，邹某拽着其胳膊，而李某抓着赵宇三个手指，由此可见，李某仍在对赵宇的人身自由进行限制。另外，李某威胁说要打电话找人给赵宇和邹某"教训"，这从侧面证实不法侵害有升级的可能性，而与可能不断升级的不法侵害相对应，李某基于一个行为意志发动的防卫行为，在客观上亦具有持续性，应当评价为一体化的防卫行为，不能人为地进行分割。因此，本文认为，赵宇在踩李某时，不法侵害正在进行，而赵宇的踩的行为属于一体化的防卫行为。

3. 赵宇的行为符合正当防卫的主观条件

正当防卫的主观条件是"为了制止不法侵害"，即必须具有防卫意识。如前所述，本文认为"防卫认识必要说"更为合理。本案中，赵宇听到有女子喊救命的声音，便下楼查看，看见邹某被李某掐着脖子，就出手相救，无疑是出于制止不法侵害的目的。

值得注意的是，赵宇制止不法侵害，目的是保护他人的合法权益，而非自己的利益，故具有见义勇为的性质。《中华人民共和国民法总则》（以下简称《民法总则》）第一百八十三条规定了因保护他人民事权益受损时的责任承担，"因保护他人民事权益使自己受到损害的，由侵权人承担民事责任，受益人可以给予适当补偿"。没有侵权人、侵权人逃逸或者无力承担民事责任，受害人请求补偿的，受益人应当给予适当补偿。第一百八十四条则对自愿实施紧急救助行为作出了规定，"因自愿实施紧急救助行为造成受助人损害的，救助人不承担民事责任"。由此可见，我国民法对见义勇为者已经提供了相关的保障，即见义勇为者无须承担民事责任。那么，举轻以明重，见义勇为者自然无须承担刑事责任。

但是，《民法总则》第一百八十三条和第一百八十四条规定相当于宣示性制度，是对见义勇为行为的积极评价和鼓励，而见义勇为的概念和成立条件还需学理上进一步探讨。从人们的一般道德观念和常识出发，见义勇为应该是没有法定义务和约定义务的公民主动自愿实施的，为国家、集体、他人的人身、财产和其他权利免受不法侵害和危险的行为。虽然见义勇为者可能会因为重大过失造成损害结果，需要承担一定的民事责任，甚至刑事责任，但在处理具有见义勇为性质的正当防卫案件时，除了需要考虑正当防卫条件是否成立，还需要考虑案件处理的社会效果，即不能对社会风气产生消极的引导。为了保护见义勇为的初心，正当防卫的各个条件应该适当地放宽，尤其是正当防卫的限度条件。本案中，赵宇的防卫行为是为了制止对邹某的不法侵害，与周围的围观者相比，赵宇无疑更具有正义感和勇气，其见义勇为的精神值得肯定和鼓励。鉴于此，司法机关在处理案件时应该追求社会效果和法律效果的统一，对于见义勇者的防卫行为应做单方面的宽松解释，不应过于苛求。

另外，需要将防卫行为与相互斗殴相区分。警方之所以在前两次处理结果中忽略了赵宇行为具有防卫性质这一事实，很大程度上就是因为直接将赵宇和李某的行为归入了“相互斗殴”的范畴。互殴和防卫之间存在着相互排斥的关系，若是将赵宇和李某的行为认定为“相互斗殴”，那么赵宇就没有成立正当防卫的可能性。通说认为，在双方互相的对抗中，先动手的一方一般属于侵害方，后动手的一方属于防卫方。本案中，赵宇将李某拉开，从表面上看是赵宇先动手，若是忽略赵宇是在见义勇为的事实，就很容易认定赵宇的行为具有不法侵害性。但事实上，是李某对邹某使用暴力在先，赵宇的行为是对李某行为的即时反击，并且赵宇事先不具有斗殴意图，对李某的不法侵害也未有预期，故赵宇的行为具有防卫性质，不属于不法侵害。

4. 赵宇的行为符合正当防卫的限度条件

赵宇的行为是否符合正当防卫的限度条件？对此，首先应该判断能否对赵宇适用特殊防卫的规定。根据我国《刑法》第二十条第三款，赵宇要想成立特殊防卫，李某的不法侵害必须是属于行凶、杀人、抢劫、强奸、绑架以及其他严重危及人身安全的暴力犯罪。本案中，李某在提出过夜要求遭到拒绝后，就开始对邹某使用暴力，如用水壶砸向邹某的头部，甚至掐住邹某的脖子，造成邹某呼吸困难，对邹某的生命健康法益造成了威胁。但事后经鉴定，邹某的伤情属于轻微伤，结合案件发生的具体情况，李某的行为是否达到严重危及人身安全的程度还未可知，故对赵宇直接适用第二十条第三款的规定，会显得过于草率。

若从一般防卫的角度考虑，本案的判断核心在于赵宇最后的踩的行为是否超过了正当防卫的必要限度。而关于正当防卫限度条件的判断，学界存在“基本相适应说”“必需说”和“折中说”之争。“折中说”在学界饱受争议，故此处暂且不提。

根据“基本相适应说”，赵宇的踩的行为超过了正当防卫的必要限度，成立防卫过当。“基本相适应说”认为，基于“法益衡量”的标准，防卫行为必需与不法侵害行为相适应，即防卫行为造成的法益损害需小于、等于或者稍稍大于不法侵害行为所造成的损害，否则就超过了必要限度，成立防卫过当。本案中，李某的不法侵害行为所针对的是邹某的生命健康法益，但尚未造成实害结果，而赵宇的防卫行为却造成李某重伤的后果，两相比较很容易得出赵宇防卫行为过当的结论，这也是检方第一次认定赵宇的行为属于防卫过当的原因。如前所述，“基本相适应说”的判断标准简单直观，但也容易陷入“唯结果论”的泥淖中，不利于防卫权的行使。

“必需说”则以防卫有效性为前提，主张以有效制止不法侵害的客观实际需要作为限度标准。据此，赵宇的踩的行为则未超过正当防卫的必要限度，成立正当防卫，理由如下：赵宇在逃脱过程中，刚好被邹某拽着胳膊，而李某抓着赵宇另外一只手的三个手指，赵宇为了逃脱，情急之下只能踩李某，让其放手。或许有人会有疑问，赵宇可以选择让邹某放手从而采取其他有效措施，或者控制自己踩的力度。但在危急情况下，要求防卫人保持如此冷静理智的状态，未免是强人所难。如前所述，在赵宇踩李某之前，从赵宇防卫的手段、打击李某的身体部位等具体情节来看，赵宇已经在保证防卫行为有效性的基础之上，采取了较为克制的防卫方式，正如最高人民检察院专职委员、第一检察厅厅长张志杰所言，“我们在司法实践当中，看一个行为，不能够孤立地，或者说割裂地把一个行为单独放大来看，你得联系整个案件事实、整个的发案过程来看。赵宇的行为当时是一连串的拉扯、撕拽、扭打，你说赵宇这一脚不应该踩或者是什么，这个对于当时行使正当防卫权利的人的要求，就有点苛责了”。①

值得注意的是，有学者在“基本相适应说”和“必需说”之外提出了新的理论，即以“必需说”为原则，而以社会相当性原则为例外的判断标准。②具体而言，即防卫行为若符合“必需说”的判断规则，但不具有社会相当性，则应认定超过了防卫限度。要理解这一新的观点，首先需要了解何谓“社会相当性”。“社会相当性”是指“属于历史形成的社会共同生活秩序范围内的行为，不属于犯罪构成要件的范畴，即使它与侵害刑法所保护的法益的危险有联系。”③在防卫案件中，符合“必需说”但不符合“社会相当性”的防卫行为，一般是指“为了保护一个苹果，而杀死一个小孩”的极端情形，即便此时杀死小孩是能够保护苹果的唯一途径，该防卫行为也超过了必要限度，因为从社会一般人的角度看，这一防卫行为所造成的法益损害与其所要保护的法益明显失衡，已经超出了社会共同生活秩序的范围，无法被常人接受。本案中，赵宇为了保护邹某的生命健康法益而对李某进行反击，具有见义勇为的性质，最后为了逃脱而踩李某一脚导致李某重伤，从社会一般人的角度看，赵某的防卫行为所造成的法益损害和其所要保护的法益并未明显失衡，应该予以接受，甚至应该加以鼓励。若见义勇为者在拔刀相助时畏首畏尾、小心翼翼，这显然不符合公众的生活认识。因此，认定李某为正当防卫并不违背社会共同生活秩序，即不违反社会相当性原则。

为了加深对正当防卫限度条件的理解，本文将依据《刑法》第二十条第二款，探讨“明显超过必要限度”和“造成重大损害”之间的关系。“明显超

① 央视《法治在线》栏目 2019 年 3 月 1 日《法不能向不法让步》。

② 赵秉志、刘志伟:《正当防卫理论若干争议问题研究》，载《法律科学》，2001 年第 2 期，第 71 页。

③［德］汉斯·海因里希·耶塞克、［德］托马斯·魏特根:《德国刑法教科书》（总论），第 310—311 页，北京，中国法制出版社，2001 年。

过必要限度”在刑法理论上被归纳为“行为过当”，而“造成重大损害”则被归纳为“结果过当”，只有在两者同时具备的情况下，才成立防卫过当。行为过当和结果过当相统一的观点来自于日本的相当性理论，如有学者指出，反击行为作为针对侵害的防卫手段，应具有相当性。具体而言，作为防卫自己或他人权利的手段，要求是最小必要限度之内的行为。[①]需要强调的是，“行为过当”和“结果过当”的判断并不是一体的，即不能认为只要符合“结果过当”的防卫行为，其必然也是“行为过当”，这种观点认为并不存在“行为过当而结果不过当”或“结果过当而行为不过当”的情形。[②]但这种理解最终还是会回到“唯结果论”的老路上，使从宽把握防卫限度的立法目的落空。故学界有越来越多学者提倡将二者作为相互独立的判断阶层，使“行为过当”的判断标准拥有发挥的空间。

本案中，李某的不法侵害只是造成邹某轻微的人身侵害结果，但赵宇的的防卫行为却已经造成李某重伤的人身损害结果。若仅从结果来看，本案属于“结果过当”的情形，但若要认定为防卫过当，还需考虑赵宇的行为是否构成“行为过当”。根据上文的分析，对防卫行为是否构成“行为过当”的判断，实质上需要回归“必需说”，并以“社会相当性”原则加以补充。所以问题最终归结于，在保证防卫有效性的基础之上，判断具体状况之下排除侵害的可能性。对此，一方面，必须考虑李某不法侵害行为的攻击力程度；另一方面，也必须考虑赵宇的体力等身体条件，以及可能利用的排除侵害的手段。由上文可知，赵宇已经在保证防卫行为有效性的基础之上，采取了较为克制的防卫方式，所以不能认定其行为构成“行为过当”。因此，赵宇不成立防卫过当。

值得注意的是，《刑法》第二十条第三款是关于防卫限度的注意规定。从立法背景来看，时任全国人大常委会副委员长王汉斌在阐述《刑法》第二十条第三款的立法理由时指出，之所以专门设立特殊防卫，是因为“对正当防

---

① [日] 山口厚：《刑法总论》，付立庆译，第 134 页，北京，中国人民大学出版社，2018 年。

② 马克昌主编：《犯罪通论》，第 754—755 页，北京，武汉大学出版社，1999 年。

卫超过必要限度的规定太笼统，在实际执行中随意性较大，出现了不少问题”。所以《刑法》第二十条第三款的出现，并非是为了给正当防卫制度添加新的内容，而是为了以更明确和具体的方式，提醒法官在适用正当防卫条款时，注重保护防卫人利益，不要对限度条件把握过严。[①]若是将《刑法》第二十条第三款理解为法律拟制，通过反对解释就可以得出结论，一旦不法侵害不属于严重危及人身安全的暴力犯罪，则不允许造成不法侵害人重伤或死亡，否则就成立防卫过当。由此，重伤和死亡的后果就成为一个防卫行为是否过当的评价标准，本案中赵宇的防卫行为造成李某重伤的后果，而李某的不法侵害尚未达到严重危及人身安全的程度，故据此标准，赵宇成立防卫过当。很显然，这种对限度条件的理解仍属于“唯结果论”的范畴，并不利于防卫人利益的保护。而由上文可知，只有当行为明显超过必要限度并且造成重大损害，才成立防卫过当。因此，《刑法》第二十条第三款是关于防卫限度的注意规定，而非法律拟制。

综上所述，赵宇的行为符合《刑法》第二十条关于正当防卫前提条件、时间条件、主观条件和限度条件的规定，成立正当防卫。

三、法律效果与社会效果的统一——赵宇见义勇为案的另一视角

赵宇见义勇为案中，社会舆论是推动案件处理结果出现“反转”的关键力量。2019 年 2 月 17 日，赵宇在微博上发长文，详细讲述了自己见义勇为却面临刑事责任的经历，迅速得到了网友们的积极回应，并引起了社会公众的大量关注，舆论几乎一边倒地支持赵宇，认为赵宇的行为是见义勇为，其不应当承担法律责任。在民意沸腾之下，对赵宇的司法处理结果几经变更，从过失致人重伤罪到防卫过当，最后再到成立正当防卫一锤定音，虽然中间经历诸多曲折反复，但最终的处理结果反映了真实的民意，实现了法律效果与社会效果的统一。

---

① 陈璇：《正当防卫、维稳优先与结果导向——以“于欢故意伤害案”为契机展开的法理思考》，载《法律科学（西北政法大学学报）》，2018 年第 3 期，第 87 页。

亚里士多德曾提出，“法治应该包含两重意义：已成立的法律获得普遍的服从，而大家所服从的法律又应该本身是制定得良好的法律”。原则上，根据现代法治国理念，法官是法律世界的国王，除了法律，法官没有别的上司。因此，法官需要排除其他法外因素的干扰，仅根据法律规定裁判案件。然而，这仅仅是理想化的状态，事实上“法官们并不享有牧师那样远离尘嚣的特权。法律基于法官和法庭‘免受批评的权力并不比给予其他人和机构的大’”。[①]随着互联网和自媒体的发展，民意的聚集无疑为司法带来了不小压力，如何处理带有民意倾向的案件，逐渐成为司法工作人员的难题。

（一）民意参与司法的意义

司法应该倾听民意。严格意义上，“民意”并非法律术语，而是一个历史的、政治性的概念，较为宽泛模糊。美国刑法学者罗宾逊教授曾对刑法与民意的关系做过研究，提倡社会观念在定罪量刑的实践中应该具有合理定位。罗宾逊教授认为，“民意”是指社会大多数成员所持有的对于公平正义的观念、态度、意见。具体而言，是人们对犯罪行为可谴责性化分析所共有的直觉，是公众理解的正义。[②]罗宾逊教授进一步指出，与司法工作人员的法律思维相比，民意是一种非理性判断，更偏向于一种直觉。罗宾逊教授在此基础之上，提出了“经验主义惩罚”的刑罚分配原则，即在确定评估刑罚原则时，不是靠哲学分析，而是靠社会正义直觉。[③]

以民意为基础的经验主义惩罚的刑罚分配原则具有实用性的犯罪控制价值。具体而言，该原则能够增强社会成员的守法意识，从而使法律以较小的成本得到贯彻。为了进一步阐明民意在刑罚分配原则中的重要性，此处还需提及刑罚威慑理论。如今，刑罚威慑理论饱受诟病，原因有两点：首先，刑罚的威慑效果难以评估；其次，刑罚威慑理论的法理支撑过于薄弱。如果公

① 怀效锋主编：《法院与媒体》，第 29 页，北京，法律出版社，2006 年。

② ［美］保罗 · H. 罗宾逊：《民意与刑法：社会观念在定罪量刑实践中的合理定位》，谢杰、祖琼译，载《中国刑事法杂事》，2017 年第 1 期。

③［美］保罗 · H. 罗宾逊：《刑法的分配原则——谁应受罚，如何量刑？》，沙丽金译，第 149 页，北京，中国人民公安大学出版社，2009 年。

众守法仅是因为害怕法律背后的强制力，那么当这种刑罚强制丧失时，刑法对公众的控制力也就不复存在。在刑罚威慑理论日渐式微的情况下，为什么大多数社会成员仍然遵守法律？社会科学家曾对公众守法的理由做过研究，发现主要有两个原因：第一，人们认为法律代表了道德人所坚持的准则，社会化的人们希望自己的举止符合这些道德准则；第二，如果法律承认了道德上正当的行为，人们自然倾向于认为社会相信“法律的正当性”，因此人们担心违法会使自己受到其所在社会团体的非难。而民意的重要性就体现在它能为刑法带来道德信誉，“法律必须赢得一种信誉，即按照公众的观点，法律准确体现了什么样的违法应受或不应受道德谴责”。① 而只有得到道德信赖的刑法，才能够发挥出内化规范和影响社会的强大力量，从而实现犯罪的有效控制。值得注意的是，罗宾逊教授认为应当在立法阶段考虑公众的社会正义直觉（民意），而不是在司法的个案判断中考虑。但本文采广义视角，认为在一定情况下，司法对民意的严重违背依然会影响刑法的道德信誉。在我国司法语境下，虽然中国法治是自上而下推行的权力主导型法治，但司法对立法往往能够起到补充甚至重构的作用。从制度运行角度看，中国法治先易后难、稳步推进等特征充分体现了我国实用主义的思维方式。近几年，中国司法实践重视实验与推广，以点带面的司法模式和最高人民法院、最高人民检察院发布指导性案例的做法，都为民意参与司法提供了土壤。

如前所述，我国《刑法》第二十条对正当防卫的规定越来越宽缓化，符合公众对正义的理解和认知，故正当防卫条款本身并未偏离公众的直觉正义。但又因为立法本身较为粗疏，为法官行使自由裁量权留有较大的空间，故司法实践对正当防卫案件通常处理不一，而许多处理结果又与公众心中的直觉正义发生冲突，从而导致公众舆论将矛头指向了我国的司法系统。司法若严重违背民意，即公众认为重罪轻罚或应罚的行为未能受罚，亦或对公众认为道义上无辜的行为加以处罚，将导致严重的后果。这个后果主要体现在两个方面：其一，会导致刑事司法体系道德信誉的丧失。通常，这些对公众

①［美］保罗·H. 罗宾逊：《刑法的分配原则——谁应受罚，如何量刑？》，沙丽金译，第189—191页，北京，中国人民公安大学出版社，2009年。

正义直觉偏离的定罪量刑活动可被概括为司法系统在品行指导上的缺失。其二，若没有及时消解公众对司法系统各个方面的怀疑，就会产生推动抵制和破坏刑事司法体系的趋势。刑事司法体系能够有效运行的前提在于公众的合作，包括证人、陪审员、罪犯以及其他人的顺从。但是，“一旦人们认为刑事司法体系与他们的正义直觉相冲突，不公正或者不能实现正义，这种顺从和合作就会减少甚至消失”。[①]

赵宇见义勇为案中，2018年12月29日警方以涉嫌故意伤害罪为由对赵宇进行刑事拘留，2019年2月20日警方又以过失致人重伤罪向晋安区人民检察院移送起诉。然而，百姓对警方的处理结果表示不满，大量负面评论涌入警方的官方微博。随后，舆论持续发酵，但除了2019年2月21日警方第一次通报检方相对不起诉决定和2019年3月1日警方第二次通报赵宇行为是见义勇为，无罪不起诉以外，警方皆未对群众的质疑作出回应。

需要注意的是，罗宾逊教授认为公众正义直觉与社会对个别案件惩罚的看法无关，因为后者通常受到政治和社会环境的影响，是分散的（通常出现在司法环节）；而前者则具有跨越文化且高水平的共识性，具有超越了文化与疆域的影响力（通常出现在立法环节）。[②]本文认为，罗宾逊教授的这一观点过于绝对化，在某些情况下公众的道德分歧的确会影响司法处理的公正性，但在公众看法“一边倒”的个案中，就不存在这一问题，如在赵宇见义勇为案中，声援赵宇的舆论处于压倒性优势，足以等同于公众对案件处理的正义直觉。

（二）司法如何实现民意

在明晰民意参与司法的意义后，司法应该如何合理吸纳民意就成了关键问题。需要注意的是，民意并不总是可靠的。首先，将社会正义直觉作为案件处理标准，虽然有利于凝聚共识、减少争议，但因为缺乏先验性的价值评

---

①［美］保罗·H. 罗宾逊：《刑法的分配原则——谁应受罚，如何量刑？》，沙丽金译，第191—192页，北京，中国人民公安大学出版社，2009年。

②［美］保罗·H. 罗宾逊：《刑法的分配原则——谁应受罚，如何量刑？》，沙丽金译，第150页，北京，中国人民公安大学出版社，2009年。

价标准，社会正义直觉并不能一直保持其正确性。民意通常仅用日常的生活思维来看待个案中的法律问题。一味顺从民意，法律的内涵就会被扭曲。而司法无条件顺从民意是政治思维取代法律思维的表现。政治思维注重结果考量，即只要迎合民意能够维护公权力的合法性和权威，能够维护秩序稳定，其他的论证规则可予以抛弃。但于司法机关而言，捍卫法律的权威才是其终极目标，顺从民意只能平息一时矛盾，规避一时的合法性风险，但长期而言将会损害法律的权威，而司法机关是法律适用机关，法律权威性的削弱必然会导致司法机关权威性、合法性的丧失。

其次，民意所了解的通常是零散的、被媒体重构的事实。根据民意产生的原因，可以将民意分为自发型民意和被动型民意。当媒体对于案件的报道是客观全面的时候，民意就是一种自然积累，当到达一定程度时，就上升为社会正义直觉，成为司法实践中重要的参考依据。但更多时候，媒体成为操纵民意的工具。此时，媒体利用公众同情弱者、仇官仇富等心理，通过具有倾向性和煽动性的报道来引导、聚集民意，从而影响司法判决。自发型民意和被动型民意具有本质的不同，自发型民意通常是真实理智的，是矫正司法正义的外部监督力量，且具有兼顾法律效果的空间；而被动型民意则是情绪化的，幕后操纵者利用媒体重构事实，迎合公众心理。在这个过程中，媒体通过重构当事人的某些细节，给公众造成一种印象，从而转化讨论的视角或者偷换事实争议的焦点，从而使得在原先话题里处于不利位置的当事人在新的话题里占据优势，[①]即通过浪潮般的民意掩盖案件中的法律问题，企图使一个法律案件转化为社会案件，迫使司法在民意的压力下屈服，而罔顾司法判决的法律效果。

因此，司法在面对民意时，必须有自我决断，即司法对于民意须有一个认知、筛选、过滤和转化的过程，有一个去伪存真、去粗取精的吸收过程。[②]值得注意的是，司法的定罪量刑活动之所以能够合理吸纳民意，是因为案件

① 方乐：《司法如何面对道德》，载《中外法学》，2010年第2期，第182—197页。

② 孔祥俊：《从司法的属性看审判与民意的关系》，载《法律适用》，2010年第12期，第2—9页。

仍有自由裁量的空间。具体而言，只有在法定的自由裁量的弹性空间内，民意的诉求才能得到回应。本案中，在认定赵宇防卫行为是否超过必要限度时，存在诸多学说的对立，故赵宇案的定性仍存在自由裁量的空间。此时，如何在选择特定学说时兼顾民意就是至关重要的。值得注意的是，司法对民意的采纳并非直接照搬符合民意的倾向性结论，而是采纳与案件有关的、具有法律意义的理由，即最后还需回归专业的司法逻辑论证。另外，应该建构回应型司法，加强与公众的沟通，用信息直接交换的方式，减少“以讹传讹”的现象。在平时和出现热点问题时，司法机关应向公众主动公开司法活动的各方面信息，解读和解答各种疑问。

（三）媒体报道如何实现规范化

当公众的看法与司法的专业判断南辕北辙时，司法机关常常处于两难境地。若民意与司法的偏差是在媒体的有意引导下，那么，就应该推动媒体报道的规范化。首先，应规范媒体引导话题的功能，以期引导公众进行独立思考。以药家鑫案和赵宇案为例，药家鑫案中，媒体并未对案件进行客观全面的报道，而是抓住了公众仇官仇富的心理，大肆渲染“怕撞到农村的人特别难缠”一句话，迅速将药家鑫推上了舆论讨伐的风口浪尖。媒体引导民意站在道德的制高点，过度干预司法已然对司法审判的独立性和公正性产生了影响。但在赵宇案中，虽然有部分媒体为吸引流量而进行倾向性和煽情性报道，但主流媒体并未放任民意被那些报道左右，亦纷纷加入引导舆论的行列。如《新京报》发表了文章《赵宇不被起诉，这次正当防卫认定比昆山“反杀案”容易》；新加坡《联合早报》发表了一篇题为《如何鼓励见义勇为？》的文章；《中国青年报》也发表了一篇题为《不起诉赵宇　让见义勇为者更有底气》的社评。这些文章的内容有效地将议题内容引导至“正当防卫”“防卫过当”等法律问题的讨论上，其意义不在于获得结论，而在于带领公众进行理性思考与表述，矫正对司法的偏见，从而实现法律效果与社会效果的平衡。

其次，应增强媒体的社会责任感。媒体作为联结司法与民意的纽带，肩负传播事实和监督司法的责任。在传播事实方面，应该力求客观真实，做到报道角度全面化，并采用中立性的语言，慎用道德性色彩强烈的褒贬之词，媒体不应该将预设的价值观粗暴地灌输给大众，而应该告诉大众应该认真考虑什么。媒体在报道案件事实的同时，还应该能够对公众进行法律知识的科普。在监督司法方面，媒体承载着民意在发挥制衡作用的同时，还应谨防过度干预司法、对案件提前定性等倾向，避免侵蚀司法机关的独立性。

综上所述，民意对于司法具有重要的参考价值，而司法在面对民意时，既需要积极回应，也必须有自我决断。为了实现法律效果和社会效果的统一，作为联结司法与民意沟通桥梁的媒体，应该主动承担社会责任，努力实现自身规范化。

四、结语

赵宇见义勇为案虽是个案，但反映了我国刑事司法实践中存在的诸多问题，值得进一步思考和分析。

正当防卫是一项权利，其合法化的理论依据是自我保护理论和法确证理论，旨在鼓励公民与违法行为作斗争，昭示“正无须向不正让步”。但防卫权的行使具有边界，即需符合我国《刑法》第二十条规定的前提条件、时间条件、主观条件和限度条件。赵宇案中，赵宇的行为是对李某正在进行的不法侵害的反击，目的是保护邹某的利益，符合正当防卫的前提条件、时间条件和主观条件，具有见义勇为的性质。而根据“必需说”，依次检验赵宇的行为和造成的结果，可以得出赵宇的行为并未过当，符合正当防卫的限度条件。因此，赵宇成立正当防卫。

对赵宇案的关注和思考，也涉及如何在个案中实现法律效果和社会效果的统一。司法应该倾听民意，罗宾逊教授上文所提倡的以“民意”为基础的“经验主义惩罚”的刑罚分配原则，论证了在我国司法实践中参考民意的重要性。在明晰民意参与司法的意义后，本文紧接着探讨司法合理吸纳民意的必要性和方法。另外，在司法与民意的互动中，媒体应当承担相应的社会责任，推动行业的规范化。

（郑平心）

同情归同情，法律归法律

——陕西张扣扣案

引言

2018年2月15日，正是大年三十，陕西省汉中市的一个小山村突然发生了一起杀人案，35岁的村民张扣扣用单刃刀先后杀害邻居王家父子三人，并点燃了王家的一辆小轿车。两天后，他投案自首。

警方经过初步侦查发现，张扣扣案与他13岁那年母亲死亡的案件密切相关。当年的判决书显示，1996年8月，张扣扣的母亲汪秀萍路过邻居王家，向王家老二王富军吐唾沫，老三王正军赶到现场，发生争吵。汪拿扁铁打了王正军，王正军捡起木棒向汪头部猛击一棒，致其死亡。母亲死亡、尸体在马路上被公开解剖的血腥画面始终在张扣扣的脑海中挥之不去，并最终以极端暴力的形式发泄出来，引发了这场时隔22年的悲剧。

2019年1月8日，陕西省汉中市中级人民法院（以下简称汉中中院）一审公开开庭审理此案，并最终以故意杀人罪、故意毁坏财物罪判处张扣扣死刑立即执行；张扣扣当庭提出上诉。同年4月11日，陕西省高级人民法院（以下简称陕西高院）在汉中中院公开审理上诉人张扣扣故意杀人、故意毁坏财物一案并当庭宣判，裁定驳回上诉，维持一审死刑判决。同年7月11日，张扣扣被执行死刑。

客观而言，本案案情并不复杂，从实体来看，张扣扣以残忍的方式杀害了邻居王家三人，其行为符合故意杀人罪的构成要件；从程序来看，本案从侦查、审查起诉到一审、二审及死刑复核程序，职权机关依法办事，辩护律师也为张扣扣提供了有效的法律帮助。

然而，从案发到死刑复核程序直至张扣扣被执行死刑，本案始终是全国聚焦和热议的重大案件。令人欣慰的是，由于本案的高关注度，一审、二审的公诉意见书、辩护词等都被公之于众，一审庭审也以图文直播的方式呈现在民众眼前。在此过程中，张扣扣的人生经历、张母被害案的细节等被主流媒体一一披露，这也为我们深入思索和探讨其中的法律问题提供了足够多的证据支撑。①

2020年年初，本案被《人民法院报》评为2019年度人民法院十大刑事案件之一，一则因为本案所具有的重大社会影响以及对公序良俗的重要引领作用；二则因为本案及其所牵涉的旧案中有许多值得我们研究和思考的法律问题。为此，本章将结合案情，尝试对本案所涉及的法律问题进行深入剖析，并对如何避免张扣扣式的悲剧再次发生提出一些见解。

一、案情回顾

（一）春节前夕三人亡

2018年2月15日，张扣扣在自家楼上观察发现王自新、王校军（王自新长子）、王正军（王自新三子）和亲戚正准备上山祭祖，便戴上帽子、口罩等进行伪装，拿上事先准备好的单刃刀尾随王正军、王校军至汉中市南郑区新集镇原三门村村委会门口守候。

待二人祭祖返回行至村委会门口村道时，张扣扣趁王正军不备，持单刃刀朝其颈部猛割一刀，又朝王正军胸腹等部位捅刺数刀。王校军见状惊慌逃跑，张扣扣追上王校军持刀朝其胸腹部捅刺，其间王校军摔进路边沟渠，张扣扣跳进沟渠继续对王校军捅刺，致其心脏、肺脏等多脏器破裂死亡。之后，张扣扣返回倒在路边的王正军身旁，再次捅刺王正军数刀，致其右颈总动脉、肺脏、肝脏等胸腹腔脏器破裂造成大失血死亡。接着，张扣扣闯入王

① 李怀胜：《司法精神病鉴定中的各方角色归位》，载《中国检察官》，2019年第14期。

自新家院子，持刀朝坐在门口的王自新胸腹部、颈部等处捅刺数刀，致其右颈动、静脉及心、肺等多脏器破裂死亡。接着，张扣扣返回自己家中，取来一把菜刀和两个汽油燃烧瓶，用菜刀将王校军停放在路边的小轿车左后车窗玻璃砍碎，并点燃两个汽油燃烧瓶，分别扔在车后排座椅和后车窗玻璃部位，致车后部燃烧，损毁价值32142元。张扣扣随后逃离现场。

案发后，当地警方高度重视，并迅速组织警力展开侦查工作和抓捕工作。2月16日21时许，犯罪嫌疑人张扣扣欲潜回家中取钱，被巡逻民警、武警发现后翻墙趁夜逃脱，警方随即再次组织地毯式大搜捕行动。2月17日7时45分，张扣扣到新集派出所投案自首。警方的初步调查显示，张扣扣的杀人动机似乎是源于一起发生在1996年的案件。那么，这件22年前的旧案，事实究竟是怎样的？又为何会让张扣扣对“抬头不见低头见”的邻居三人痛下杀手？

（二）陈年旧案被揭开

就22年前的这桩旧案的案件事实而言，分别存在两个不同的版本。一个版本来自法院当年的判决。

旧案判决书显示，1996年8月27日下午7时许，本案被告人张扣扣之母汪秀萍路过王家门前时，因过往与王家有矛盾，汪秀萍便朝王富军（王自新二子）脸上吐唾沫，遂引起争吵。王正军闻讯赶到现场，也与汪秀萍发生了争吵与厮打。争吵中，汪秀萍拿一节扁铁在王正军的左额部和左脸部各打一下，王正军即捡起一根木棒朝汪秀萍头部猛击一下，致其倒地后于当晚10时许死亡。经法医鉴定，死者汪秀萍系钝性外力所致颅脑损伤而死亡。

同年12月5日，当地法院对该起案件作出了一审判决，法院认为，被告人王正军犯故意伤害致人死亡罪成立，但鉴于王正军未满18周岁，且能坦白认罪，其父已代为支付死者丧葬费用，加之被害人汪秀萍在引发本案上有一定的过错行为，故应当对被告人王正军从轻处罚。最终，法院以故意伤害（致人死亡）罪，判处王正军有期徒刑7年。

关于民事赔偿部分，法院认为，被告人王正军的犯罪行为给附带民事诉讼原告人张福如造成的经济损失应予赔偿，但鉴于被告人王正军系在校学生，又未成年，且家庭经济困难，确实无力全额赔偿，故酌情予以赔偿。被告人王正军的监护人王自新一次性偿付附带民事诉讼原告人张福如经济损失9639.3元。宣判后，检察机关在法定期限内未提起抗诉，被告人王正军及附带民事诉讼原告人张福如均未提起上诉，该判决即发生法律效力。

另一个版本则来自张扣扣的父亲和姐姐在本案案发后的说法。他们提出，使用木棒打死汪秀萍的是王正军的二哥王富军，并非法院认定的王正军。张家人称，由于王家长子王校军时任当地的庙坝乡政府党政办主任，故不少人为王家做了伪证。至于民事赔偿部分，除去王家之前已经支付的8139.3元丧葬费，张家最终只拿到了1500元的赔偿。

对于张母案这个判决结果，张家人始终无法接受，但他们并没有选择上诉或者申诉。随着时间的推移，这起案件也被人们逐渐淡忘，然而谁也没有想到，这起旧案在22年后又引发了另一起涉及三条人命的血案，给两个家庭造成了更大的伤痛。

（三）一审宣判获死刑

2019年1月8日上午9点，张扣扣故意杀人、毁坏财物一案在汉中中院如期举行，庭审过程首次采用了图文直播的方式。

汉中市人民检察院主要从以下几个方面发表了公诉意见：第一，被告人张扣扣犯故意杀人罪、故意毁坏财物罪事实清楚、证据确实充分。第二，被告人张扣扣犯罪手段特别残忍、后果极其严重，社会危害性极大。第三，被告人张扣扣主观恶性极深，罪行极其严重，应当依法予以严惩。第四，揭示本案的犯罪根源，需要了解被告人的工作生活经历、探寻被告人的真实心理活动、明辨1996年案件的事实真相。公诉人同时强调，极端自私的个人“恩仇”，绝不是凌驾于法律之上的借口和理由；促进司法公信力提升，推进国家法治进程，需要大众、媒体更加合法、理性、有效参与。[①]

在庭审过程中，张扣扣的两名辩护律师充分发表了不同的辩护意见。其中，殷清利律师的专业辩护意见主要有以下几点：第一，汉中中院在张母案

---

①《死刑！张扣扣案一审宣判！检察机关公诉意见书全文公布》，载正义网，2019年1月18日；http://news.jcrb.com/jxsw/201901/t20190108_1950944.html，2020年8月19日访问。

申诉、剥夺刑事附带民事部分上诉权司法赔偿等问题的处理上，存在程序违法之处，再行审理此案明显不适宜。第二，收押健康检查记录、入所心电图均显示被告人张扣扣心脏异常，存在精神障碍。第三，本案定罪证据尚有不足，如未对某些关键物证进行提取、备卷；报警四段录音未调取；12次提讯找不到讯问笔录、同步录音录像予以印证等。第四，从22年前被害人王正军殴打张扣扣母亲致死，到侦查人员露天解剖尸体，再到王家自始至终从未道歉且乡村民事调解不到位等一系列过错，导致本案发生。第五，被告人张扣扣虽然致三人死亡，后果极其严重，但其同时有投案自首、初犯等酌定从轻、减轻的量刑情节。另一名辩护律师邓学平的辩护意见则主要包括：第一，这是一个血亲复仇的故事。第二，被告人张扣扣没有更好的仇恨排遣通道。第三，复仇有着深刻的人性和社会基础。第四，国家法应该适当吸纳民间正义情感。第五，被告人张扣扣本质上并不是坏人。

另外，两名辩护律师在一审庭前会议和审理过程中都提出了对被告人张扣扣作案时的精神障碍程度进行鉴定的申请，其理由及证据主要有：第一，被告人张扣扣收押健康检查记录、入所心电图均显示为异常。第二，医生吉星虽然提出心电图显示的结果并不准确，但与心电图、收押健康检查记录等客观证据相比，其证人证言的客观性显然不足。第三，母亲惨死并被当众解剖的事实，显然对当时只有13岁的被告人张扣扣造成了巨大的心理创伤和精神痛苦。可以说，被告人张扣扣存在何种程度的精神障碍，将直接影响对被告人的量刑问题。经过评议，合议庭驳回了上述申请。

当日下午5点左右，这个一度轰动了整个网络、引起千千万万网友关注的案件终于迎来了一审结果：汉中中院认为，张扣扣不能理智对待内心仇恨，在工作、生活又长期不如意的巨大压力下，心理逐渐失衡，迁怒于王家人，蓄谋报复杀人，选择除夕日持刀连续杀死王正军、王校军、王自新三人，犯罪动机卑劣，杀人犯意坚决，犯罪手段特别残忍，情节特别恶劣，后果和罪行极其严重，人身危险性和社会危险性极大；张扣扣杀人后为泄愤又使用自制汽油燃烧瓶焚烧王校军家用小轿车，造成财物损失数额巨大，均应依法惩处。综上所述，本案被告人张扣扣故意非法剥夺他人生命，其行为已构成故意杀人罪。张扣扣杀人后故意焚烧他人车辆，造成财物损失数额巨大，其行为又构成故意毁坏财物罪。对张扣扣所犯数罪，应依法并罚。张扣扣虽有自首情节，但依法不足以对其从轻处罚。依照《刑法》，判决如下：张扣扣犯故意杀人罪，判处死刑，剥夺政治权利终身；犯故意毁坏财物罪，判处有期徒刑四年，决定执行死刑，剥夺政治权利终身。宣判后，张扣扣当庭表示上诉。

（四）二审维持死刑判决

2019年4月11日，陕西高院在汉中中院公开开庭审理上诉人张扣扣故意杀人、故意毁坏财物一案。审判长指出，通过召开庭前会议、听取上诉人张扣扣的上诉理由和控辩双方对一审判决的意见，可以发现控辩双方对汉中中院一审刑事判决认定的上诉人张扣扣故意杀人、故意毁坏财物犯罪的事实和罪名没有异议，其争议的焦点问题主要有：（1）原审判决认定上诉人张扣扣实施故意杀人、故意毁坏财物犯罪的原因是否准确；（2）张扣扣作案时有无完全刑事责任能力；（3）本案被害人是否存在过错；（4）张扣扣有无持刀在捅刺被害人王校军后返回对被害人王正军进行二次捅刺：（5）对张扣扣的故意杀人罪的量刑是否适当。

陕西省人民检察院依照法律规定，围绕本案的证据，对案件的事实定性和适用法律，以及上诉理由、辩护观点和舆论热点等焦点问题发表了如下出庭意见：第一，一审判决认定上诉人张扣扣犯故意杀人、故意毁坏财物罪的事实清楚，证据确实充分，定性准确。第二，一审判决认定上诉人张扣扣犯罪动机卑劣符合客观事实，“报仇”是其宣泄对个人现状不满情绪的借口。第三，上诉人张扣扣主观恶性极深，犯罪手段特别残忍，犯罪后果和罪行极其严重，一审判决量刑适当。第四，有四名目击证人证实了上诉人张扣扣二次返回捅刺王正军的犯罪事实，而且，多个事实证明张扣扣能清楚认知杀人的性质和应受刑法处罚的后果，其辨认能力和控制能力完整。

受上诉人张扣扣及其亲属委托，北京罗斯律师事务所律师殷清利、京衡律师集团上海事务所律师邓学平出庭为上诉人张扣扣进行辩护，邓学平律师表示：“从一审、二审的结果上讲，我们希望能够刀下留人。这个结果没有实现，所以比较遗憾。从程序上讲，我们一直申请对张扣扣实行精神障碍鉴定，但是法院一直没有同意，这是程序上的遗憾。说在意料之中是这个案子本来辩护难度极大，因为毕竟客观上造成了三条人命的结果。这个案子是个悲剧，所以我们还是要加强法治建设，让法治成为公众可以信赖、可以依靠的力量，法治是我们这个社会唯一的出口。”①

陕西高院经审理查明，1996年8月27日，因邻里纠纷，王自新三子王正军故意伤害致张扣扣之母汪秀萍死亡。同年12月5日，王正军被法院以故意伤害罪判处有期徒刑7年，赔偿张扣扣之父张福如经济损失。此后，两家未发生新的冲突，但张扣扣对其母亲被伤害致死心怀怨恨，加之工作、生活长期不如意，心理逐渐失衡。2018年2月15日，张扣扣持刀将王正军、王校军、王自新三人杀死，随后用汽油燃烧瓶，将王校军家用小轿车点燃，并造成了巨大的财物损失。张扣扣随即逃离现场。同年2月17日，张扣扣到公安机关投案。

对此，陕西高院认为，上诉人张扣扣蓄意报复，非法剥夺他人生命，致三人死亡，其行为已构成故意杀人罪。张扣扣故意焚烧他人车辆，造成财物损失数额巨大，其行为又构成故意毁坏财物罪。对张扣扣所犯数罪，应依法并罚。张扣扣虽有自首情节，但根据其犯罪的事实、性质、情节和对社会的危害程度，依法不对其从轻处罚，对陕西省人民检察院驳回上诉、维持原判的意见予以采纳，裁定驳回张扣扣的上诉，维持汉中中院一审死刑判决，并依法报请最高人民法院（以下简称“最高法”）核准。

（五）复核确认执行死刑

2019年7月17日，最高人民法院审理了被告人张扣扣故意杀人、故意毁坏财物死刑复核一案，并依法裁定核准张扣扣死刑。随后，汉中中院向张扣扣宣告并送达了最高人民法院的刑事裁定书，并于当日上午遵照最高人民法院院长签发的死刑执行命令，对张扣扣执行了死刑。检察机关依法派员临场监督。执行死刑前，汉中中院依法安排张扣扣会见了其近亲属。

① 温超：《张扣扣案二审当庭宣判　维持一审死刑判决》，载央广网，2019年4月12日；https://baijiahao.baidu.com/s？ id=1630574228566112537&wfr=spider&for=pc，2020年8月8日访问。

最高人民法院经复核确认：1996年8月27日，被告人张扣扣家邻居王自新的三子王正军（时年17岁）因邻里纠纷将张扣扣之母伤害致死。同年12月5日，汉中市原南郑县人民法院鉴于王正军犯罪时未满18周岁、张母在案件起因上有一定过错等情节，以故意伤害罪判处王正军有期徒刑7年，王自新赔偿张家经济损失9639.3元。此后，两家未发生新的冲突，但张扣扣对其母被王正军伤害致死始终心怀怨恨，加之工作、生活多年不如意，心理逐渐失衡。2018年春节前夕，张扣扣发现王正军回村过年，决定报复杀害王正军及其父兄，并准备犯罪工具，暗中观察，伺机作案。2018年2月15日（农历除夕）12时许，王校军、王正军兄弟二人祭祖返回行至本村村委会门前时，守候在此的张扣扣蒙面持尖刀朝王正军颈部猛割一下，连续捅刺其胸腹部等处数刀，并追赶惊慌逃跑的王校军，朝其胸腹部等处连续捅刺数刀，后返回再次捅刺王正军数刀，致王校军、王正军死亡。随后，张扣扣闯入王自新家，持刀捅刺王自新胸腹部、颈部数刀，致王自新死亡。之后，张扣扣使用自制燃烧瓶点燃王校军家用轿车，致车辆后部烧毁。张扣扣逃离现场后，于同月17日7时许到公安机关投案。

最高人民法院认为，被害人王正军伤害致死张扣扣之母的行为已受到法律制裁，但张扣扣却心怀怨恨，加之工作、生活多年不如意，在其母被害22年以后蓄意报复王正军及王的父兄，精心策划犯罪，选择除夕之日当众蒙面持刀行凶，致三名被害人死亡，且有追杀王校军和二次加害王正军的情节，主观恶性极深，犯罪情节特别恶劣，手段特别残忍，后果和罪行极其严重，应依法严惩。张扣扣杀人后为进一步发泄怨愤又毁损王校军家用轿车，造成财物损失数额巨大，亦应依法惩处。对张扣扣所犯数罪，应依法并罚。张扣扣虽有自首情节，但依法不足以对其从轻处罚。第一审判决、第二审裁定定罪准确，量刑适当。审判程序合法。据此，最高人民法院裁定核准陕西高院维持第一审对被告人张扣扣以故意杀人罪判处死刑，剥夺政治权利终身；以故意毁坏财物罪判处有期徒刑四年，决定执行死刑，剥夺政治权利终身的刑事裁定。

二、法理研析

（一）关于精神病司法鉴定

本案中，对于辩护人在一审与二审期间提出对张扣扣进行司法精神病鉴定的申请，合议庭均予以驳回。二审开庭前，张扣扣家属曾委托3名精神病鉴定专家在审查相关材料后出具了《法医精神病学书证审查意见书》，认为张扣扣有偏执型人格障碍，作案时有应激障碍，控制能力减弱，属于限制刑事责任能力。而辩护人在二审期间申请3名专家出庭作证的申请，同样被法院驳回了。可以发现，对于张扣扣作案时有无完全刑事责任能力的争论与辩驳，充斥于整个审判过程中，这足以说明司法精神病鉴定对于本案的审判结果特别是量刑结果具有重大影响。

我国《刑法》第十八条规定："精神病人在不能辨认或者不能控制自己行为的时候造成危害结果，经法定程序鉴定确认的，不负刑事责任，但是应当责令他的家属或者监护人严加看管和医疗；在必要的时候，由政府强制医疗。"由此可见，《刑法》将犯罪嫌疑人、被告人作案时的精神状态作为评定其刑事责任能力的要件之一，且要求经过法定程序进行鉴定，以此来确认相关的精神病问题。

另外，根据《刑事诉讼法》及相关司法解释的规定，公安机关、检察院、法院三机关分别在刑事案件的侦查、审查起诉、审判阶段享有司法精神病鉴定启动权，当事人仅仅可以申请补充鉴定或者重新鉴定，是否允许由司法机关最终决定。换言之，只有在职权机关启动了初次鉴定之后，当事人对鉴定意见不服或者有疑问时才能申请补充鉴定或者重新鉴定。而且，当其重新鉴定或补充鉴定的申请被职权机关驳回后，法律并没有规定相应的救济途径。由此观之，我国对于司法精神病鉴定的启动采职权模式，这是与司法精神病鉴定的法律定位保持一致的，因为在我国的刑事诉讼中，司法精神病鉴定是作为侦查手段而存在的。[①]

---

① 李怀胜：《司法精神病鉴定中的各方角色归位》，载《中国检察官》，2019年第14期。

有学者经过调研发现，在启动司法精神病鉴定的问题上，公检法一般不轻易启动这一程序。而且，从某鉴定中心的实例来看，90% 的司法精神病鉴定都是在侦查阶段由公安机关送鉴的。而当案件经过公、检机关两层筛选，到审判阶段时，若没有足够的理由，法院不会轻易启动鉴定程序。[①] 本案即凸显了我国刑事程序中职权机关特别是法院，不愿启动司法精神病鉴定的现状。事实上，如果职权机关认为犯罪嫌疑人、被告人“无异常”不启动鉴定时，即使辩方提出鉴定申请，甚至提供一定的证据线索，鉴定也难以启动。例如，2006 年陕西邱兴华杀人案、2008 年云南马忠富杀人案、2008 年新疆英国人阿克毛走私毒品案、2010 年福建郑民生杀小学生案等多起案例即反映了司法精神病鉴定启动难的问题。[②]

笔者认为，刑事司法实践中精神病鉴定启动难主要有以下原因：

第一，司法精神病鉴定结果具有不确定性。司法精神病学虽然已有百年历史，但这一学科支撑的精神病鉴定制度在刑事案件中的应用却备受争议，最主要的问题就是精神病鉴定结果带有较高的不确定性。事实上，这是由司法精神病鉴定本身的特点所决定的。

首先，精神病鉴定的对象是最为复杂的人类精神世界，而精神现象目前属于人类尚在探索的一个领域，多数精神病的成因缺乏科学、有力的结论加以证实。其次，精神病鉴定需要对行为人实施行为时的精神状态作出判断，而对于精神状态的鉴定只能依靠鉴定时所掌握的证据材料与相关信息加以回溯性的推理与判断。再次，司法精神病学是典型的法学与医学交叉学科，在许多案件的鉴定中还需要使用心理学、社会学等其他学科的知识。又次，除少数器质性精神病会导致被鉴定人大脑生理结构发生变化之外，大多数精神疾病难以通过医学仪器或者其他测试手段进行客观、准确的检测。最后，与其他类型的鉴定如法医、物证、痕迹、文书鉴定相比，精神病鉴定的主观性更强。总而言之，正是在司法精神病鉴定对象的复杂性、过程的回溯性、知

① 陈卫东、程雷、孙皓等:《刑事案件精神病鉴定实施情况调研报告》，载《证据科学》，2011 年第 2 期。

② 郭华:《精神病司法鉴定若干法律问题研究》，载《法学家》，2012 年第 2 期。

识背景的跨学科性、手段的有限性、结论的主观性等多重因素的作用下，司法精神病鉴定结果带有明显的不确定性。[①]

现行法律对于重新鉴定的次数没有作出限制，也就是说，一旦启动司法精神病鉴定程序，控辩双方如果对鉴定意见不服，均可以申请重新鉴定。对此，有法院实务人士指出，“经历过几十件有司法精神病鉴定的案件讨论，有一半以上的案件作过两次以上的鉴定……没有一例是两次鉴定结论完全一致的。只要有两次鉴定，最后的结论肯定是不一样的”。[②]在鉴定意见不一致的情况下，当事人很可能会再次申请重新鉴定，如此循环往复，就会导致案件久拖不决，给当事人带来不必要的讼累，浪费司法资源。更重要的是，面对两份乃至多份不确定、不一致的鉴定意见，法院对于如何取舍多份鉴定意见、如何认定被告人的刑事责任能力往往一筹莫展。因此，面对鉴定结果所具有的不确定性，职权机关往往不愿意轻易启动司法精神病鉴定程序。

第二，司法精神病鉴定的启动标准阙如。根据我国《刑事诉讼法》的规定，只要办案人员“为了查明案情，需要解决案件中某些专门性问题的时候”，就可以启动鉴定程序，但至于哪些情形表明“查明案情”有需要，何为专门性问题，法律或相关司法解释并没有说明。本案中，检察机关与法院均认为不需要启动司法精神病鉴定程序，而张扣扣及其辩护人坚持申请启动鉴定程序，造成这一矛盾的主要原因即在于我国《刑事诉讼法》没有明确规定司法精神病鉴定程序的启动标准。

第三，司法精神病鉴定意见对刑事司法裁判权形成了有力冲击。根据最高人民法院、最高人民检察院、公安部、司法部、卫生部颁发的《精神疾病司法鉴定暂行规定》第九条的规定，“确定被鉴定人是否患有精神疾病，患何种精神疾病，实施危害行为时的精神状态，精神疾病和所实施的危害行为之间的关系，以及有无刑事责任能力”属于刑事司法精神病鉴定的内

① 陈卫东、程雷：《司法精神病鉴定基本问题研究》，载《法学研究》，2012 年第 1 期。

② 张军主编：《刑事证据规则理解与适用》，第 17 页，北京，法律出版社，2010 年。

容。值得注意的是，在我国的司法实践中，法院对于鉴定意见的采信度高达80%—90%。[①]换言之，在可能涉及精神病人的刑事案件中，鉴定人的意见会影响甚至决定罪的有无、罚的轻重。例如，在本案中，若启动司法精神病鉴定程序，鉴定人对于张扣扣在作案时精神状态的判断，将会直接影响其生死问题。

第四，启动司法精神病鉴定程序本身即意味着巨大的社会压力。司法实践中，精神病人实施的侵害行为通常表现为杀人、伤害、放火等严重暴力犯罪，社会影响极大、民愤极大。在一个对精神病人基本人权的正确认识和包容程度仍然比较匮乏的国度，在一个报应刑观念依然十分强烈的国度，启动精神病鉴定本身就面临着巨大的社会压力。即使是普通刑事案件，司法人员仍然会考虑一旦启动鉴定，极有可能出现被告人应当减免刑事责任的结果，且对于鉴定为无刑事责任能力或者限制刑事责任能力的被告人，现有的强制医疗措施很难配套，如何处置精神病人也是职权机关感到异常棘手的问题，精神病人分流渠道的匮乏严重打击了职权机关按照正常程序启动鉴定的积极性。为了避免鉴定后无人管理、精神病人再次危害社会，或者为了避免自身机关支付相应的医疗、鉴定费用，办案人员势必谨小慎微。[②]事实上，不管司法精神病鉴定的结果如何，司法人员与鉴定人员均面临着来自当事人以及社会舆论的巨大压力。

（二）关于私力复仇

2019年7月17日，张扣扣被执行死刑，“复仇者”并没有得到法律的宽恕。也是在这一日，网民对本案的关注度达到峰值。前文已述，二审庭审中法官归纳了控辩双方的五项主要争议，其中引发民众热议的是，张扣扣及其辩护人辩称的“为母复仇”是否可以免其一死。就张扣扣的复仇行为而言，社会上存在两种截然相反的观点与立场：

一种观点认为张扣扣的复仇行为“情有可原”，并主张法院应该“刀下

① 陈卫东等：《司法精神病鉴定刑事立法与实务改革研究》，第68页，北京，中国法制出版社，2011年。

② 陈卫东、程雷：《司法精神病鉴定基本问题研究》，载《法学研究》，2012年第1期。

留人”。在我国古代，血亲复仇的现象从个人到国家并不鲜见，且在伦理上有着家国文化、儒家思想和侠义之风的“正当”依据。[①]时至今日，“欠债还钱，杀人偿命”的朴素观念在部分民众的认知中依然是“天经地义”的。因此，杀害汪秀萍的凶手没有以命抵命的结局在部分民众的眼中多少都存在司法的不公，这也是部分网民主张张扣扣罪不至死的关键理由之一。另外，与本案的事实清楚形成对比的是，法院与张家人对汪秀萍被杀案的案件事实各执一词。在本案一审、二审的过程中，辩护律师均对张母案的判决书提出了质疑。[②]这些质疑进一步引发了民众对张母案司法判决之公正性的怀疑，并加深了民众对张扣扣童年悲惨遭遇的同情心理。

另一种观点则对张扣扣的复仇行为给予了否定性评价。在当代社会，法律通常被界定为国家以强制力保证实施的普遍的社会规范，代表或至少应当代表一般性或社会化的正义；而复仇常常是在国家制定法之外由受害人本人或与受害人有密切关系的人对侵害者有意施加的迟到的惩罚，满足的是受害人或其亲人的情感需求，最多仅仅代表了复仇者个人心中的正义。[③]因此，张扣扣的复仇行为仅仅实现了张家人心中的正义，却在另一个层面上破坏了社会秩序，造成了更大的不正义。

对此，笔者认为，张扣扣的复仇行为应当得到全方位的否定性评价。历史地看，私力复仇观念有着强烈的人性基础、社会因素和文化延续特征。因为人性因素的存在，复仇行为才会如此持久地存在于各个社会阶段，至今几乎从未中断过；因为社会因素的存在，复仇的案例情节才会如此丰富多变；因为文化因素的存在，复仇的正当性具有了自然延续的一面，也在一定程度

① 胡裕岭：《法律文化视野下的血亲复仇现象与防治对策——从张扣扣案谈起》，载《湖北警官学院学报》，2020年第2期。

② 一审中，被告人张扣扣的辩护律师对汪秀萍被杀案判决书及证人名单、证据清单、减刑程序、共犯构成、诉讼主体缺位、可能存在的枉法裁判等情况提出了质疑；二审中，上诉人张扣扣的辩护律师则进一步提出，汪秀萍被杀案的判决定性错误，判决遗漏了凶嫌，王正军年龄证据存在矛盾，判决量刑畸轻，王正军实际服刑期限不足四年等辩护意见。

③ 苏力：《复仇与法律——以〈赵氏孤儿〉为例》，载《法学研究》，2005年第1期。

上减弱了证成其行为合理性的论证义务。[①]结合本案来看，年幼时目睹母亲被打情形、死时惨状与解剖场景的残酷场面，法院对于凶手的判决结果没有达到心理预期，王家的赔礼道歉迟迟没有等来，复仇的种子就此在张扣扣的心中生根发芽。而工作、生活的不顺心、不如意也对张扣扣的复仇行为产生了催化作用。由此，“杀母之仇，不共戴天”的复仇观念最终演变成了三条人命的惨痛悲剧。

然而，张扣扣幼年的悲惨遭遇并不足以成为他私力复仇、连杀三人的“免责事由”或“减责事由”，个人不幸与法律责任显然不能混为一谈。尸检结果表明，本案3名死者身上总计被捅49刀（其中，王正军身中24刀，王校军身中9刀，王自新身中16刀），且主要集中在颈部、胸部和腹部等要害部位。由此可见，张扣扣的作案手法十分残忍，而且在除夕这个万家团圆之夜连续杀人，也给社会造成了巨大的恐慌，带来了极为恶劣的影响。同情归同情，法律归法律，依法对张扣扣判处并执行死刑是他凶残杀人后所应当承担的法律后果。[②]申言之，张扣扣幼年的悲惨遭遇确实值得同情，但个人不幸并不是违法犯罪的“遮羞布”，违法犯罪必然要付出相应的代价，当张扣扣选择私力复仇的那一刻，就相当于选择了承担被判处死刑的法律后果。

在一个强调依法治国的文明社会中，任何人都只能用法律的手段来解决矛盾和维护自己的合法权益，任何人都没有滥用私刑惩罚他人的特权。如果每个人都仅因为自己遭受了不公正待遇，或者认为既有的裁判有错误、不公正，就选择“以眼还眼，以牙还牙”的话，整个社会就会陷入无休止的暴力和动乱之中。因此，必须坚决防范和禁止张扣扣式的私力复仇行为，倡导民众通过合法渠道维护权益和伸张正义。

（三）关于民意和司法的冲突

近年来，随着网络媒体的发展以及社会公众参与意识的增强，越来越多

① 张鹭、侯明明：《案中隐性社会结构对司法裁判的影响及其调和——以张扣扣案为素材的实证分析》，载《甘肃政法学院学报》，2020年第2期。

② 叶泉：《愿类似悲剧不再发生》，载《法制日报》，2019年7月19日，第1版、第3版。

的刑事判决开始引起社会公众的广泛讨论，甚至出现了法院迫于舆论压力改判的案件，例如辽宁刘涌案、云南李昌奎案等。正是在这些案件中，民意与法院的博弈、舆论与司法的冲突这一亘古不变的难题得到了充分展现。[①]本案中，部分网络舆论与司法机关就张扣扣的犯罪动机以及是否应被判处死刑的问题存在较大分歧。

案发后，经过多家媒体的报道，本案逐渐进入公众视野并引发了热烈讨论。2018年2月19日，《新京报》率先发布《陕西汉中除夕杀人案死者之一曾致嫌疑人母亲死亡》的报道，开始引起了网民和一些自媒体的关注。随后，自媒体“六神磊磊读金庸”发文《张扣扣案：白日不到处，青春恰自来》，将“法治不公”“为母报仇”等字眼带入网络平台，引发了舆论高潮，其他自媒体亦步亦趋共同塑造了张扣扣的“英雄正义”形象。[②]在这些媒体的报道中，张母案的判决似乎存在司法不公的阴影，张扣扣杀害王家三人的行为被渲染为“逼上梁山”的无奈壮举，张扣扣本人更是被评价为为母复仇的“英雄好汉”。如此带有悲剧色彩的案件迅速在社会民众间传播开来，也有更多的民众加入声援张扣扣的行列中，呼吁法院“刀下留人”。

与之形成鲜明对比的是，司法机关认为，“为母复仇”并不是张扣扣杀害三人的唯一犯罪动机，无论是从罪刑法定的角度，还是从公共利益的角度，张扣扣都应该被判处并执行死刑。一方面，张母案的判决并不存在所谓的“司法腐败”或者“行政干预”。另一方面，张扣扣因对1996年其母被本案被害人之一王正军伤害致死而心怀怨恨，加之常年工作、生活不如意，继而迁怒于王正军及其家人，选择在除夕之日报复杀人，杀人犯意坚决，犯罪手段特别残忍，情节特别恶劣，后果和罪行极其严重，人身危险性和社会危害性极大。因此，唯有判处张扣扣死刑，才是对此类残忍杀人行为与私力复仇行为的应有评价。

---

① 周国兴：《审判如何回应民意——基于卢埃林情景感理论的考察》，载《法商研究》，2013年第3期。

② 张馨培、马振超：《社会稳定视角下个人极端暴力事件问题探析》，载《警学研究》，2019年第6期。

事实上，在理想状态下，公众舆论的期待与法院的判决结果应该是一致的，即在案件中实现正义这一共同的价值追求。但现实的情况是，在诸多社会影响巨大的案件中，特别是全民关注的焦点性死刑案件中，民意往往与法院的判决结果呈现出冲突乃至对抗的面相，[①]本案即凸显了民意与司法之间的巨大张力。

需要明确的是，民意与司法的冲突并非中国当下所独有，更不是民主法治的大忌，而是形式合理性法治必然衍生出的副产品。在以形式合理性为本质特征的现代法治社会中，司法具有专业性和自治性，由此造就了司法人与社会人在思维方法和价值判断上存在分殊。而且，社会公众通常运用自身对正义的道德直觉和相当有限的法律知识，对片段、孤立的案件事实信息进行评价，因此很难避免结论的非理性。[②]一言以蔽之，在特殊个案中，部分民意乃至主流民意与司法判决发生冲突是不可避免的，如何理性看待和处理这种冲突，实现司法与民意的良性互动是更加值得我们关注和思考的问题。

三、反思与启示

（一）完善司法精神病鉴定程序的启动机制

据统计，我国精神病人每年造成的严重刑事案件超过万起，其中三成是杀人、伤害等严重暴力案件，对公共安全形成了极大的威胁。一方面，从保障精神病人权益的角度出发，辨认能力和控制能力不足的精神病人应更多地接受治疗而非惩罚；另一方面，从社会防御的角度考量，精神病人给社会带来的风险应受到防范。因此，精神病人权益保障与社会防御之间不可避免地形成了一种张力，而启动司法精神病鉴定程序恰恰是二者展开的前提与基础。[③]但是，在我国的刑事程序中，启动环节不再仅仅是精神病鉴定的一个初

① 王勇：《超越复仇：公众舆论、法院与死刑的司法控制》，载《吉林大学社会科学学报》，2015年第4期。

② 徐阳：《“舆情再审”：司法决策的困境与出路》，载《中国法学》，2012年第2期。

③ 贺小军：《精神病鉴定的悖论及其破解》，载《证据科学》，2016年第1期。

始步骤，在多种因素的作用下，启动环节已经承载了整个精神病鉴定体制中的多数积弊。启动难形成的原因既包括医学鉴定中的问题，也包括司法人员后续对鉴定意见进行审核运用中的困境，甚至还与对精神病人的强制医疗等精神障碍者的最终分流途径直接相关。[①]对此，笔者认为，可通过以下路径改革与完善我国司法精神病鉴定的启动机制。

第一，明确司法精神病鉴定程序的启动标准。有学者根据实践情况尝试总结了强制启动司法精神病鉴定的标准：（1）行为人有无精神异常史或者精神病家族史。（2）行为人虽然没有明确的精神疾病发作史，但行为人家属及其周围人员反映其性格怪戾、睡眠规律反常或有抽搐发作史等。（3）行为人行为的动机、方式、过程等有悖于常理。（4）行为人具有药物依赖史。[②]值得注意的是，我国当前的司法精神病鉴定表现出"严进宽出"的状态，即精神病鉴定启动难，但是一旦启动了鉴定程序，就很容易得到有精神病的鉴定结论。未来我国精神病鉴定的启动应当由"严进宽出"逐渐转变为"宽进严出"，明确区分精神疾病的医学标准与法学标准，并主要根据法学标准来决定是否启动司法精神病鉴定程序。此外，还应完善刑事责任能力鉴定以外的其他鉴定规定，如受审能力、危险性评估、执行能力等。[③]

第二，多角度、多渠道提升法官的认证能力。司法精神病学是典型的法学与医学交叉学科，而医学与法学的鸿沟之深、跨度之大无疑对法官的认证能力是一项严峻的考验。实际上，精神病鉴定的启动问题最终都会汇集到审判阶段，法官认证时无法规避这些问题，而认证难题反过来又间接导致精神病鉴定启动难上加难。可以通过加强培训，弥补法官在医学知识方面的空白与短板；通过引入专家陪审制度弥补裁判者认证能力不足；通过充分发挥专

① 陈卫东、程雷：《司法精神病鉴定基本问题研究》，载《法学研究》，2012 年第 1 期。

② 黄丽勤：《精神障碍者刑事责任能力研究》，第 148 页，北京，中国人民公安大学出版社，2009 年。

③ 郭志媛：《刑事诉讼中精神病鉴定的程序保障实证调研报告》，载《证据科学》，2012 年第 6 期。

家“法官助手”角色延伸法官裁判能力。[①]

第三，赋予当事人及其辩护人、诉讼代理人初次精神病鉴定的申请权及救济权。在司法精神病鉴定的启动环节，职权机关的权力与当事人的权利显然处于不对等的地位。结合我国司法实际，当下的可行路径是赋予当事方初次申请鉴定的权利，而相对应的职权机关应当在接到初次鉴定申请的法定期限内作出决定。对于驳回申请的决定，职权机关应该书面说明理由。当职权机关逾期未作出相应决定或者作出驳回鉴定申请的决定后，申请人可以在法定期限内向上一级职权机关申请复核。考虑到直接赋予当事人启动权的改革路径在当下的中国缺乏可操作性，面临诸多制度性障碍，先赋予当事方初次精神病鉴定的申请权及相应的救济权，不失为一条“缓兵之计”。

（二）私力复仇不可取

遭受犯罪行为特别是严重的暴力犯罪行为侵害后，当判决结果无法达到其心理预期时，被害人及其近亲属（以下简称“被害人群体”）会或多或少产生复仇的心理。在古代社会，私力复仇具有一定的正当性，主要源于当时公力救济的不及时、不充分、不公正。但是，私力复仇的种种弊端已经与现代法治社会格格不入。在现代法治环境下，国家在总体上可以最大限度地给被害人群体以公正待遇，但具体到个案，并不能排除出现公正不及时甚至不公正的情况。[②]而在一个存在集中化权力的社会，如果公力救济方式不能公正地解决其内部成员的纠纷和矛盾，或者以为自己受到不公正待遇的被害人群体无法诉求公权力获得公道，复仇现象就仍然会出现。[③]结合本案来看，其前因后果长达23年，牵涉两个家庭、五条人命，我们在唏嘘感叹的同时，更应该思考怎样避免这样的“血亲复仇”式悲剧再次发生。

首先，要强化裁判文书的释法说理功能，尽量做到“案结事了”。张扣扣挥刀杀三人的行为可以溯源至其对张母案判决的质疑和“积怨”。对于旧

① 贺红强：《刑事司法精神病鉴定的认证困境与制度路径》，载《证据科学》，2020年第3期。

② 曙明：《现代法治必须彻底摒弃私力复仇》，载《检察日报》，2019年1月10日，第5版。

③ 苏力：《复仇与法律——以〈赵氏孤儿〉为例》，载《法学研究》，2005年第1期。

案是否存在他人顶包的情形、王正军为何以故意伤害罪定罪、赔偿款是如何确定的等问题，张扣扣长久存在疑惑，并进而认为判决不公，悲剧也由此发生。对此，可以通过强化裁判文书的释法说理功能，促进当事人对裁判结果的理解与认同，尽量避免“案结事不了”的隐患。[①]具体而言，裁判文书应当围绕证据的审查判断、事实认定以及法律适用等展开说理和论证。对于控辩双方的争议焦点，裁判文书更应进行有针对性的说理和论证，将释法说理和思想疏导相结合，让控辩双方特别是当事人能够充分理解裁判结果的事实根据和规范依据，真正实现让人民群众在每一个司法案件中感受到公平正义。

其次，要加强受害未成年人的心理疏导工作。年仅13岁的张扣扣目睹了自己母亲被人殴打、死时惨状、母亲尸体被公开解剖等一系列惨绝人寰的场面，这些经历无疑给他造成了巨大的创伤。奥地利心理学家弗洛伊德说过：“人的创伤经历，特别是童年的创伤经历会对人的一生产生重要的影响。悲惨的童年经历，长大后再怎么成功、美满，心里都会有个洞，充斥着怀疑、不满足、没有安全感……不论治疗身体还是心理上的疾病，都应考虑患者童年发生的事。那些发生于童年时期的疾病是最严重、也是最难治愈的。”由此观之，童年的悲惨经历与张扣扣最终走向极端是有关联性的，若未成年的张扣扣能够得到及时有效的心理疏导和生活帮扶，悲剧或许可以避免。因此，我们应该加强对未成年人的心理疏导工作，在他们受到伤害（包括身体伤害和精神伤害）的时候，及时通过社会力量，尤其是专业的青少年社工组织所提供的服务，将未成年人刑事司法系统所无法实现的心理疏导、社会适应能力提升等有利于未成年人回归社会、融入社会的功能承担起来[②]，从而防止受害的未成年人因心理创伤而迈向犯罪的深渊。

最后，要推进公共法律服务体系建设，提高基层社会治理水平。张扣扣持刀杀死邻里父子三人的行为与张母案的发生密不可分，而张母案又缘于

---

① 王明达、马立娜、伍涛：《充分发挥审判职能作用　努力实现案结事了》，载《人民司法》，2013年第1期。

② 宋志军：《论未成年人刑事司法的社会支持体系》，载《法律科学（西北政法大学学报）》，2016年第5期。

一场邻里之间发生的住房宅基地纠纷。一场未得到妥善解决的纠纷，在当时引发了张母死亡的严重后果，又在22年后间接引发了王家父子三人死亡的惨痛命案。因为没有基层法律服务工作者的介入和疏导，张家与王家的纠纷演变为张母与王家的争执打斗；因为没有公共法律服务体系的持续跟进与养护，王长军被判刑后，张扣扣没有上诉却并未罢休。由此观之，张扣扣案暴露了基层社会治理中公共法律服务缺失的问题，也促使和警醒我们要加快推进公共法律服务体系建设，进而提高基层社会治理水平，让老百姓养成遇事找法的习惯，让更多乡里村邻的关系走向稳定，让社会中潜在的“张扣扣”得到更多有效的援助，不再将生存的可能寄托于案发后的辩护。①

（三）实现司法与民意的良性互动

法律是人民意志和利益的根本体现，从这个角度来看，司法与民意的关系应该是和谐一致的。然而，在当下的司法实践中，从刘涌案到许霆案，再到张扣扣案，司法与民意的张力逐渐凸显出来。②一方面，法院应该依照法律规定独立行使审判权，不受行政机关、社会团体和个人的干涉；另一方面，职权机关进行刑事诉讼必须依靠群众，脱离了人民群众的司法是蛮横专断的，当事人也不可能服判息诉，更谈不上让人民群众在每个人案中感受到公平正义。因此，如何寻找司法与民意之间的平衡点，进而实现两者的良性互动是当下需要直面的问题。

司法是理性的，因此，进入司法的民意也必须是理性的。司法对民意必须有一个认知、筛选、过滤和转化的过程，有一个去伪存真、去粗取精的认识和吸收过程。为此，应当妥善处理好以下关系：第一，妥善处理非理性的大众情绪与民意的关系，民意既可以反映在大众情绪之中，又可能为大众情绪所遮蔽。第二，妥善处理当事人意愿与民意的关系，不能简单地将当事人的诉求等同于人民群众的意愿。第三，妥善处理凝固的法律与动态的民意的

① 杨凯：《张扣扣案折射出：公共法律服务有多重要？》（原标题是：《从张扣扣案看加快推进公共法律服务体系建设的重要性和紧迫性》），载“桂客留言”微信公众号，2019年7月23日推送。

② 孙笑侠、熊静波：《判决与民意——兼比较考察中美法官如何对待民意》，载《政法论坛》，2005年第5期。

关系，司法可以与时俱进地对法条进行新诠释，赋予其更加符合时代要求的新内涵。第四，妥善处理法律中的一般正义与个案中的个别正义的关系，在法官将一般正义转化为个别正义的过程中，可能需要借助民意，积极运用民意的导向作用。①

另外，媒体对案件的报道应当坚守客观、真实的底线，承担相应的社会责任。早在本案刚刚发生的时候，就有媒体在事实不清的情况下，简单地将此案定性为“为母复仇”，这一偏颇说法一时成为主流观点，并在一定程度上误导了舆论，致使大量民众将张扣扣杀害王家父子的行为视为为母复仇的侠义之举，请求法院能够刀下留人。② 作为一例轰动全国的案件，张扣扣案件本来可以用来普及法律知识，让人们认识到血亲复仇在现代法治社会的绝对禁止性，但却事与愿违。申言之，在互联网时代下，新媒体的快速发展为公民行使知情权、言论自由权、监督权等权利提供了更多的渠道和方式，但是，不真实的媒体报道同样会阻碍公民行使上述权利。因此，媒体在对刑事案件特别是社会影响重大的热点案件进行报道时，应当加强职业自律，力争报道的客观公正性，不能为了吸引注意力故意歪曲事实，对于报道和评论应当相分离。对于故意歪曲、编造事实的，应当处罚相关媒体和直接责任人员。③

四、结语

在信息化时代，不断涌现的重大敏感案件已逐渐成为一种常态，从聊城于欢案到昆山反杀案，再到陕西张扣扣案，公众对于个案的聚焦度越来越高，也尝试通过网络等各种渠道表达自己对案件的看法乃至对整个司法制度的认识，在此过程中，民意与司法呈现出和谐与冲突的双重面相。而张扣扣被执行死刑的结局，无疑为公众上了一堂法治教育课。私力复仇的时代早已

① 孔祥俊：《从司法的属性看审判与民意的关系》，载《法律适用》，2010 年第 12 期。

② 叶泉：《愿类似悲剧不再发生》，载《法制日报》，2019 年 7 月 19 日，第 1 版、第 3 版。

③ 胡铭：《转型社会刑事司法中的媒体要素》，载《政法论坛》，2011 年第 1 期。

逝去，在现代法治社会中，理应通过法律来定纷止争，通过司法来主持公道，公民个体绝非“替天行道”的法官。[①]一言以蔽之，张扣扣的悲惨遭遇令人唏嘘，但是，同情归同情，法律归法律，悲惨遭遇或情有可原，不足以成为免罪或减刑的正当理由。张扣扣案件虽已尘埃落定，但此案带给我们的反思远未停止，如何避免张扣扣式的悲剧再次上演是我们每个人应该深思的问题。

（郭丰璐）

① 欧阳晨雨：《让司法正义消除人间戾气》，载《湘声报》，2019 年 7 月 27 日，第 4 版。

法不能向不法让步

——河北涞源反杀案

引言

2018年7月11日夜晚，河北省保定市涞源县发生王磊持凶器翻墙私闯王晓菲家行凶被反杀一案。警方介入后，王晓菲被取保候审，其父母王新元、赵印芝因涉嫌故意杀人罪被羁押在看守所内。其间，涞源县检方曾以当事人“正当防卫”为由，向涞源县公安局发出变更强制措施建议，但该意见未被采纳。对此，舆论普遍认为王晓菲一家属于正当防卫。在各方努力下案件相继迎来转机，涞源县警方作出决定，不追究王晓菲刑事责任。随后，涞源县人民检察院于2019年3月3日经依法审查，认定王新元及其妻子赵印芝的行为属于正当防卫，决定对王新元、赵印芝不起诉。保定市人民检察院就案件情况发出检方通报。这是一则公众等待已久的通报，不少网友发出了“正义不会迟到”“这就对了嘛”的感叹。“不起诉”三个字看似简单，却来得并不容易。此案关注度高，也是因为这份深得人心的认定结果的出炉，经历了一个跌宕起伏的纠偏过程。当天上午，王新元走出看守所，时隔八个月后一家人再次团聚，“涞源反杀案”终于迎来众望所归的结局。

2019年3月27日，王新元一家向涞源县检方、警方提出共计104万元的国家赔偿申请，并要求对相关责任人追责，但不久后又放弃。这起广为社会关注的“涞源反杀案”终于尘埃落定。该案继“昆山反杀案”“丽江反杀案”等案件之后，再一次将“反杀”这一极易挑动情绪的词语带入公众视线。案情曝光后，该案件本身的恶劣程度以及“正当防卫”的标签，让公众普遍同情和认同防卫者的行为。[①] 尤其在“昆山反杀案”被认定为正当防卫、“两高”发文明确界限标准的背景下，该案如何处置被舆论认为是检验正当防卫司法实践的又一块“试金石”。

一、案情回顾

（一）案件前因，死亡纠缠威胁

21 岁的王晓菲是一名大二学生，家里是当地的贫困户，父亲王新元干活受伤致残，哥哥王欢因车祸落下病根无法再干重体力活。母亲赵印芝不得不去北京打工维持一家生计。2018 年 1 月寒假期间，王晓菲来到母亲打工的餐馆做服务员，并认识了该餐厅的 26 岁服务员王磊（即本案中的死者），而这也是后续一连串噩梦般事件的起点。

2018 年 4 月 28 日，王晓菲打算在五一假期前夕到北京看望母亲赵印芝，而王磊则借机对其表白，但遭到王晓菲拒绝。次日下午，王磊拦住正要回到住处的王晓菲，拿走其手机和钱包，不断纠缠王晓菲，强行不让其回去，并于第二天凌晨 1 时许，将王晓菲带到一个地处偏僻的停车场实施猥亵。直至凌晨 4 时，王晓菲的母亲和同事才找到她。惊吓之余的王晓菲只希望母亲带其回涞源老家，因为对她来说，家是一个安全区域。

2018 年 5 月 1 日，王磊通过餐厅同事了解到王晓菲老家的地址后，锲而不舍地追踪到其涞源家中要求见面，后被王晓菲的家人送到乌龙沟派出所（河北省保定市涞源县乌龙沟乡），警方对双方进行了调解。在随后的 5 月至 6 月期间，王磊采取携带甩棍、刀具上门滋扰；以自杀相威胁，发送含有死亡威胁内容的手机短信，扬言要杀王晓菲兄妹；并拨打恐吓电话，表示下次来的时候就是王晓菲全家的死期等方式，他还先后六次到王晓菲家中、学校等地对王晓菲及其家人不断进行骚扰、威胁。王晓菲就读的学校专门制定了

① 王千玉：《政法机关舆情应对经验榜、警示榜》，载法制网，2020 年 1 月 15 日；http：//www.legaldaily.com.cn/The_analysis_of_public_opinion/content/2020-01/15/content_8104932.htm，2020 年 8 月 3 日访问。

应急预案防范王磊。王晓菲及家人先后躲避到县城宾馆、亲戚家居住，并向涞源县、张家口市、北京市等地公安机关报警，公安机关多次出警，对王磊训诫无效。2018 年 6 月底，王晓菲的家人借来两条狗护院，在院中安装了监控设备，在卧室放置了铁锹、菜刀、木棍等，并让王晓菲不定期更换卧室予以防范。

被王磊骚扰时，王晓菲的哥哥王欢问警察道："他要是打俺们，俺们失手打了他，这怎么办？"民警不解道："打人家干吗？"王欢说："他打咱们，咱们不还手呗？"结果，一语成谶。王磊在频繁骚扰后，突然消失了数日，王晓菲及其家人以为终于摆脱了王磊的纠缠，却不知，真正的噩梦就要来临了。

（二）噩梦降临，施暴者被反杀

2018 年 7 月 11 日 17 时许，王磊到达涞源县城，购买了两把水果刀和霹雳手套，预约了一辆小轿车，并于当晚乘预约车到王晓菲家。23 时许，王磊携带两把水果刀、甩棍翻墙进入王晓菲家院中，引起护院的狗叫。王新元在住房内见王磊持凶器进入院中，即让王晓菲报警，并拿铁锹冲出住房，与王磊打斗。王磊用水果刀（刀身长 11cm、宽 2.4cm）划伤王新元手臂。随后，赵印芝持菜刀跑出住房加入打斗，王磊用甩棍（金属材质、全长 51.4cm）击打赵印芝头部、手部，赵印芝手中菜刀被打掉。此时王晓菲也从住房内拿出菜刀跑到院中，王磊见到后冲向王晓菲，王晓菲转身往回跑，王磊在后追赶。王新元、赵印芝为保护王晓菲追打王磊，三人扭打在一起。王晓菲上前拉拽，被王磊划伤腹部。王磊用右臂勒住王晓菲脖子，王新元、赵印芝急忙冲上去，赵印芝上前拉拽王磊，王新元用铁锹从后面猛击王磊。王磊勒着王晓菲脖子躲闪并将王晓菲拉倒在地，王晓菲挣脱起身后回屋拿出菜刀，向王磊砍去。其间，王晓菲回屋用手机报警两次。王新元、赵印芝继续持木棍、菜刀与王磊对打，王磊倒地后两次欲起身。王新元、赵印芝担心其起身实施侵害，就连续先后用菜刀、木棍击打王磊，直至王磊不再动弹。事后，王新元、赵印芝、王晓菲三人在院中等待警察到来。[①] 经鉴定，王磊头面部、枕

① 李晓磊：《河北涞源"反杀案"始末》，载《民主与法制时报》，2019 年第 1 期。

部、颈部、双肩及双臂多处受伤，符合颅脑损伤合并失血性休克死亡；王新元胸部、双臂多处受刺伤、划伤，伤情属于轻伤二级；赵印芝头部、手部受伤，王晓菲腹部受伤，均属轻微伤。

2018年7月12日，涞源县公安局对此立案侦查。赵印芝、王晓菲被刑事拘留；7月15日，王新元被刑事拘留。8月18日，王新元、赵印芝被涞源县人民检察院批准逮捕，分别羁押于涞源县看守所和保定市看守所，同日，王晓菲被取保候审。

（三）法外干预，警方执意羁押

案件发生后，邓庄村民无不愤怒。村委会称，王新元是村中建档立卡户，“自身残疾，家庭困难，在我村人缘极好，从未与人发生口角，没有任何前科，是位老实守法之人”。他们恳请司法部门，对王新元一家从轻处理。2018年9月7日，邓家庄村委会给涞源县人民检察院开具《证明》，证明王晓菲一家老实本分人缘好，而王磊则经常带刀游荡在村内。

该案进入司法程序后，警方和检方出现过不同意见，检方曾两次退侦。涞源县人民检察院的观点是，为保护女儿王晓菲，打斗中赵印芝和王新元在受伤的情况下将王磊打死，“王晓菲一家长期遭受不法侵害，一家人不能正常生产生活，且事发当晚，一家三口人的生命健康受到严重威胁，用其他方法不足以阻止生命安全受到的危险”，“赵印芝、王新元为保护一家三口人的生命安全杀死王磊，实属无奈，其行为具有《刑法》规定的正当防卫性质。”检方透露，建议警方对赵印芝变更强制措施。但涞源县公安局未采纳检方建议，于2018年9月18日对涞源县人民检察院发出的对赵印芝变更强制措施（予以释放）建议书①作出回应。警方认为：“王磊受伤倒地后，赵印芝在未确认王磊是否死亡的情况下，持菜刀连续数刀砍王磊颈部，主观上对自己伤害他人身体的行为持放任态度，具有伤害故意，可能判处有期徒刑以上刑罚。”②警方还表示：“案发时其手段较为残忍，不计后果，这说明赵印芝长

① 河北省涞源县人民检察院涞检监所羁审建〔2018〕1号《对犯罪嫌疑人、被告人变更强制措施（予以释放）建议书》。

② 涞源县公安局《关于县人民检察院检察建议的回复》。

期受到受害人滋扰、心中存满仇恨，家庭突遭变故，是否会心生报复社会之心无法排除，因此无法保证其脱离羁押后不致发生社会危害性。”另外，涞源县公安局认为，王晓菲已经被取保候审，如果变更赵印芝的强制措施，容易导致与其女串供，妨害侦查。同时，赵印芝情绪不稳定，不排除有自杀倾向。所以，2018 年 10 月 17 日，涞源县公安局将此案移交审查起诉时，仍坚持“犯罪嫌疑人王新元、赵印芝、王晓菲的行为已触犯《刑法》，涉嫌故意杀人罪”。

毋庸置疑，该案的争议焦点是：王晓菲及其父母的行为是否属于正当防卫。此后，殷清利、赵鹏、王文广律师代理了该案，分别担任王新元、赵印芝和王晓菲的律师。三位律师均认为，王晓菲一家人的行为属于正当防卫，不负刑事责任。其中，殷清利律师曾担任过“山东辱母杀人案”于欢二审的辩护人，对正当防卫的法律适用更具经验。

2019 年 1 月 18 日，红星新闻报道了这起案件《男子屡次骚扰女大学生还持刀入室行凶，遭一家三口合力反杀》，随后各媒体转发这一报道，引发社会关注。最高人民检察院和最高人民法院要求保定市政法委指导相关单位依法办案。保定市政法委于 1 月 21 日介入指导保定市警方、检方及涞源县警方、检方审查该案。同日，涞源县人民检察院相关工作人员也表示该案已由保定市人民检察院启动审查程序。2019 年 2 月 24 日，涞源县公安局决定不追究王晓菲的刑事责任[①]，解除对其的取保候审强制措施，而其父母王新元和赵印芝仍然被刑事羁押。

（四）一波三折，检方助正义归位

随着检方、律师与媒体的不断努力，该案开始出现转机。2019 年 3 月 3 日，涞源县人民检察院对王新元和赵印芝作出不起诉决定[②]。当天，检方通知王新元能走的时候，他刚吃过早饭，开始不敢相信，直到有人给其办手续，走出看守所后，他才开始无法控制自己，大声哭了起来。赵印芝也是

① 涞源县公安局涞公（刑）解保字（2019）0003 号解除取保候审决定书。

② 涞源县人民检察院涞检公诉刑不诉（2019）1 号、2 号不起诉决定书。

如此。王晓菲见到父母，跪到地上，一家人相拥落泪。毕竟这场团圆来之不易、意义重大。

最终，检察机关认为，王磊携带凶器夜晚闯入他人住宅实施伤害的行为，属于《刑法》规定的暴力侵害行为，“本案中王新元、赵印芝、王晓菲的行为属于特殊防卫，对王磊的暴力侵害行为可以采取无限防卫，不负刑事责任”。虽然王新元、赵印芝、王晓菲分别向相关部门提出了国家赔偿申请，但随后王新元、赵印芝夫妇发出《特别申明》，表示全家人决定不再申请国家赔偿，同时也没有任何其他要求。其一家人在历经风浪后只想团团圆圆、平平静静地生活。至此，这起备受关注的“涞源反杀案”才终于落下了帷幕。

二、法理研析

（一）正当防卫条款的法律适用问题

本案的争议焦点在于厘清正当防卫条款法律的适用边界，具言之，即防卫人的行为最终应该被定性为防卫过当，还是特殊正当防卫。由于在司法实践中对正当防卫的适用过于严苛，导致适用《刑法》第二十条第三款特殊防卫[①]的情况极为少见，该条款逐渐沦为“休眠条款”，[②]但“昆山反杀案”等典型案件的发生使该条款逐渐回归人们的视野中。

根据《刑法》规定，只有同时具备下列五个条件，才能构成正当防卫：一是起因条件：不法侵害现实存在；二是主观条件：具有防卫意识；三是时间条件：不法侵害正在进行；四是对象条件：针对侵害人防卫；五是限度条件：没有超过必要限度。在司法实践中，容易引起争议的要属界定正当防卫和防卫过当。防卫行为必须在必要合理的限度内进行，否则就构成防卫过

① 《刑法》第二十条第三款规定：“对正在进行行凶、杀人、抢劫、强奸、绑架以及其他严重危及人身安全的暴力犯罪，采取防卫行为，造成不法侵害人伤亡的，不属于防卫过当，不负刑事责任。”

② 王勉予：《避免〈刑法〉第二十条第三款成为“休眠条款”——从最高检第十二批指导性案例看“河北涞源反杀案”》，载《吉林广播电视大学学报》，2019 年第 5 期。

当。对于不法侵害实行正当防卫，如果用轻于或相当于不法侵害的防卫强度不足以有效地制止不法侵害的，可以采取大于不法侵害的防卫强度。当然，如果大于不法侵害的防卫强度不是为制止不法侵害所必需的，那就是超过了正当防卫的必要限度。对于是否超过必要限度的判断，中国社会科学院法学研究所研究员熊秋红认为，“应该采取综合判断、动态考虑的方式，考虑的因素包括不法侵害的缓急、强度及其类型，防卫手段与强度的必要性，所防卫的利益等，不能简单化处理。”①

“涞源反杀案”一经报道后持续发酵，针对是否防卫过当这一舆论争议焦点，中国人民大学法学院副教授陈璇认为：“无论是从王磊进入的地点（即住宅这一公民人身安全的最后屏障），还是从他所采取的袭击方式（即携带凶器针对他人要害部位进行伤害）来看，其行为已经构成对王晓菲一家三口住宅安宁和人身安全的严重威胁。在这一阶段，王晓菲用菜刀刀背击打王磊背部、王新元用木棍和铁锹击打王磊并用菜刀劈砍王磊头颈部的行为，完全符合《刑法》第二十条第三款有关特殊防卫权的规定，并未超过防卫限度。退一步说，即便认为赵印芝的刀砍行为已经明显超过了必要限度，也应当对其适用《刑法》第二十条第三款关于防卫过当‘应当减轻或者免除处罚’的规定。”②

本案中的防卫行为因其复杂性，需要细化分析进而加以界定：第一，防卫起因是关键，不法侵害持续潜存。本案中，从公安机关的表述来看，王磊“受伤倒地后”的“时机”是案件性质认定的分水岭。警方明显倾向于王磊倒地后，不法侵害即停止，防卫人继而采取的追砍行为系故意杀人的逻辑。结合案发时的情形，王磊身高 1.8 米，身材魁梧，在受伤倒地之前，对王晓菲一家人已经造成了严重的身体伤害，系三人合力才将其打倒在地。而王磊是否会再次起身行凶具有不确定性，如果他起身继续施暴，以当时三名防卫人的生理状况，是否还有能力自保？防卫人是否可以在警方出警前把王磊捆起

① 刘亚：《正当防卫条款：从沉睡到苏醒》，载《检察日报》，2020 年 6 月 10 日第 5 版。

② 刑法专题编辑组：《涞源反杀案始末梳理》，北大法律信息网，2019 年 1 月 30 日；https://mp.weixin.qq.com/s/_RNa2js3YoVvqUnu_WV2vg，2020 年 8 月 10 日访问。

来，或者去叫人帮忙？这就牵扯到“现场情境”了，案发时间是23点左右，案发地点是邓家庄村的偏僻角落，加之王磊倒地时，3名防卫人均已受伤。在这种人口密度很小的地点和能见度很低的深夜时段，以及3人惊恐不已、遍体鳞伤的身心状态下，能否苛求他们在第一时间作出最精准、最理性的判断，并在有限的时间和条件下，思考如何行使无限防卫权？[①]换言之，对3名防卫人而言，那一刻抉择的不是对与错，不是守法与违法，而是生存与死亡。从法律设计正当防卫的立法目的上来说，应当优先保护防卫人的利益，即只要看到现实危险的急迫性，防卫人就可以行使防卫权，阻止危险后果的发生。在这种情况下，不能要求防卫人真的等到不法侵害人再次行凶之时再进行防卫，而是应当允许防卫人在感受到危险已经紧逼之时就可以采取相应的防卫措施。对于本案中的三名防卫人来说，整个不法侵害尚未结束，其防卫行为具备正当防卫前提，符合特殊防卫条件。

第二，防卫限度适当放宽，克服唯结果论倾向。正当防卫条款的立法目的有二：一是鼓励公民采取积极的行为制止不法侵害行为；二是彰显对意欲实施不法侵害行为人的威吓效果。如果对正当防卫条款适用的结果造成了公民不敢采取积极的行为制止不法侵害行为，没有对意欲实施不法侵害行为的人产生威吓效果，正当防卫条款便未能发挥其应有的作用。1997年《刑法》对旧刑法的正当防卫条款作出重大修改。一是提高了防卫过当的认定标准，只有在防卫行为“明显”超过必要限度并且造成“重大”损害的情况下，才成立防卫过当；二是增设了《刑法》第二十条第三款的特殊防卫权，该法第二十条第三款是防卫限度判断的注意规定，而非法律拟制，所谓“特殊防卫权”并不“特殊”，“无限防卫权”也非“无限”。这两处修订，均鲜明体现出立法者试图放宽防卫限度、克服“唯结果论”倾向的宗旨。[②]本案中，王新元经鉴定为轻伤二级，赵印芝、王晓菲均属轻微伤，而王磊因受伤过重死亡，但

① 赵云：《一次检验正当防卫界限的“补刀”》，载《中国青年报》冰点周刊微信公众号，2019年1月22日推送。

② 赵丽：《涞源反杀案三大焦点问题解读》，载法制网，2019年1月28日；http: //www.legaldaily.com.cn/fxjy/content/2019-01/28/content_7757609.htm，2020年8月5日访问。

却不能影响王晓菲一家人正当防卫的成立。事实上，不法侵害包括实害行为和危险行为，如果仅仅以损害结果评价是否防卫超过必要限度，容易忽略不法侵害人的危险行为。侵害人王磊身材魁梧，持水果刀及甩棍与王晓菲一家三人打斗，这种行为对王晓菲及一家三人构成了严重的生命威胁，面对王磊的这种危险行为，王晓菲一家有权利进行无限防卫。

（二）羁押必要性审查的程序运用问题

由于在 2018 年 7 月 11 日案发时王磊受伤致死，王晓菲及其父母遂被以涉嫌“故意杀人罪”收押。后涞源县人民检察院认为王晓菲无社会危险性，不符合逮捕条件，对其作出不批准逮捕决定。8 月 18 日，公安机关为王晓菲办理了取保候审手续。也就是说，从案发到办理取保候审，王晓菲仍被羁押了《刑事诉讼法》规定的批准逮捕前最长的期限 37 天，又在六个多月后，王晓菲收到了《解除取保候审决定书》，警方告知其本人的案件终止侦查。根据《公安机关办理刑事案件程序规定》第一百八十四条第二款规定①，王晓菲被解除取保候审强制措施，代表着她的案件被撤销或终止，属于依法不应当追究刑事责任的范围，易言之，即王晓菲在本案中无罪。

不过，根据警方的决定书，其上面载明的是“因发现不应当追究犯罪嫌疑人刑事责任”②，才依照《刑事诉讼法》的规定解除对王晓菲的取保候审强制措施。那么，针对这样一起正当防卫类型的案件，缘何要等到七个多月后才发现不应当追究王晓菲的刑事责任？当初将王晓菲列为犯罪嫌疑人，羁押一个多月是否过于轻率？实际上，案发后不久，对于本案属于防卫的性质，涞源检察机关已有认知。在王新元、赵印芝被羁押期间，涞源县人民检察院于 2018 年 9 月 20 日向涞源县公安局发出《羁押必要性审查结果通知书》，认为赵印芝没有继续羁押的必要性，其具有正当防卫性质，变更强制措施不至

---

①《公安机关办理刑事案件程序规定》第一百八十四条第二款：公安机关决定撤销案件或者对犯罪嫌疑人终止侦查时，原犯罪嫌疑人在押的，应当立即释放，发给释放证明书。原犯罪嫌疑人被逮捕的，应当通知原批准逮捕的人民检察院。对原犯罪嫌疑人采取其他强制措施的，应当立即解除强制措施；需要行政处理的，依法予以处理或者移交有关部门。

② 涞源县公安局涞公（刑）解保字（2019）0003 号解除取保候审决定书。

于发生社会危害性和人身危险性，继而向涞源县公安局发出变更强制措施的建议书。对此，涞源县公安局并未采纳涞源县人民检察院建议[①]，认为王磊受伤倒地后，赵印芝在未确认王磊是否死亡的情况下，持菜刀连续数刀砍王磊颈部，主观上对自己伤害他人身体的行为持放任态度，具有伤害的故意，可能判处有期徒刑以上刑罚。2018 年 10 月 17 日，涞源县公安机关向检察机关移交证据材料，仍以王新元、赵印芝、王晓菲三人涉嫌故意杀人罪提交起诉意见书。

本案发生时，王晓菲最多也只是引发案件的一个因素（即拒绝王某的纠缠），且在王磊被砍死之前，她已经被其母赵印芝拽回屋内，不难判断出其所作所为属于《刑法》规定的“情节显著轻微危害不大”的非罪行为，并无必要予以羁押，以致其一家人“全家覆没”。无论如何，在这起案件中，公安机关对王晓菲及其父母实施的强制措施值得反思。事实证明，当前司法实践中对于正当防卫的成立标准依然要求比较严苛，一旦发生后果比较严重的防卫型案件，侦查机关最先的反应就是对相关人员一并采取强制措施，先行羁押。这种观念和做法务必转变。

本案中，公安机关对王晓菲解除取保候审强制措施，无疑是一种正确的决定，尽管这种决定可以来得更早些。多年来，一些刑事案件中存在的非正常羁押现象一直备受诟病，2012 年《刑事诉讼法》增加规定了羁押的必要性审查制度，就是以保障人权为目标，防止随意羁押，滥施羁押权，这里的人权既包括犯罪嫌疑人的人身权利，也包括无辜者的人权。最高人民检察院制定下发的《2018—2022 年检察改革工作规划》[②]也明确提出，要完善审查逮捕工作机制，完善羁押必要性审查制度，减少不必要的羁押。对于公民实施防卫、见义勇为引发的涉刑案件，更应当慎用羁押的强制措施。

---

① 哲刚：《“涞源反杀案”：除了正当防卫，还当反思滥用羁押》，载澎湃新闻网，2019 年 2 月 27 日；https：//www.thepaper.cn/newsDetail_forward_3046850，2020 年 8 月 8 日访问。

② 最高人民检察院：《2018—2022 年检察改革工作规划》，载正义网，2019 年 2 月 12 日；http：//news.jcrb.com/jxsw/201902/t20190212_1960232.html，2020 年 8 月 12 日访问。

（三）指导性案例对不起诉决定的指导作用

本案中检方认为，王磊携带凶器夜晚闯入他人住宅实施伤害，属于《刑法》规定的暴力侵害行为；王新元、赵印芝、王晓菲三人的行为系防卫行为；王磊倒地后，王新元、赵印芝当时不能确定王磊是否已被制服，担心其会再次实施不法侵害行为，又继续用菜刀、木棍进行击打，与之前的防卫行为有紧密连续性，属于一体化的防卫行为；根据案发时现场环境，不能对王新元、赵印芝防卫行为的强度过于苛求。涞源县人民检察院依据《刑法》第二十条第三款和《刑事诉讼法》第一百七十七条第一款[①]之规定，决定对王新元、赵印芝不起诉。该不起诉决定是典型的法定不起诉，即无罪不起诉，也是《人民检察院刑事诉讼规则（试行）》第四百零一条第一款[②]之规定的应有之义。

不起诉决定依据的是对案件的精准定性。“徒法不足以自行。”2018 年 12 月，最高人民检察院发布的涉及正当防卫或防卫过当的第十二批指导性案例，阐释了正当防卫的界限和把握标准，明确了正当防卫《刑法》条文中的若干涵义，解决了司法实践认定的部分难点。不妨将本案与最高人民检察院发布的指导性案例进行反向与正向比较，有助于清晰界定本案的性质归属：

在第 46 号案例“朱凤山防卫过当案”中，最高人民检察院发布的要旨是：“在民间矛盾激化过程中，对正在进行的非法侵入住宅、轻微人身侵害行为，可以进行正当防卫，但防卫行为的强度不具有必要性并致不法侵害人重伤、死亡的，属于明显超过必要限度造成重大损害，应当负刑事责任，但是应当减轻或者免除处罚。”[③]朱凤山案中，被防卫者齐某非法侵入朱某住宅，实施了投掷瓦片、撕扯的行为，但这些行为整体仍在闹事的范围内，对朱凤山人身权利的侵犯尚属轻微，没有明显危及朱凤山及其家人的健康或生

---

① 《刑事诉讼法》第一百七十七条第一款：犯罪嫌疑人没有犯罪事实，或者有本法第十六条规定的情形之一的，人民检察院应当作出不起诉决定。

② 《人民检察院刑事诉讼规则（试行）》第四百零一条第一款：人民检察院对于公安机关移送审查起诉的案件，发现犯罪嫌疑人没有犯罪事实，或者符合《刑事诉讼法》第十五条规定的情形之一的，经检察长或者检察委员会决定，应当作出不起诉决定。

③ 徐日丹：《最高人民检察院第十二批指导性案例》，载《检察日报》，2018 年 12 月 20 日第 3 版。

命。这与本案死亡威胁、复仇讨说法的性质有很大区别。朱凤山“在撕扯过程中直接捅刺齐某的要害部位，最终造成了齐某伤重死亡的重大损害。综合来看，朱凤山的防卫行为，在防卫措施的强度上不具有必要性，在防卫结果与所保护的权利对比上也相差悬殊，应当认定为明显超过必要限度造成重大损害，属于防卫过当”。朱凤山面对手无凶器的齐某，有报警等待、周旋、和解很多种选择，却选择了最极端的做法造成不必要的损害。但本案中，正在进行的是非法侵入住宅、严重暴力危及人身安全的侵害行为，王晓菲及其父母面对的是手持甩棍刀具的青年男子王磊，在自己退无可退的家里进行最底线的反击，系人之本能，也符合立法者设定特殊防卫的立法本意，构成正当防卫。

本案与第47号案例“于海明正当防卫案”不同之处在于，于海明案中涉事双方在案发前素不相识，只是在大街上因为交通原因临时发生争执，而本案发生前，涉事双方已经有过多次交涉且相互均有怨气，王晓菲一家更是受到王磊的死亡纠缠威胁。于海明案中死者的致命伤是在于海明反击刘某的第一刀时造成的，而本案中死者的致命伤是在王磊倒地后被“追砍”所受的刀伤。这的确让本案变得复杂，不免让人们对王新元、赵印芝夫妇“追砍”行为的动机产生怀疑，到底是防卫，还是复仇。但无论王新元、赵印芝的反击出于何种动机，均不影响其在紧迫情况下反击行为的定性。我们不能要求一对普通的农村夫妇在当时失魂落魄的情况下还能冷静地刚好制止不法侵害的行为，这无疑强人所难，否则特殊防卫的立法目的也将付之阙如。最高人民检察院针对于海明案发布的要旨是:“对于犯罪故意的具体内容虽不确定，但足以严重危及人身安全的暴力侵害行为，应当认定为《刑法》第二十条第三款规定的‘行凶’。行凶已经造成严重危及人身安全的紧迫危险，即使没有发生严重的实害后果，也不影响正当防卫的成立。”[①] 据此，虽然本案与于海明案在防卫行为的时间节点上不同，但其当事人所处的紧迫危险程度相当。这里需要注意的是，考量防卫人的行为是否超出防卫的必要限度，以及判断

① 徐日丹:《最高人民检察院第十二批指导性案例》，载《检察日报》，2018年12月20日第3版。

侵害是否停止，要从人们的日常生活经验出发，并且要根据当事人当时所处的状况来进行分析判断。[①]“涞源反杀案”中，侵害人王磊虽然倒地，但对于惊恐中的王新元、赵印芝来说，从他们的日常生活经验出发，必然会担心王磊再次起身，或者再利用其他工具继续进行侵害行为。故而可见，本案中防卫人在侵害人倒地前后的“防卫行为有紧密连续性，属于一体化的防卫行为”[②]，始终处在防卫的必要限度内。

检察机关对“涞源反杀案”的精准定性具有典型示范意义。办案中，检察机关将案件两次退回公安机关补充侦查，要求公安机关恢复现场监控视频。最高人民检察院第二检察厅组织指导河北省三级检察机关办案人员共同审查证据、研究论证案件定性。“当时还专门邀请了熟悉当地方言的民警对视频中的声音进行甄别。”最高人民检察院第二检察厅有关负责人说，为确保办案质量，办案人员坚持以证据为核心，全面审查了案件证据材料，包括审查言词证据、物证和鉴定意见等，特别是对经公安机关两次补充侦查移送的现场监控视频等证据进行了细致审查，最终认定两名被告人的行为属于正当防卫，并作出不起诉决定。

（四）国家赔偿与相关人员责任追究问题

2019 年 3 月 27 日，“涞源反杀案”当事人王新元、赵印芝及王晓菲，分别委托律师殷清利、赵鹏、王文广，依法向相关部门提出国家赔偿申请。其中，王新元、赵印芝经检察机关批捕并被错误羁押，两人向涞源县人民检察院提出国家赔偿。王晓菲系被公安拘留后取保，检察机关未批捕，其国家赔偿向涞源县公安局提出。与此同时，三人在国家赔偿申请中，均提出了希望对本案相关责任人员进行追究或移送监察部门处理的意见。王新元的代理律师殷清利解释称，在《人民检察院刑事诉讼规则〈试行〉》第十章审查逮捕

---

① 单镜宇：《涞源反杀案续：女大学生无罪！其父母仍在羁押状态！如何厘定正当防卫边界？》，载央视网，2019 年 2 月 26 日；https：//mp.weixin.qq.com/s/Pr7n5w1iBoQd1L-Fvh89Kw，2020 年 8 月 11 日访问。

② 检查公告：《关于对“涞源反杀案”决定不起诉有关情况的通报》，载河北省保定市人民检察院网，2019 年 3 月 3 日；http：//www.baoding.jcy.gov.cn/jcgg/201903/t20190303_2502139.shtml，2020 年 8 月 3 日访问。

（第三百零三条至第三百二十六条）中，详细规定了审查批准逮捕的程序要求。“在该案中，涞源县人民检察院侦查监督部门的办案人员，存在明显的失职行为，在申请人明显属于典型正当防卫的情况下，办案人员竟在一开始将这起案件定性为故意杀人，这是我们不能接受的。”涞源县人民检察院与涞源县公安局分别接受了三人的赔偿申请，据其《国家赔偿申请书》显示，王新元、赵印芝及王晓菲，因分别被羁押232天、235天、38天，请求相关赔偿义务机关支付侵犯公民人身自由的赔偿金，按每日284.74元标准，三人此项数额共计143793.7元。另外，三人请求相关赔偿义务机关依法支付精神损害抚慰金各30万元，共计90万元。但随后，王新元夫妇又于4月3日决定放弃申请国家赔偿。

根据《国家赔偿法》第十七条第一款第一项、第二项[①]，本案中王晓菲被错误刑事拘留，王新元、赵印芝被错误逮捕，符合申请国家赔偿的条件。虽然，从最近几年的司法实践来看，在一些国家赔偿案件中，这一比例也有不同程度的突破，这也体现出公民的自由和权利越来越受到法治的尊重。但根据最高人民法院的相关司法解释，精神损害抚慰金的具体数额原则上不超过人身自由赔偿金、生命健康赔偿金总额的35%，最低不少于1000元。据此，参照其他类似国家赔偿案件的精神损害抚慰金数额，综合本案各种因素，王晓菲一家提出的每人30万元的精神抚慰金，已经超过了“抚慰”的性质，即使未放弃也难以得到支持；但以不超过人身自由赔偿金的35%的标准支付，又显然过低，与其精神严重受损的事实不相适应。因而，若王晓菲一家坚持申请国家赔偿，则精神损害抚慰金应该在前述一高一低之间确定一个数额较为妥当。[②]

①《国家赔偿法》第十七条第一款第一项、第二项：行使侦查、检察、审判职权的机关以及看守所、监狱管理机关及其工作人员在行使职权时有下列侵犯人身权情形之一的，受害人有取得赔偿的权利：（一）违反《刑事诉讼法》的规定对公民采取拘留措施的，或者依照《刑事诉讼法》规定的条件和程序对公民采取拘留措施，但是拘留时间超过《刑事诉讼法》规定的时限，其后决定撤销案件、不起诉或者判决宣告无罪终止追究刑事责任的；（二）对公民采取逮捕措施后，决定撤销案件、不起诉或者判决宣告无罪终止追究刑事责任的。

② 马树娟：《国家赔偿赔什么怎么赔》，载《法制日报》，2019年4月3日第5版。

《国家赔偿法》第三十一条明确规定了对相关责任人追责的情形[①]，从媒体报道的内容来看，“涞源反杀案”所涉及的有关公安机关和检察机关的工作人员并无上述法定情形。如果涉案公务人员确实存在上述违法行使职权的行为，依照《国家赔偿法》进行追偿，依据《监察法》进行政务处分，以及构成犯罪依法追究刑事责任都是妥当的。

面对目前司法实践中出现的新形势和新问题，国家赔偿制度需要进一步完善，例如国家赔偿范围有待拓宽，国家赔偿的支付方式也有待优化。更为重要的是，随着社会经济水平的不断提高，国家赔偿的标准和对受害人的精神损害赔偿也应适时调高。

三、反思与启示

（一）进一步健全正当防卫制度

第一，明确正当防卫法律适用的价值取向。保定市检察机关将“涞源反杀案”定性为正当防卫，体现了法律适用明确的价值取向，即将保护受害人的权益置于保护不法侵害人权益之上，以此鼓励公民与违法犯罪行为作斗争，避免司法机关在打击违法犯罪行为时孤军作战，这种价值取向也就是《2019年最高人民检察院工作报告》中所说的“法不能向不法让步”。实际上，正当防卫制度的适用会产生不同的社会效果。如果过于纠缠于防卫是否过当，苛求防卫者，则有利于不法侵害者，对以后公民行使正当防卫权产生消极影响，使其缩手缩脚，不利于弘扬社会正气，反之亦然。法律工作者在分析案件的时候，应该站在当时当下的场景，去考虑不同选择下可能发生的后果，再对当事人的行为进行认定，而不是站在“上帝”视角去苛求防卫者必须做到“点到为止”。当然，价值取向并非一成不变，而应当基于比例原

① 《国家赔偿法》第三十一条：赔偿义务机关赔偿后，应当向有下列情形之一的工作人员追偿部分或者全部赔偿费用：（一）有本法第十七条第四项、第五项规定情形的（即刑讯逼供或者以殴打、虐待等行为或者唆使、放纵他人以殴打、虐待等行为造成公民身体伤害或者死亡的；违法使用武器、警械造成公民身体伤害或者死亡的）；（二）在处理案件中有贪污受贿，徇私舞弊，枉法裁判行为的。对有前款规定情形的责任人员，有关机关应当依法给予处分；构成犯罪的，应当依法追究刑事责任。

则适时调整。[1]当社会上正当防卫权被滥用时，就应当坚持严格的正当防卫界限，防止防卫过当。

第二，正确界定正当防卫的行为属性。正确认定正当防卫依赖于公检法三机关各司其职，切实把好正当防卫制度的适用法律关。公安机关负责对刑事案件进行侦查，完成侦查以后，将案件移送检察机关审查起诉。在公安机关对刑事案件进行侦查的过程中，就涉及对正当防卫的认定。如果公安机关认定犯罪嫌疑人的行为属于正当防卫，公安机关有权直接决定犯罪嫌疑人行为不构成犯罪而作撤案处理。检察机关负责对公安机关移送起诉的案件进行审查，如果认为犯罪嫌疑人行为构成犯罪的，则向人民法院提起公诉；如果认为犯罪嫌疑人行为不构成犯罪的，则作出不起诉的决定。人民法院负责对检察机关提起的刑事案件进行审判。人民法院在对案件审理过程中，如果认定被告人的行为构成正当防卫，可以作出无罪判决；如果认定被告人的行为构成防卫过当，则可以减轻或者免除处罚。由此可见，人民法院对正当防卫或者防卫过当的案件，具有最终认定权。对于正当防卫案件来说，公检法犹如三道防线，经过三个环节的审查，有利于正确认定正当防卫。

第三，摒弃"唯结果论"办案理念，激活"沉睡条款"。正当防卫是公民与生俱来的自然权利。在政府未成立前的自然状态中，人们捍卫自身权利诉诸于以暴制暴的私力救济方式。政府成立后，担负起保护人民生命、财产和自由的职责。然而，政府并不能如影随形地做公民的贴身保镖，因此法律确认公民在受到不法侵害时，有正当防卫的权利。我国《刑法》第二十条对正当防卫和防卫过当进行了规定，但是在司法实践中，由于防卫是否过当的尺度难以把握，对正当防卫制度的适用，要么掌握过严，要么对防卫过当适用过宽。在中国社会科学院法学研究所研究员熊秋红看来，相较于1979年《刑法》，现行《刑法》已经放宽了正当防卫的认定条件，但在司法实践中，仍然存在"唯结果论"现象，导致《刑法》关于特殊防卫的规定一度成为"僵尸"条款。所谓"唯结果论"指的是对于正当防卫是否超过必要界限仅仅依据发

①何玲：《"涞源反杀案"的启示》，载《江苏警官学院学报》，2019年第2期。

生死伤结果就认定防卫过当，这种理念并不利于体现司法的公平正义。“根据有关研究数据显示，在正当防卫争议案件中，司法机关认定正当防卫的不足 10%，绝大部分案件被认定为防卫过当，甚至故意伤害罪或故意杀人罪。正当防卫的立法跟实际情况是不相适应的，这种状况本应通过司法实践得到有效的矫正，但司法过程中，由于过于纠结法律的一些基础性规定，导致在正当防卫的认定上凸显了保守的态度和立场，使正当防卫这项制度没有发挥出应有的作用。[①]公民对耳熟能详的正当防卫将信将疑。正如“涞源反杀案”中，被王磊骚扰时，王晓菲的哥哥曾经问过警察：“他要是打俺们，俺们失手打了他，这怎么办？”这句话表示了对还手正当性的疑虑。

第四，统一正当防卫制度的司法裁判标准。就个案而言，刑事审判法官通过综合判断全案的事实和证据，综合考量案件的前因后果，对法律规范作出合乎情理的解释，是确保正当防卫制度正确适用的基础。诚然，从司法统一的角度上看，则需要通过制定司法解释、发布指导性案例等多种方式在最大程度上统一正当防卫制度的法律适用标准。正当防卫制度法律适用涵盖的问题较多，既涉及价值判断、政策考量等宏观问题，也涉及不法侵害的界定、防卫限度的把握等具体问题。在制定和完善相关司法解释的同时，在统一法律适用标准的形式上可以有所创新，比如采取“指导意见 + 典型案例”的形式就比较便捷、实用。在指导意见作出原则规定的基础上，充分发挥案例针对性强和易于把握的特点，用典型案例指导类似案件的裁判，确立正当防卫制度法律适用“由具体到具体”的参照标准，可以有效规范刑事自由裁量权，确保同类案件的法律适用基本统一、裁判尺度基本相同、处理结果基本一致。[②]2018 年 12 月最高人民检察院将四件关于正当防卫的案例（检例第 45—48 号）作为第十二批指导性案例发布，在“涞源反杀案”中就发挥了效果显著的指导性作用。“涞源反杀案”以其最终处理结果昭示公民：对不法侵害，公民拥有正当防卫权。近期，检察机关对诸如“涞源反杀案”等几个

① 刘亚：《正当防卫条款：从沉睡到苏醒》，载《检察日报》，2020 年 6 月 10 日第 5 版。

② 沈德咏：《我们应当如何适用正当防卫制度》，载《中国检察官》，2018 年第 18 期。

比较典型的案件作出的不起诉决定是非常正面的，对于矫正长期以来在正当防卫方面保守的做法，具有积极的示范效应，意味着以往沉睡的正当防卫条款，开始逐渐苏醒了。

（二）完善羁押必要性审查程序

在当前推进重大疑难案件侦查机关听取检察机关意见建议改革的情势下，“涞源反杀案”中，涞源县警方对于涞源县检方对赵印芝“变更强制措施，没羁押必要性”的检察建议却置若罔闻，并解释为：“我局将赵印芝移送检察院提请逮捕，检察院对羁押必要性进行了严格审查，最终批准逮捕，执行逮捕后案件的调查情况，也不能证实赵印芝不必要羁押。”拿涞源县人民检察院原已批捕作为拒不采纳建议的理由。但刑事诉讼活动本来就是个根据所掌握事实和法律，持续进行动态调整的过程，作为法律监督机关的检察机关负有办案审查、监督之责；而此动态调整过程，既可以包含对侦查机关的否定，也可以包含检察机关的自我否定。[①] 正如立法机关所指出的，“作为逮捕条件的证据条件、罪行条件、社会危险性条件，无一不与逮捕的必要性相关。而这几方面的条件都可能随着诉讼活动的进展发生变化，进而影响到继续羁押的必要性发生变化。”[②]

在 2012 年修法确立继续羁押必要性审查制度之前，《刑事诉讼法》仅对检察机关批准延长羁押期限作出规定，如 1979 年《刑事诉讼法》第九十二条和 1996 年《刑事诉讼法》第一百二十七条。由此可见，2012 年修法之前，立法更关注延长羁押期限的侦查需要，而忽略了检察机关在羁押期限内主动审查继续羁押必要性的现实需要。虽然 2012 年《刑事诉讼法》第九十三条[③] 创设了逮捕后检察机关继续对羁押的必要性进行审查的制度，但没有构建起完善的羁押必要性审查机制。由于缺乏程序规定，也就无法对羁押必要性审

---

① 刘子阳：《公检法流水线式诉讼结构必须改》，载《法制日报》，2016 年 5 月 24 日第 3 版。

② 全国人大常委会法制工作委员会刑法室编：《〈关于修改中华人民共和国刑事诉讼法的决定〉条文说明、立法理由及相关规定》，第 124 页，北京，北京大学出版社，2012 年。

③ 2012 年《刑事诉讼法》第九十三条：犯罪嫌疑人、被告人被逮捕后，人民检察院仍应当对羁押的必要性进行审查。对不需要继续羁押的，应当建议予以释放或者变更强制措施。有关机关应当在 10 日以内将处理情况通知人民检察院。

查实践进行规范与评估。在司法实践中，羁押必要性审查效果不佳，更大程度上缘于检察机关秉持“构罪即捕”的思维定势而难以改变，并非以社会危险性要件作为判断标准，导致羁押必要性审查程序的实际功能极为有限。然而，值得注意的是，“涞源反杀案”却暴露出公安机关侦查案件对于检察机关提出解除、变更强制措施的建议接受比例不高这一司法现状。实践中办案机关接到检察建议却不回应的情况时有发生，这已经成为制约羁押必要性审查制度发挥实效的重要因素之一。[①]检察机关对此多无计可施，导致羁押必要性审查制度的适用效果并不理想。[②]检察引导侦查机制在实践层面仍未有创新性突破。[③]

公安机关审查救济模式具有天然的局限性。具言之，公安机关虽然依职权或依申请应当对逮捕后的羁押进行审查以判断应否解除或者变更，但作为侦查机关难以进行中立审查，导致产生逮捕后“一押到底”的痼疾。因此，强化检察机关在批准逮捕后继续审查羁押必要性的义务是必要的。[④]检察机关对羁押必要性审查后作出的决定应具有绝对的法律效力，公安机关应当执行。检察机关对羁押必要性进行审查后，《刑事诉讼法》规定的是建议权，即“对不需要继续羁押的，应当建议予以释放或者变更强制措施”。据称，规定为“建议”而非强制性要求，主要是从监督角度考虑的。人民检察院提出建议，其他机关必须本着认真负责的态度，对建议的要求及所根据的事实、证据等进行研究和考虑，从而全面就羁押必要性进行审查，及时作出正确决定，并在10日以内将处理结果通知人民检察院。未采纳检察机关建议的，应当说明理由和根据。[⑤]上述解释值得商榷。从审查批准逮捕的权力归属来看，检察机关对继续羁押必要性进行审查后享有的并非建议权，而应是实质意义

① 陈卫东：《羁押必要性审查制度试点研究报告》，载《法学研究》，2018年第2期。

② 卞建林等：《浙江检察机关新刑诉法实施调研报告》，载《国家检察官学院学报》，2014年第3期。

③ 毛江波、顾翠姣：《检察引导侦查的困境与出路》，载《人民检察》，2019年第9期。

④ 刘计划：《我国逮捕制度改革检讨》，载《中国法学》，2019年第5期。

⑤ 全国人大常委会法制工作委员会刑法室编：《〈关于修改中华人民共和国刑事诉讼法的决定〉条文说明、立法理由及相关规定》，第124—125页，北京，北京大学出版社，2012年。

上的决定权，因为批准逮捕权是一项完整的权力。在域外，法官享有的羁押权即是一项完整的权力，包括羁押决定权、变更权、解除权、再羁押权。由此，我国检察机关对继续羁押必要性进行审查后应享有变更或解除逮捕的权力。逮捕必须经检察机关批准，即检察机关享有批准逮捕的权力，却无权变更与解除，这无疑是矛盾的。[①]

最高人民检察院党组书记、检察长张军在2019年4月的“适应新形势新要求，推动检察职能全面协调充分发展”的专题报告中也曾指出：河北涞源案引起广泛关注，检察司法人员的观念被社会推动着往前走。可捕可不捕的不捕、可诉可不诉的不诉、疑罪从无，这样的检察观念必须牢固树立。

（三）强化检方独立行使检察权的责任担当

回顾“福州赵宇案”和“涞源反杀案”，都有一个共同点，就是检察机关连续推翻了公安机关的侦查结果。充分彰显了我国检察机关独立行使检察权的责任担当。在公检法系统中，公安是侦查机关，检察院是监督机关，法院是审判机关。虽然我国法律明文规定公检法三机关在刑事诉讼过程中各司其职、相互配合、相互制约，但是长期司法实践中形成“配合有余、制约不足”的固定办案模式。在以审判为中心的刑事诉讼制度下，必须改革“公安煮饭、检察端饭、法院吃饭”的流水线式诉讼结构和办案模式。[②]因为在这种办案模式中，公安名义上行使侦查权，但在诉讼结构中其实是处于强势地位的。[③]公安机关一旦将案件移送审查起诉，基于司法机关内部的案件考评机制等因素，检察机关通常会接力诉至法院，否则，公安机关的处理结果如果被检察机关改变，就会影响公安机关办案人员的考评绩效。在这种机制的影响下，公安机关、检察机关、审判机关在处理案件时，为了不给他人带来不利后果，就会互相迁就。因此，公安机关移送起诉的案件，检察机关做不起诉难。这极大地影响了各司法部门职能的正常发挥。反映在正当防卫案件的

① 刘计划：《我国逮捕制度改革检讨》，载《中国法学》，2019年第5期。

② 刘子阳：《公检法流水线式诉讼结构必须改》，载《法制日报》，2016年5月24日第3版。

③ 王淑颖：《正当防卫认定的若干问题研究——以河北涞源反杀案为例》，载《法制与社会》，2019年第28期。

处理上，除非公安机关直接认定为正当防卫而撤案，凡是公安机关移送起诉的，检察机关认定正当防卫一般都会受到来自公安机关的阻力。因为如果检察机关认定为正当防卫，就是公安机关办了错案。在这种情况下，检察机关为照顾公安机关，也就不认定为正当防卫，即使认定，也只是认定为防卫过当。①

而在“涞源反杀案”中，该流水线模式则体现出了非常明显的改变，检察机关从向公安机关送达变更强制措施建议书，到连续两次把案件退回要求公安机关补充侦查，再到启动审查程序，最后作出不起诉决定并发布通报，认定王新元、赵印芝夫妇无罪，其行为符合正当防卫，均彰显了检察机关独立行使检察权的坚定立场。该案中，检察机关起到良好的表率，顶住压力独立行使检察权，推翻了公安机关的侦查结论，发挥出了法律应有的社会功能，体现了检察机关“以人民为中心”的司法理念。基层司法机关本就应该将主要精力放在对案件事实负责上。对于争议案件，应当按照司法程序推进，以有权的司法机关的判断为最终标准。如果要求下一个程序的司法机关必须维持上一个程序的司法机关的处理结果，那么，公安机关、检察机关、审判机关之间只有协同一致的互相配合而没有互相制约，这就会扭曲其关系。在正当防卫案件处理上，同样应当纠正这种扭曲的关系，为正当防卫的正确处理提供顺畅的司法程序。

（四）重视司法公开，提高司法公信力

移动互联时代的到来使得媒体融合不断推进，人人拥有麦克风，信息一旦进入网络传播渠道便会以迅雷不及掩耳之势席卷整个网络，引起公众的广泛讨论。在这样的传播环境之中，司法部门必须重视司法公开，将工作“透明化”，自觉接受社会监督，不断提升司法公信力，维护社会公平正义。随着媒介融合程度的不断加深，媒体涉案报道手段变得更加多元化，庭审直播也成为法庭上一道特殊的风景，媒体与司法构建良性互动关系，能够使司法的声音通过媒体传达给广大的人民群众，有利于司法部门形象的塑造及公信

① 陈兴良：《正当防卫的司法偏差及其纠正》，载《政治与法律》，2019 年第 8 期。

力的提升。以媒体为平台公开司法工作，一方面能够促进司法公正，提高工作效率；另一方面能够减少司法公正在公众心中的“神秘感”，避免因为信息不透明而导致谣言的产生，降低司法在公众心目中的权威性。

在“昆山反杀案”后，“反杀”“正当防卫”已经成为舆论敏感词，而“福州赵宇案”更是让“正当防卫”成为全民热议话题。此时，“涞源反杀案”在央视介入下，重新进入公众视线内，令几起热点事件出现舆情共振态势。此外，央视报道披露的大量新细节，更加增添了网民同情心、正义感。“涞源反杀案”中，媒体不仅对案件详细信息进行披露，同时也对涞源检察院的公诉意见进行报道，能使公众从“情”“理”“法”多方面去看待案件的发展，让公众看到司法部门的专业性，树立司法部门在公众心目中的正面形象。媒体与司法协同推进工作，有利于弘扬法治精神，坚持正确的舆论导向，提升司法公信力，全面推进依法治国。[①]“涞源反杀案”发生后，面对社会的高度关注以及舆论的发酵，在 2019 年 3 月 3 日保定市人民检察院作了官方说明，对外公开了该案的基本情况、处理意见及理由，满足了公民对案件的知情权，并且有理有据的文字表述也提高了司法公信力。

无论是“涞源反杀案”，还是“昆山反杀案”，或者是“福州赵宇案”，都出现了先有舆论关注，再发生认定结果的变化。舆论对于司法实践具有两面性：一方面舆论可以扩大信息来源，获取更多的信息，一定程度上有利于案件真实情况的查明。另一方面舆论是否也在影响着办案人员或者司法机关的判断？而如果案件的正义需要靠舆论力量才能得到，还谈何司法公信力，反之，如果舆论随随便便就可以影响司法权力，又如何让人相信案件结果是正义的？所以，最好还是让舆论回归大众，让司法回归法律。

四、结语

从“于欢案”到“昆山反杀案”，从历经纠偏的“赵宇见义勇为案”再到

① 李一鸣：《传媒与司法良性互动的建构思考——以“涞源反杀案”为例》，载《青年记者》，2019 年第 15 期。

“涞源反杀案”，都关涉正当防卫的认定问题，虽然最终都迎来了符合世道人心与司法正义的结果，但过程中也引发了不少争议。这实际上是暴露了司法实践中对正当防卫认定的“模糊地带”。虽然我国并不是判例法国家，但数起案件最终的处理结果，帮助社会进一步明晰了正当防卫的边界。质言之，个案处理上的进步，应该反馈到司法制度上的优化之中。如此，才能让公民的正当防卫权有“稳稳的保障”。有理由相信，经历了多起案件的“铺垫”与处理经验的积累，正当防卫认定当中的一些问题已被充分暴露，制度上的补漏亦将加速。

当然，此类案件的发酵过程，还包含了司法审判与人情、舆论的关系等子问题。随着信息社会的到来，以及民众对于司法正义的期待越来越高，舆论与司法的互动将更为常态化、频繁化。这在客观上要求司法机关应进一步调整心态、与舆论互动的范式，形成更良性的司法与舆论互动、对话格局。

司法正义的实现过程可能会走弯路，但从不会缺席。经历波折，“涞源反杀案”最终还是回到了正义的轨道上，这再次证明，“让民众在每个司法案件中都能感到公平正义”，从来就是一种“实指”，它需要实实在在的个案支撑，也需要更坚实的制度保障。

（安 娜）

看得见的正义

——劳荣枝案

引言

劳荣枝这个名字，可能对很多人来说十分陌生，但在20世纪90年代末，尤其是在安徽合肥，她的名字堪称家喻户晓。从1996年开始，她就与男友法子英先后在南昌、广州、温州、南宁、合肥等地实施犯罪，主要是由劳荣枝使用色相勾引那些看上去比较有钱的男人，把对方骗到出租屋以后就采用持枪、持刀绑架勒索、抢劫等手段劫财，南昌一家三口、温州刘梁二人、合肥木匠陆中明、铁笼里的殷建华，他们前前后后一共残忍杀害了7人。2019年11月27日，厦门警方在“云剑行动”中，经过缜密分析研判，发现外地在逃犯罪嫌疑人劳荣枝在当地出现，警方迅速行动，立即展开布控抓捕，于第二日上午9时许在厦门某商场手表柜台前将其抓获。这个背负7条人命案、潜逃20多年的“女魔头”劳荣枝终于落网了，也为1999年夏天那场震惊合肥的警匪枪战大案画上了句号。

不同于信息封闭的20多年前，再令人恐慌的杀人狂魔故事也仅限在街坊四邻中传播，劳荣枝被抓捕的第二天，相关视频就天女散花般地遍布于各大新闻网站，关于她的讨论也引爆互联网：有人说她曾是真爱酒吧的“雪梨”女神，月收入过万，更有圣诞宣传照为证；有商场的顾客接受采访表示，在商场看到她，并没有镜头前那么妩媚，只不过是一个普通的商场售货大姐，如此杀人女魔头就这样以平凡的面貌隐藏在人们的身边；然而谈论更多的还是劳荣枝被捕时那非常淡定、甚至妩媚的招牌性微笑，背后代表着的可能是对被害人的残酷冷血，对最终被捕的冷静麻木，也可能是对公检法系统乃至社会的蔑视。

同伙法子英早在20年前就被执行枪决了，案件在审判时遵循了那个时代类似案件普遍的处理方式——“从快从重”原则[①]，但也因此法、劳二人在其他地方的作案情况没有被查明。被逮捕后的劳荣枝拒绝了家人为其聘请的律师，申请了法律援助，而被聘请的律师发微博称，受新冠肺炎疫情影响，他始终未曾会见到劳荣枝，甚至连她到底被关在哪里都成了一个谜[②]，对她辩护权等程序性权利的保障情况如何尚未可知。正义终将战胜邪恶，劳荣枝落网归案是对死者家属最好的告慰，也是令社会公众满意的正义答卷。“正义也许会迟到，但是永远不会缺席”，抛开劳荣枝将会受到的代表实体正义的法律制裁暂且不谈，本应属于她的程序正义同样值得我们深思。

一、案情回顾

（一）流窜多地　背负七条人命案

劳荣枝，1974年出生于江西九江，15岁就读了中专，毕业后在九江石油化工公司子弟学校当小学教师，每个月有两三百元的工资。在一次朋友的生日聚会上，劳荣枝第一次遇到了法子英，尽管当时法子英坐过8年牢，也有家室，但劳荣枝还是被他身上“敢打敢杀、像个男人样子”的男子气概吸引了，认为他也有温柔细腻的一面，非常有魅力，令人崇拜。很快两人就相谈甚欢，在1995年一起去了深圳玩儿，犯罪之路就是从这里开始的。劳荣枝的教师工资不足以让她享受外面的花花世界，而法子英持刀抢劫路人随便就能得到一万块。对此，劳荣枝没有感到害怕，反而觉得很刺激，就这样走上了

① 北青深一度：《法子英代理律师：庭审现场他曾嚣张表示“我用刀至少30公分”》，载腾讯新闻网，2019年12月3日；https://new.qq.com/omn/20191203/20191203A0HERC00.html，2020年8月23日访问。

② 吴法天律师微博，2019年12月13日；https://m.weibo.cn/1405603123/4449031058706087，2020年8月28日访问。

不归路。

1996年5月，法子英与劳荣枝来到了江西省南昌市，二人于6月2日住进南昌市某出租房后随即预谋绑架勒索钱财。劳荣枝化名“陈佳”在南昌市爱乐音夜总会坐台，物色到绑架对象熊启义，其间，法子英曾跟踪熊至其家。7月28日上午，劳荣枝打电话将熊启义诱骗至其租房处，法子英手持尖刀逼住熊，用皮条、绳子将其捆绑。法子英从熊启义身上抢走首饰、手表等物，并向其勒索财物。在逼迫熊启义说出家庭住址后，法子英于当日下午用铁丝和绳子勒熊启义颈部致其窒息死亡。为毁尸灭迹，法子英将熊尸体肢解并装入四个袋中。当晚，法、劳二人携带从熊启义身上搜得的钥匙来到熊家，开锁入室。法子英用尖刀威逼熊妻子张某交出财物，并将其双手反绑、双脚捆绑，法从熊家抢得金银首饰、现金、债券等财物后，于29日凌晨用皮带勒死张，用裙带勒死其3岁女儿。为制造假象、逃避侦查，法子英回其租房处将熊的部分肢体运至熊家。法、劳二人于7月29日凌晨离开熊家，这一晚二人抢劫物品价值约3万元人民币，现金近1万元，银行存单9.5万元。

1997年10月初的一天，法子英、劳荣枝窜至浙江省温州市，法子英在与梁某商谈转租住房事宜过程中感觉梁某有钱，遂与劳荣枝预谋抢劫。10月10日，法子英购买并携带一把尖刀与劳荣枝来到梁某住处，法子英手持尖刀逼住梁某，用绳子、电线将梁某手、脚捆绑后逼其交出钱财。在从梁某住处搜得现金、存折等财物后，法子英又逼迫梁某叫一有钱人来梁某住处供其抢劫，梁某被迫打电话将刘某叫来。法子英逼刘某交出现金千余元、2.5万元存折后，亦用电线将刘某手脚捆绑。法子英让劳荣枝携带抢得的手机及存折到银行提取现金。在接到劳荣枝电话得知其得手后，法子英用皮带、电线将刘、梁二人勒死，并从二人身上抢走部分财物。

1999年6月21日，法子英与劳荣枝窜至安徽省合肥市，7月1日二人用假名字以每个月500块钱的价格租住了合肥市虹桥小学恢复楼209室，之后就开始预谋准备工具绑架杀人。因为之前绑架案中曾出现过人质逃跑的情况，住下不久，法子英就在白水坝一电焊门市部以“关狗”为名订制钢筋笼一个；而劳荣枝还特意配了一个传呼机，并到附近一旧货市场买了旧冰柜一台。随后劳荣枝化名“沈凌秋”在合肥“三九天都”歌舞厅坐台，获得了不少灰色收入，但仍然无法满足她日渐膨胀的物质欲望。劳找这份坐台小姐的工作主要目的并非完全是为了挣钱，而是用来选择作案目标，歌舞厅里经常有富人出没，就这样她物色到了绑架对象殷建华。殷建华是当地电器公司的经理，每次去歌舞厅玩的时候都很大方，软盒中华随便散，张口闭口自己是公司大老板。他和劳荣枝大吹特吹自己手上有花不完的钱，殊不知，正因此杀人拿钱的法、劳二人早已给他的性命定好了价钱。

7 月 22 日这天上午，劳荣枝给殷建华打传呼，邀请他来自己的出租屋玩，殷建华欣然赴约。然而，没想到的是，他刚进门就闪出来一个人，正是杀人魔头法子英，他手持尖刀抵住殷建华的脖子，将其手脚用铁丝捆绑后锁进了钢筋笼里。坐在只有半米高的铁笼子里，殷建华才意识到劳荣枝的柔情蜜意是个骗局，自己是被他们给绑架了。好歹在社会上混了这么多年，殷建华很快就反应过来，连忙问法子英要多少钱，商定 30 万的数额后法子英警告殷建华如果拿不到这些钱就杀了他。为使殷建华进一步相信其是能杀人的绑匪并逼迫他尽快交出财物，法子英在合肥市六安路以有木工活要做为由，将木匠陆中明骗至其租房处。小木匠陆中明一进门看到被关在牢笼里的殷建华顿感不妙，吓得撒腿就跑，法子英在旁边立马将他捆绑，当场用尖刀猛捅他的腹部、背部等处，将陆中明的头颅砍掉，之后将尸首放入冰柜存放。

所有的一切都是在殷建华面前完成的，在法子英的恐吓下，殷建华按照法子英的意思写了两张字条给妻子刘某，要刘某交钱赎人。当晚 9 时许，法子英逼迫殷建华打电话给刘某，叫刘某准备钱在合肥市长江饭店门口与一个穿着黑色 T 恤衫、留着一撇小胡子的男人见面，与其谈条件。刘某安顿好儿子后乘车前往长江大饭店，但在饭店门口等了 20 多分钟，也没有见到丈夫殷建华描述的人，无奈只得返回家中。当晚 11 时，法子英再次打电话给刘某索要 1 万元并约定次日上午 9 时再联系见面。刘某犹豫再三，当晚并未报案。

7月23日上午，法子英逼殷建华又给其妻子刘某写了两张字条，10时左右，法子英将铁丝绕于殷建华颈部，用老虎钳拧紧铁丝将其勒死。之后，法子英携带自制手枪及字条来到殷家，向殷建华妻子刘某索要1万元。刘某过于害怕，已经提前将儿子送走，又给单位领导打电话告知此事拜托其报案。等到法子英来到家中，她以筹钱为由让法子英独自一人在家中等待，就在这时接到报警的刑警大队和防暴队已经到达了现场，经过长时间的持枪对峙和双方拔枪互射，最终法子英被击断右腿，当场被警方抓捕归案。

（二）同伙被枪决　潜逃二十三年

当场抓捕匪徒后的重要任务当然是解救人质，但谁也不知道殷建华被关押在哪里，病床上的法子英非但不交代同伙劳荣枝的下落，反而胡吹海侃地讲起自己的过往经历，提供多条假线索，扰乱办案机关的侦查思路，他一会儿说着安徽话，一会儿又讲四川话，一会儿又说着河南话，除了不着边际的胡说八道，就是摆出死猪不怕开水烫的架势一言不发。警方对他的供述一一排查，发现他身上光假的身份证就有十几个，所说的话都对案情毫无帮助，救援行动一筹莫展。

终于在7月27日，警方接到虹桥小学附近居民报警，说居民楼里传来令人无法忍受的恶臭。警方破门而入，发现了被关押在铁笼里高度腐败的人质殷建华和在冰柜里的小木匠陆中明的尸体。通过询问房主，警方才得知租房的是一个留着小胡子的中年男子和一个装扮入时的年轻女子。经过辨认，这个男子就是法子英，而他的同伙劳荣枝早就逃走，不知所踪。这一逃就是20多年，劳荣枝自当年离开九江之后就再也没和家人联系。二人流窜多地犯案的过程和细节，家人也是从报纸上了解的。劳荣枝落网后，她的二哥劳刚（化名）表示："如果当年她和我们联系，我们一定会让她自首。"①

虽然还没有抓到同案犯罪嫌疑人劳荣枝，但是法子英已经开始接受正义的审判了。二人之间的爱情关系也为查明这系列人命案的犯罪分工和定罪量刑增添了许多不确定因素。据法子英当年的辩护人，现任北京中银（合肥）

---

① 王翀鹏程：《劳荣枝哥哥：落网后她提出想看看家里情况、见见亲人》，载新京报网，2019年12月3日；http: //www.bjnews.com.cn/news/2019/12/03/657046.html，2020年8月28日访问。

律师事务所合伙人俞晞回忆，在法子英的在案口供中，对于劳荣枝是否参与劫杀的供述出现过反复。起初，在接受警方讯问时，法子英曾供述劳荣枝跟他一起实施绑架。例如，在南昌案和合肥案中，他让劳荣枝去歌舞厅坐台寻找可以绑架的对象，并称铁笼关人是为了方便劳荣枝管；在温州案中，劳荣枝负责拿存折提款等。但在后续的讯问和庭审中，法子英又曾改口称，与他一起杀人的不是劳荣枝，自己与她在1997年就已经分手了。在一审开庭时，法子英更是7次为劳荣枝开脱，称她未参与，都是他自己一个人干的，但这些说法也被公诉方提供的证据逐一推翻了。冷酷无情的法子英在看守所内很少跟律师说案情，也从不提起家人，但每次会见都会问起劳荣枝，甚至在一审判决后等待死刑复核期间得知劳荣枝已逃脱，他露出了“发自内心的微笑”。[①] 在与辩护律师最后一次会见中，法子英还交代了其犯下的其他案件，“当时记笔录的手都酸了”，这些笔录按照规定提交给法院后，由于证据链不完整，即仅有法子英一人供述，且受限于当时的技术手段等种种原因，法院判决未予以认定，或许殒逝在法、劳二人手中的生命可能不止7条，随着劳荣枝归案也许会有新的悬案被发现。

1999年11月18日，在合肥市中级人民法院开庭审理法子英涉嫌绑架罪、故意杀人罪、抢劫罪一案，法子英当庭几次翻供，把罪责都揽在自己一个人身上，为劳荣枝开脱。最终，合肥市中级人民法院作出了（1999）合刑初字第90号刑事判决书，判决被告人法子英犯绑架罪，判处死刑，剥夺政治权利终身，并处没收个人财产；犯故意杀人罪，判处死刑，剥夺政治权利终身，并处没收个人财产；犯抢劫罪，判处死刑，剥夺政治权利终身，并处罚金两万元；决定执行死刑，剥夺政治权利终身，并处没收个人财产，罚金两万元。法子英拒绝了上诉，称“我这种人，在作案现场被一枪击毙就是最好的归宿”。同年12月28日，经最高人民法院核准，法子英在肥西被公开处决。

法子英的反社会人格表现得十分明显，辩护人俞晞曾在看守所会见他

① 卫佳铭:《法子英临刑前曾交代新案，其辩护人称劳荣枝落网或发现新悬案》，载澎湃新闻网，2019年12月2日；https：//www.thepaper.cn/newsDetail_forward_5118274，2020年8月28日访问。

五六次，印象最深刻的一点就是，与法子英对话“不像是在跟人说话”，“那种对他人和自己生命的漠视让人愕然，杀人在他眼里好像是杀死一只鸡那么简单”，对自己犯下的罪毫无悔改之意。法子英被抓捕的当天，非但不恐慌紧张，反而嚣张地对着记者喊话：“那个拿照相机的朋友，这个场景好玩吗？生与死在瞬间就会成为现实。”同时，法子英又非常要面子，在上法庭前称“自己最后一次面对‘观众’，不能光着大腿”；开庭当天，他对于大多数证人证言、物证都是供认不讳的，但对于一把长度不到20厘米的刀，却很不屑地讲“我哪会用这么差劲的刀，我用的刀最起码都是这么长”，他比画了一下大概30厘米。

而劳荣枝与法子英有着截然相反的性格特点，20多年前给人的印象就是身材姣好，容貌靓丽，打扮时尚，对人态度十分温柔，说话声音也非常好听。自劳荣枝被逮捕以后，尚未有足够的信息和证据来勾勒她20年间的完整逃亡轨迹。根据厦门警方的信息，自1999年起她使用多个虚假名字，流窜于不同城市，以在酒吧、KTV打零工为生。落网前，劳荣枝隐匿在厦门市的主城区，曾在真爱酒吧、某汽车品牌4S店、东百蔡塘广场手表柜台出没。2016年到2017年，劳荣枝曾在厦门思明区一家酒吧兼职“客服”，花名“雪梨（音）”，英文名“Sherry”，通过推销酒水、拉拢客源，以获取提成，因她性格很好，业绩十分可观。2016年圣诞节活动，劳荣枝身着圣诞装的照片还被印在了酒吧的海报上，海报上面赫然写着“女神雪梨”，可见当时的她是非常受欢迎的。在离开真爱酒吧之后，劳荣枝在朋友圈发布了很多手表销售的相关信息，就在被捕的当天上午8时许，她还在朋友圈转发了最后一条微信：“感恩生命中遇到的每一个人。”

（三）人脸识别　大数据助力抓捕

1996年7月29日，江西省南昌市公安局对发生在南昌市东湖区芭茅一巷1号602室的抢劫、故意杀人案，也就是熊启义一家三口灭门惨案进行立案侦查，并于同年8月18日发布通缉令对该案犯罪嫌疑人劳荣枝进行追逃，遗憾的是20多年来一直没有结果。近年来，科学技术引入刑侦工作，取得了显著的成就。终于，在2019年11月27日下午，厦门市公安局思明分局刑侦大队通过大数据信息锁定可疑人员，经过研判组深入追查和抓捕组实地搜索布控，民警确定该可疑人员系犯罪嫌疑人劳荣枝，并准确掌握其活动轨迹。11月28日警方前往东百蔡塘广场手表专柜，顺利将劳荣枝抓获归案，这是“云剑行动”取得的又一重大战果。

“云剑行动”即以互联网云服务、云平台为利剑去抓捕犯罪嫌疑人。传统的抓捕在逃人员的方式是警力调查，需要大量财力、物力、人力的投入和人民群众的大力配合，但凭经验、凭影像的抓捕行动不仅效率低，往往还因为滞后性错过最佳抓捕时间。而高新科技的综合应用大大增强了追捕实效，使刑侦效率得以稳步提高。公安部的统计表明，实施“云剑行动”抓获的在逃人员中，有一半以上是通过科技手段和大数据研判抓获的。在侦查劳荣枝一案中，人脸识别大数据和DNA对比等手段发挥了重要作用。①

抓捕劳荣枝，首先利用的是人脸识别大数据。人脸识别技术是基于人的脸部特征，对输入的人脸图像或者视频流进行识别，进一步给出每个脸的位置、大小和各个主要面部器官的位置信息，利用这些人脸特征点提取身份特征构建人脸特征图，以数字信号形式入库，将其与已知的人脸进行对比，从而识别每个人脸的身份。犯罪嫌疑人和有前科的人在公安部门的大数据库中留下了各种数据，包括指纹、相貌、性别、年龄等，这些数据都将作为进一步对比的样本和追捕的信息。人脸识别系统可以从视频监控中实时获取特定目标人群的图像，快速与人脸数据库中的目标进行对比，锁定目标当前的位置或可能出现的位置和地点，采取实时或蹲守等方式抓捕犯罪嫌疑人。②此前，弑母案犯罪嫌疑人吴谢宇就是在重庆江北机场T2航站楼3号门进入防爆安全检查区域等待检查期间，被监控设备四次抓拍，与被通缉照片相似度对比每次都大于98%，从而引起警方注意并将其成功抓获的。

人脸识别系统不会因为容貌的衰老和改变而受影响，即便是整容都难

---

① 陈雷柱:《劳荣枝落网背后：近年多起积案告破，高科技发挥关键作用》，载澎湃新闻网，2019年12月4日；https://www.thepaper.cn/newsDetail_forward_5140412，2020年8月28日访问。

② 张田勘:《劳荣枝身背7命潜逃20年，为何“败”给了它？》，载新京报网，2019年12月4日；http://www.bjnews.com.cn/opinion/2019/12/04/657650.html，2020年8月28日访问。

以改变这些人脸特征。劳荣枝被抓捕归案后接受讯问，自称是南京籍“洪叶娇”，拒不承认自己的真实身份，因其在潜逃期间做过整容手术，肉眼难以辨别，企图借此继续蒙骗警方。但厦门市公安局思明分局DNA鉴定室工作人员通过对劳荣枝DNA进行对比鉴定，最终确认了劳荣枝的身份。如果说人脸识别系统的优势在于实时和迅速，助力抓捕活动便捷与高效，那么DNA对比技术的优势更体现在准确和可靠上，为精准识别犯罪嫌疑人身份保驾护航。在讯问室内，面对DNA鉴定这样的“铁证”，劳荣枝终于低下头，双手捂脸，承认了自己的身份。

2019年12月5日，厦门市公安局向江西省南昌市公安局移交劳荣枝，江西警方当日将其押解回南昌。经厦门警方审查，未发现劳荣枝在潜逃厦门期间作案。12月17日，经检察机关批准，南昌市公安机关以涉嫌故意杀人罪、绑架罪、抢劫罪，对犯罪嫌疑人劳荣枝依法执行逮捕。

（四）会见困难　律师被无奈解聘

劳荣枝被捕后唯一的要求是看看家人，潜逃20多年未曾与家人联系，她也从未回过家。劳荣枝的二哥劳刚（化名）从新闻报道中得知劳荣枝被捕的消息表示，“关于她的报道我都会看，新闻里有她的视频我都会保存，都看一下”，“法律是公正的，该怎么判就怎么判”。劳刚始终认为法子英当年只是把妹妹当作引诱的鱼钩，并没有让她手上沾血，“我不相信她会杀人，但不管她有没有杀人，她毕竟是同谋，究竟参与了多少，我相信法院通过审判会有结果”。2019年12月1日，几个便衣警察到他家拍了几段视频，劳刚给妹妹准备了几件衣服，还买了一些日常用品托民警一起带给劳荣枝。

2019年12月6日，劳荣枝的二哥劳刚主动通过微信找到北京友邦律师事务所的吴丹红律师。吴丹红律师是中国政法大学证据科学研究院副教授、中国政法大学疑难证据问题研究中心主任，也是在微博拥有128万粉丝的大V“吴法天”，这样有着卓越扎实学术成果和丰厚网络社交资源的律师为劳荣枝辩护，不仅是对重大案件犯罪嫌疑人辩护权的有力保护，还将助力我国刑事司法领域普法宣传工作，但事情并不如想象的那般顺利。

2019年12月8日，劳荣枝的二哥签下授权委托书并寄出，吴律师于12

月9日收到，并于12月10日赶赴南昌。经吴律师与家属反复确认，劳荣枝被刑拘后关押在南昌市第一看守所，于是，12月11日上午8点，吴律师带着整套法律手续准时赶到看守所请求会见。但看守所工作人员说，查无此人。吴律师马上打通联系劳荣枝家属的两位警官手机，说明情况，对方均表示，要向领导请示汇报。吴律师每隔一段时间就给两位警官打电话或发短信，但后来均无回复，剩下的只有漫长的等待。中午11点多，吴律师见到了劳荣枝的二哥、二姐，办案民警通知他们来存钱存衣，在家属接待窗口，他们同样被告知"查无此人"。当天下午，吴律师与家属去南昌市公安局，在信访接待室填写了反映情况的单子，要求接待人员尽快向领导汇报，家属签收了《拘留通知书》，上面白纸黑字写着劳荣枝已于11月28日中午11点被刑拘，目前羁押在南昌市第一看守所，落款处还有南昌市公安局的公章。[①]随后，吴律师又来到了南昌市人民检察院控申科，向接待人员反映了公安机关不让律师会见的情况，接待的工作人员认真做了记录，并复印了《拘留通知书》《授权委托书》《律所介绍信》及律师证复印件等材料，并表示会尽快向领导汇报再答复。

12月12日上午，南昌市人民检察院第八检察部打电话告知吴律师，经核实，劳荣枝并未关押在南昌市第一看守所。而南昌市公安局依然没有允许吴律师会见劳荣枝，同日发布一个通告，称"劳荣枝分别以口头和书面形式向公安机关提出：拒绝亲属与南昌警方接触，希望家属摆脱阴影；拒绝家属为其聘请律师，同时向政府申请法律援助。公安机关充分尊重劳荣枝本人意愿，根据法律有关规定，协调南昌市法律援助中心指派律师为劳荣枝提供法律援助"。[②]两位当地律师被指定成为劳荣枝的律师，对其进行法律援助。由于犯罪嫌疑人最多只能有两名律师，吴律师便不再被允许会见，但该变更律师决定的自愿性，始终因为吴律师未曾会见到劳荣枝本人而受到质疑。一方面通过拖延拒绝了吴律师手续齐全的会见请求；另一方面以迅雷不及掩耳盗

① 吴老丝：《劳荣枝又失踪了？》，载微信公众号"天下说法"，2019年12月12日。

② 宋江云：《南昌警方：劳荣枝拒绝家人为其请律师，警方协调提供法律援助》，载澎湃新闻网，2019年12月12日；https://www.thepaper.cn/newsDetail_forward_5216796，2020年8月28日访问。

铃之势占满两个律师名额，更为坚决强硬地排斥吴律师的介入，令吴律师倍感无奈。12月13日中午，南昌市第一看守所的工作人员给吴律师打电话念劳荣枝拒绝辩护的书面意见，念了两句突然说有事再打过来，事后再无音信，短信也无回复。12月15日，吴律师再次申请会见，仍被拒绝，他向南昌市人民检察院提交的《侦查监督建议书》，也从未收到书面答复。

2020年3月1日，吴律师接到了最初的委托家属，即劳荣枝哥哥的短信，"关于我们去年委托您帮我妹妹劳荣枝辩护后被指定辩护，我跟办案单位杨队、黄警官接触过，至今没有任何效果，现在我大哥和全家人开了个家庭会议，我们全家非常感谢您的前期付出，我们决定撤销之前对您的委托，再次感谢您先前的免费付出"，就这样"背靠背式"地解除了对吴律师的委托。自始至终吴律师也没有见到劳荣枝本人，而此事留下的疑问并没有得到有效解决。

二、法理研析

（一）慢：判决缘何未有结果

同伙法子英于1999年7月23日被警方当场抓捕，8月3日被刑事拘留，8月31日被逮捕。同年11月2日，合肥市人民检察院以合检刑诉（1999）第81号起诉书指控被告人法子英犯绑架罪、故意杀人罪、抢劫罪向合肥市中级人民法院提起公诉。同年11月18日审理终结，法子英被判处死刑，剥夺政治权利终身，并处没收个人财产；[①]12月28日，被执行枪决。前后不过5个月的时间，这件轰动全国的7条人命案就暂时画上了句号。而劳荣枝逃亡20多年，终于在2019年11月28日被厦门市警方抓获，同年12月17日，经南昌市人民检察院批准依法被逮捕。网络热议许久，但时至今日仍无最新进展。"杀人女魔头"劳荣枝是否会逃过法律制裁，究竟该如何判决，为何迟迟没有结果？这些都成了民众最为关心的问题。

① 安徽省合肥市中级人民法院（1999）合刑初字第90号刑事判决书。卫佳铭：《法子英死刑判决书全文披露：女逃犯劳荣枝如何合伙杀人劫财》，载澎湃新闻网，2019年12月2日：https://www.thepaper.cn/newsDetail_forward_5119356，2020年8月28日访问。

距离同案犯法子英交代的最后一起案件，也已过去了20年，国家机关还能追诉劳荣枝吗？答案当然是肯定的。尽管我国《刑法》第八十七条将犯罪的追诉期限最长定为20年，“如果二十年以后认为必须追诉的，须报请最高人民检察院核准”，体现了我国始终坚持的违法必究精神。但劳荣枝案却属于《刑法》第八十八条规定的情况，即“在人民检察院、公安机关、国家安全机关立案侦查或者在人民法院受理案件以后，逃避侦查或者审判的，不受追诉期限的限制。”劳荣枝和法子英一系列绑架杀人抢劫案在案发后均已立案侦查，其中法子英已经得到了法律的制裁，而劳荣枝潜逃躲避侦查20多年，一经抓获，自然也要接受法庭的审判。

值得注意的是，该案从1999年跨度到2019年的20年，也正是我国《刑法》与《刑事诉讼法》快速发展取得长足进步的20年，新法旧法的选择适用对保障犯罪嫌疑人的合法权益、维护法律权威有着至关重要的作用。我国《刑法》第十二条规定了时间效力上的从旧兼从轻原则，即以行为时法作为定罪量刑的依据，法不溯及既往，若修改后的法律对行为人更有利则应适用轻法。但我国刑事诉讼法并没有与之相对应的规定，学界一般以法谚“实体从旧，程序从新”推衍出程序法适用从新原则，具有溯及力。这样的解读与法律即行适用和法不溯及既往两项原则的内涵出现偏差，我国刑事诉讼法时间效力适用的一般规则，其实是行为时法原则，体现为从新主义——新法生效后即行适用，且不影响已完成诉讼活动的法律效力。以此为基准，刑事诉讼法修正生效时，犯罪行为尚未立案或案件处于立案侦查至判决尚未生效期间的，其后的诉讼程序均应按新法进行。[①]劳荣枝涉嫌故意杀人、抢劫、绑架的行为被立案侦查都发生在旧法时代，2018年刑事诉讼法修正生效后，后续的一系列诉讼活动都必须依程序行为时的新法展开，对她程序性权利的保护也应当以新法为标准。

在适用新刑事诉讼法的前提下，劳荣枝案进展缓慢，无法像当年同伙法子英一样被快审快判的原因主要有以下几点：

① 聂友伦：《刑事诉讼法时间效力规则研究》，载《法学研究》，2020年第3期。

第一，缺乏关键证据，案件事实尚不清楚。从1999年那份判决书中可以看出，法子英和劳荣枝二人的分工较为明确，都是由劳荣枝负责将被害人“引诱”过来，法子英对其进行勒索、杀害，但对于劳荣枝是否直接参与杀人还留有许多疑点。其一，是同伙法子英的极力庇护。据法子英的律师回忆当年会见的情况，每当涉及有关劳荣枝作案细节的话题，法子英都避而不谈，甚至一开始根本不承认有劳荣枝，后来面对公安机关带来的大量证据才不得不承认。其二，是缺乏定罪物证。与白银连环杀人案中犯罪嫌疑人在现场留下大量指纹、脚印、精斑等物证，认定犯罪的证据充分不同，在刘梁案中，证人证言仅能证明案发当日在梁的住处看见过劳荣枝，但要认定劳荣枝在犯罪活动中的身份作用还需要更多有力的证据予以证明。其三，或可查明其他悬案。法子英在死刑复核期间向律师讲了自己做过的其他案件，但因劳荣枝未落网且缺乏其他证据印证，当时法院并没有认定，对于这部分内容也需要再次审查。

第二，侦查耗时耗力，交付审判道阻且长。根据现行《刑事诉讼法》第一百五十六条至第一百六十条规定，本案属于流窜作案的重大复杂案件，且犯罪嫌疑人劳荣枝可能判处10年有期徒刑以上刑罚，经省、自治区、直辖市人民检察院批准或者决定，最多可以有7个月的侦查羁押期限。因为特殊原因，在较长时间内不宜交付审判的特别重大复杂的案件，经批准可以延期审理。劳荣枝与同伙法子英跨省流窜作案，且历经20多年证据面临灭失的风险，侦查人员异地取证工作十分艰难。而刑事诉讼程序每个环节的推进都有严格的法律标准，公安机关只有在确认犯罪事实清楚，证据确实、充分的基础上才可以终结案件的侦查工作，移送人民检察院审查决定；人民检察院只有认为犯罪嫌疑人的犯罪事实已经查清，证据确实、充分，依法应当追究刑事责任的，才可以向人民法院提起公诉。本案侦查活动困难重重，更需要大量时间来查明案件真相，告慰多名受害人及家属。

第三，审慎办理要案，普法活动正面教材。未经人民法院依法判决之前，对任何人都不得确定有罪。对犯罪嫌疑人劳荣枝的定罪量刑取决于侦查机关调查收集、法院审理认定的证据，是基于会见、阅卷、综合全案证据的判断，而非媒体的报道、网民的评论。即便是十恶不赦的犯罪嫌疑人，也有获得律师帮助的权利，也有获得公平公正审判的权利，这些基本权利不能被剥夺。本案在网络上获得了极高的关注度，更需要公检法机关审慎办案，在探究案情真相、实现实体正义的同时，不能放弃对程序正义的维护，特别是依法保障犯罪嫌疑人的合法权益，正当程序的审判可以让本案成为法治教育的里程碑事件。

（二）难：辩护缘何备受质疑

刑事诉讼法“一立三改”的40年历史，在某种程度上，就是辩护权不断扩大、发展、完善的历史，然而受历史、政治、社会等因素的影响，无罪推定原则难以推进，民众对辩护群体存在固有的偏见与排斥，加之立法的缺陷和司法的混乱，辩护制度在实践中的运行状况不容乐观，重要体现就是辩护率始终不高，特别是委托辩护持续低迷，对此，改革的目光重点放在了逐步扩大刑事法律援助的适用范围上。

刑事法律援助制度，也称指派辩护制度，是指人民法院、人民检察院、公安机关在法律规定的范围内，对于没有委托辩护人的犯罪嫌疑人、被告人，依法通知法律援助机构指派律师为其提供辩护，或者法律援助机构根据本人及其亲属的申请，对符合法律援助条件的，指派律师为其提供辩护。[①]我国立法将其划分为强制指派辩护和申请指派辩护两种情形，前者随立法变迁呈扩张之势：从1979年《刑事诉讼法》第二十七条规定仅适用于被告人是聋、哑人，或者未成年人的案件，到2018年《刑事诉讼法》将适用范围扩大到被告人是盲、聋、哑人，或者是尚未完全丧失辨认或控制自己行为能力的精神病人，或者是未成年人以及可能被判处无期徒刑、死刑的案件，以及被告人及其近亲属没有委托辩护人的缺席审判案件，这对于提高我国人权保障水平具有显著意义。法子英也正是因为1996年《刑事诉讼法》第三十四条将可能被判处死刑的案件纳入法律援助范围的规定而获得了两名律师，其中的俞晞律师刚入行没多久，为“杀人恶魔”法子英辩护还无法得到其母亲的

① 陈卫东主编：《刑事诉讼法》（第三版），第115页，北京，高等教育出版社，2019年。

理解。

立法者对指派辩护的高度重视换来的实际辩护成效并不尽如人意，诸多学者的实证研究表明，指定律师的辩护质量不佳，发挥的整体作用也不及委托辩护律师，侦查阶段的介入及时性与调查取证的积极性都存在欠缺。[①]同时，辩护流于形式化也成为指派辩护最明显的硬伤。第一次会见律师时法子英感到惊讶，在了解法律规定后，他讲得很客气，"谢谢您来看我，这个案件您就不用多花时间了，就陪我聊聊天就可以了"，"检察机关指控我身负7条人命，您就是有本事给辩掉6条，剩下1条我也还是得死，所以辩不辩护对于结果没有影响"。[②]最终，这场指派辩护体现在寥寥7页判决书上的只有"被告人法子英及指定辩护人认为起诉书对被告人的犯罪指控部分事实不清，证据不足"和"被告人及指定辩护人关于本案部分事实不清、证据不足的辩护意见不能成立"两句话。对已经给自己"判了死刑"的法子英来说，指派律师为其辩护可有可无，但对冤假错案中无辜被捕的犯罪嫌疑人来说，这可能是最后的救命稻草，更重要的是，这将有助于对国家权力形成有力的监督和制约，对彰显程序公正具有不可动摇的作用。

在反思如何提高法律援助的质量和成效的同时，更应当谨慎面对近年来指定辩护比例稳定上升，与委托辩护并驾齐驱，甚至高于委托辩护这一与传统印象大相径庭的现象，法律援助已成为严重犯罪尤其是可能判处无期徒刑或死刑案件的最主要甚至是压倒性的辩护方式，这由中院一审刑事案件辩护情况可以清晰见到。[③]一方面可将此视为法律援助取得的阶段性成果，在法治发达国家和地区，刑事法律援助案件的数量通常高于犯罪嫌疑人、被告人自

① 孙洪坤：《刑事指定辩护制度的实证分析——对淮北市法律援助中心、中级人民法院的调研报告》，载《中国刑事法杂志》，2006年第5期；马静华：《指定辩护律师作用之实证研究——以委托辩护为参照》，载《现代法学》，2010年第6期；刘方权：《刑事法律援助实证研究》，载《国家检察官学院学报》，2016年第1期。

② 李文滔：《法子英辩护律师：法子英极力庇护劳荣枝，所有东西自己担》，载红星深度，2019年12月2日；https://baijiahao.baidu.com/s？id=1651824328063559238&wfr=spider&for=pc，2020年8月28日访问。

③ 左卫民：《中国应当构建什么样的刑事法律援助制度》，载《中国法学》，2013年第1期。

行委托辩护人的案件数量，甚至是后者的很多倍。[①]另一方面法律援助能否为被追诉人提供及时有效的辩护更应引起重视，特别是可能判处无期、死刑的重罪嫌疑人，避免办案机关消极对抗“权利装置”。

毫无疑问，律师辩护是被告人自主选择的结果，被告人不仅在遴选和委托辩护律师方面具有自主性，而且连法院指定的法律援助律师，都有拒绝接受的权利。[②]换言之，选择谁为自己辩护是犯罪嫌疑人、被告人的自由，但由于其多数情况下处于羁押状态，这样的真实意愿就需要更为严苛的行为外观。劳荣枝拒绝家属为其聘请的知名律师，反而向政府申请法律援助，其解除委托的自愿性受到家属和律师的严重质疑。实践中的常见做法是由犯罪嫌疑人有能力和条件的近亲属委托辩护律师，若无委托律师，才可能考虑法律援助律师。委托律师相对于法援律师的优先性体现在司法部2019年2月25日发布的《全国刑事法律援助服务规范》第8.5.1.1条，在受援人及其近亲属自行委托诉讼代理人或者辩护人情形下，承办律师应终止法律援助。如若劳荣枝执意解除委托，程序上也应当是由南昌市第一看守所安排与律师会见后，其本人亲自确认解聘，而非在律师数次会见困难情况下，一纸通知对外直接宣布律师被“拒绝”了。

法律援助的初心是为经济困难或特殊案件的人无偿提供法律服务，背后是国家来“买单”。吴律师接受委托后没有收取律师费，其实也是一种变相的法律援助，但有关公安机关的做法不仅让人怀疑其真实动机，从而产生公信力危机，同时对于本就资金不足捉襟见肘的法律援助来说，又何尝不是一种资源浪费？律师不是洪水猛兽，所做的辩护是为了让每个公民在法律面前都有足够的安全感。如果重大敏感的案件都以指定法律援助的方式进行辩护，那才是法治的悲哀。不公正的程序是污染的水源，每一个人都有可能成为受害者。

---

① 陈永生：《刑事法律援助的中国问题与域外经验》，载《比较法研究》，2014年第1期。

② 陈瑞华：《论被告人的自主性辩护权——以“被告人会见权”为切入的分析》，载《法学家》，2013年第6期。

（三）空：求偿缘何难以进行

一人无辜被杀的背后是一个家庭的破裂。当年木匠陆中明不幸遇害，失去了家中顶梁柱的妻子朱大红曾提起附带民事诉讼，要求赔偿包括死亡补偿金、儿童抚养费以及老人赡养费等共 14 万元左右。庭审时的法子英面无表情，没有任何悔罪表现，对被害人家属也没有流露出一丝愧疚情绪，谈到赔偿只说“我身上一文钱都没有”。最终法院判决：附带民事诉讼原告人及代理人所提民事赔偿请求合理，但鉴于被告人法子英无实际赔偿能力，判决法子英对刑事附带民事诉讼免于赔偿[①]。这对于经济条件本来就较差的陆家而言是沉重的打击，而后的 20 年，朱大红在一家酒店做保洁，每年只有大约两三万元的收入，艰难地抚养孩子、赡养老人的同时从未放弃过向公安部门和律师了解案件的最新进展。朱大红至今觉得，丈夫死得很无辜，一家人没有得到任何补偿，“甚至没听见一句忏悔和道歉”。在劳荣枝落网之后，朱大红向当年的代理律师刘静洁提出两个想法：一是要将劳荣枝绳之以法；二是准备向劳荣枝提出附带民事诉讼。

在我国司法实践中，由公安、司法机关向遭受犯罪行为侵害而无法及时获得赔偿、生活特别困难的被害人及其家属提供一定经济帮助，或者在提供一定经济帮助的同时辅之以其他帮助的做法，可以称之为“刑事被害人司法救助”。该做法的正当性可用国家责任说来解释，即国家垄断了暴力镇压犯罪和惩罚犯罪的权力，因而对其国民负有防止犯罪发生，保护公民人身和财产的责任。[②] 遗憾的是，这样基于现实需要的实践探索是从 2004 年开始的，被害人遗属朱大红当年获得的只有代理律师刘静洁免除律师费和一些私人的救助，多年来并没有获得国家发放的救助金。将凶手绳之以法是她的一个心愿，而分文没有赔偿，也是她心里的一道坎。国家补偿的存在正是为了调和复仇与补偿这两种心理欲求，通过较为满意的经济补偿，减轻复仇心理，化解被害

① 汪雯雯：《20 年前遇害小木匠妻子将向劳荣枝索赔！》，搜狐网转载合肥在线，2019 年 12 月 4 日；https：//www.sohu.com/a/358030622_391398 ？ scm=1002.44003c.fe0215.PC_ARTICLE_REC，2020 年 8 月 28 日访问。

② 熊秋红：《从刑事被害人司法救助走向国家补偿》，载《人民检察》，2013 年第 23 期。

方与被告方的矛盾，促进刑罚向轻缓化方向发展，实现恢复性司法的目的。

从总体上看，当前对刑事被害人进行救助的做法带有某种“临时性”、“过渡性”和“有限性”，特别是因其实践的开展缺乏理论准备和统一规范，在试点中出现的主要问题有：救助标准不统一、资金无法保障、程序不规范、救助标准过低。[①] 这些问题恰恰体现了司法救助与刑事被害人国家补偿制度的诸多差别，而后者才是我国刑事被害人救济模式的最终选择。为更大程度的彰显该制度的积极法律效果和社会效果，社会各界一再呼吁对刑事被害人国家补偿进行统一立法，首先要明确的就是它的理论基础。域外的学说可划分为单一理论和整合理论两类，内容繁多，而我国大多数学者都主张以多种学说兼容的整合理论作为刑事被害人国家补偿立法的理论基础。例如，黄华生提出的“以国家责任说为起点、以社会福利说为限定、以社会公正说为导向”的三元整合论[②]。除此之外，对于立法构想中补偿原则、补偿对象及条件、补偿范围及标准、补偿金额及资金来源、补偿方式、补偿的裁定机构、补偿的程序等诸多问题也需要进一步探究。[③]

刑事和解制度通过刺激被告方经济赔偿的积极性，在一定程度上缓解了公安机关所面临的压力，却无法完全解决被害人的生活困难问题，面对如法子英一般身无分文的被告人，被害人仍需要来自于国家的救助。推进我国刑事被害人国家补偿制度的建设，将有利于妥善处理被害人群体的利益诉求，平衡被告人与被害人之间的权利保障天平，维护社会稳定，构建和谐社会。

三、反思与启示

（一）程序公正与实体公正

关于程序公正与实体公正的讨论，贯穿刑事诉讼法的整个发展过程，基

---

① 熊秋红：《从刑事被害人司法救助走向国家补偿》，载《人民检察》，2013 年第 23 期。

② 黄华生：《三元整合论：我国刑事被害人国家补偿立法的理论基础》，载《刑事法评论》，2014 年第 2 期。

③ 孙宝民、李环宇：《刑事被害人国家补偿制度立法构想》，载《中国刑事法杂志》，2009 年第 1 期。

本的观点为程序公正有助于实体公正的实现，当二者处于对立状态时，存在何者为优先的位阶问题。冤假错案的产生，往往是在对二者的选择出现了偏差，盲目追求个案的真相，导致既定程序价值和法律尊严受损，也背离了公民对司法公正的期待。因此，程序公正不能仅限于抽象的理论表达，更应扎根于中国司法实践的土壤，通过具体的个案传递程序本位价值观，推动未来刑事诉讼立法和司法的现代化发展。

现代法治的核心要求是对权利的保障和对权力的制约，而程序公正是公民私权与国家公权博弈过程中的杠杆和调节器，是依法治国的重要实现路径。正是程序，决定了法治和恣意人治之间的根本区别，故而必须要强调和凸显程序的重要性。对于犯罪嫌疑人劳荣枝一案，要依法办案依法收集有效证据，要经过正当的程序公平公正审判，要依据法律定罪量刑，以程序公正保障实体公正，从而实现司法的公正，提高司法公信力，维护司法权威。司法公正本质上是为保障人权服务的，维护司法公正的意义就体现在对人权的保障，为了实体公正损害犯罪嫌疑人的权利保障实属本末倒置。

程序公正的内涵离不开以审判为中心，而该诉讼制度实质上是充分保障犯罪嫌疑人、被告人及其辩护律师辩护权的诉讼制度，[①] 这对我国刑事辩护制度提出了更高的要求。例如，在司法实践中，律师在申请会见、阅卷、调查的过程中，经常遇到公安机关、检察机关，甚至法院限制或者剥夺其诉讼权利的情形，而我国刑事诉讼法并没有确立相应的司法救济措施，有关机关的程序性违法行为也无法被纳入程序性制裁机制之中。[②] 劳荣枝哥哥聘请的吴律师正是面临如此难题，无法正常行使会见权，寻求救济却求助无门，对辩护律师诉讼权利的司法救济长期缺位，势必损害有效辩护的积极性和成果。

展望未来我国刑事辩护制度的发展，应当立足中国国情，组建足够数量并具有专业精神的律师队伍，关注司法实践状况，构建有利于实现司法公正

① 顾永忠：《以审判为中心背景下的刑事辩护突出问题研究》，载《中国法学》，2016 年第 2 期。

② 陈瑞华：《刑事辩护制度四十年来的回顾与展望》，载《政法论坛》，2019 年第 6 期。

的程序安排，进一步完善在整体框架结构上符合司法规律的刑事诉讼程序，推动中国特色社会主义刑事程序法治体系的发展。

（二）有效辩护的再改革方向

辩护制度是司法文明进步的重要标尺，律师辩护权是一个国家民主、法治、科学、文明最重要的标志和符号。辩护制度对于促进我国法治建设、保障犯罪嫌疑人和被告人合法权益、促进公正司法具有重大作用。①为进一步完善辩护制度，提高人权保障水平，应当在以下几方面继续努力。

首先，推动刑事法律援助制度的均衡发展。刑事法律援助制度是保障人权、维护司法公正和实现社会公平正义的客观要求，我国法律援助发展现阶段仍存在诸多问题，面临不少挑战，需要有关机关多方面多层次努力。第一，各级政法机关应当高度重视，并提高对刑事法律援助制度的认识，发挥其核心地位和作用，把立法新规定落到实处；第二，各级政法委应当加强对刑事法律援助现行规定的组织实施和执法检查，建立保障法律援助机构及律师及时参与诉讼的有效衔接机制；第三，对于应当通知而未通知法律援助机构指派律师造成没有律师辩护的案件应当建立程序无效制度；第四，切实解决刑事法律援助的经费问题，加大法律援助的财政支持，实行专款专用，调整律师办案补贴额度，减免复印费等费用；第五，切实解决影响刑事法律援助工作的其他具体行政事务，提高管理效能。②

其次，解决刑事辩护制度积压的实践难题。在刑事诉讼中，刑事辩护要具有法律上的意义，必须以说服裁判者接受其辩护观点为最终的目的与归宿。③尚未真正形成法院、控方、辩方的形态，法院的中立裁判者地位未获确认，以审判为中心的诉讼理念未得到推进，检察机关与公安机关的追诉权流于行政化运行，致使辩方的诉讼地位未得到充分尊重，律师进行有效辩护

① 祁建建：《“刑事辩护制度四十年的发展、不足与展望”研讨会综述》，载《中国司法》，2019年第7期。

② 顾永忠、杨剑炜：《我国刑事法律援助的实施现状与对策建议——基于2013年〈刑事诉讼法〉施行以来的考察与思考》，载《法学杂志》，2015年第4期。

③ 陈瑞华：《程序性辩护的理论反思》，载《法学家》，2017年第1期。

面临巨大障碍。[①] 实践中，甚至出现"你辩你的，我判我的"荒唐情况，为此，对审判方式进行对抗式改造，构建裁判文书量刑说理的常态化机制势在必行。针对辩方的辩护意见，法院无论是支持，抑或是拒绝，都应当在程序上对其主张予以回应，为量刑结论的证成提供充分的依据，特别是法院未采纳辩护意见的部分，应当说明不予采纳的理由。

正如王敏远教授所言，展望刑事辩护制度的发展应确立宏观的总体目标：刑事诉讼中每一个刑事案件的每一个受到追诉的人，在诉讼每一个阶段都能够获得辩护律师全面而有效的法律帮助。[②] 这需要更明确的国家责任体系、更广泛的社会认可度、更深层次的理论研究和各职权部门更高效的接纳与支持。

（三）国家救助制度的新发展

从近年来历史发展的角度看，被害人在刑事司法中的地位经历了"被当作一个客体、一个用来对被告人定罪的工具"到加强其权利保护以实现保护被告人与保护被害人相均衡的过程。[③] 对犯罪嫌疑人、被告人的权利保护与对被害人权利保护本就是硬币的正反两面，受历史因素影响，学界更多地将目光放在对犯罪嫌疑人权利保障与探究实体公正的协调上，忽略了被害人渴望参与诉讼、希望获得补偿的心理诉求，实质上保障被害人权利是保障人权题中应有之义。

尽管诸多学者都赞同刑事被害人国家补偿制度是未来的发展方向，但缺乏大量实践探索和深入理论研究，我国目前尚不具备推行该制度的主客观条件。建立全国统一的刑事被害人救助制度，实现由自发的、零星的救助向规范的、统一的国家救助过渡，既符合当前和今后一段时期国家支持该项制度的能力，也基本上能够满足刑事被害人的心理预期，基本能够平衡刑事被害

---

① 刘计划、段君尚：《中国刑事诉讼法 40 年的回顾与展望》，载《贵州民族大学学报》（哲学社会科学版），2020 年第 1 期。

② 祁建建：《"刑事辩护制度四十年的发展、不足与展望"研讨会综述》，载《中国司法》，2019 年第 7 期。

③ 熊秋红：《从刑事被害人司法救助走向国家补偿》，载《人民检察》，2013 年第 23 期。

人与社会其他困难群体在社会保障体系中的利益关系，基本能够防范救济刑事被害人与眷顾、褒扬见义勇为者这两项政策措施在孰重孰轻的社会导向上的冲突。①

（四）大数据时代的智慧侦查

劳荣枝案曾与白银系列杀人案被媒体列入“中国十大疑案”，近年来二者的侦破都要归功于现代科学技术的广泛应用：白银案通过 DNA Y-STR 技术锁定犯罪嫌疑人的男性亲属，经过排查最终以指纹鉴定锁定犯罪嫌疑人；劳荣枝案通过人脸识别技术锁定潜逃 20 多年的犯罪嫌疑人，以亲属 DNA 对比鉴定确认犯罪嫌疑人身份。随着社会的发展，在互联网、大数据等研判系统的帮助下，警方的破案能力无疑会越来越强有力，但新兴的大数据技术可能带来的各种风险更需要引起我们的注意，这要求公安机关在便利执法的同时加强防范信息技术滥用导致的新种类犯罪。

展望未来，物联网、云取证、云计算、移动互联和人工智能等技术深入推进，利用大数据技术推动“智慧公安”、转型升级侦查治理手段，必将成为新时代推动公安事业发展的必由之路。智慧侦查的实现路径需要做到以下几点：第一，超前的思想观念引领，形成智慧侦查新思维；第二，海量的数据资源支撑，夯实智慧侦查新基石；第三，深度的数据资源应用，挖掘智慧侦查新价值；第四，严密的侦查风险防控，明确智慧侦查应用域；第五，专业的人才队伍保障，培育智慧侦查生力军。②

四、结语

劳荣枝的落网是现代科学技术在刑事案件侦查工作中取得的创新应用成果，也展现了未来高效率、智能化技术性抓捕的发展空间，这是办案机关迟来的正义答卷。借助于当前科技发展和信息网络力量，公安机关的侦查能力

① 陈彬：《由救助走向补偿——论刑事被害人救济路径的选择》，载《中国法学》，2009 年第 2 期。

② 翟海、江平：《大数据时代的智慧侦查：维度分析及实现路径》，载《中国刑警学院学报》，2018 年第 3 期。

也将与日俱增，但在后续工作中，却暴露出重配合轻制约、重实体轻程序的旧理念、意识，落后思想带来的误导性决策和行为是缺少对保障犯罪嫌疑人程序性权利的人文关怀的体现，对我国现代化、民主化刑事诉讼进程产生巨大内耗。执法的效率和温度始终潜移默化地影响着司法公信力和司法权威，努力让人民群众在每一起司法案件中感受到公平正义是一个永恒的课题，这里的正义既包含实体正义也包含程序正义，更重要的是正义要以看得见的方式实现。

（贾韫哲）

迟到的判决

——云南孙小果案

引言

据《昆明日报》2019 年 4 月 24 日的报道，自中央扫黑除恶第 20 督导组于 4 月 1 日进驻云南省开展扫黑除恶专项斗争督导以来，昆明市打掉了孙小果、涂力军等一批有影响的涉黑涉恶犯罪团伙，查处了一批涉黑涉恶腐败和“保护伞”案件。该条消息将孙小果又拉回了人们的视线，巧合的是，20 多年前，有一个在昆明夜场大名鼎鼎的恶霸也叫孙小果。1998 年 2 月，此人因强奸罪、强制侮辱妇女罪、故意伤害罪等多项罪名被昆明市中级人民法院判处死刑。随后经中央扫黑除恶第 20 督导组、昆明市公安局等多处权威信源确认，上述两个孙小果为同一人。这里我们不禁要问，一个 20 多年前已经被判处死刑的人如何“死里逃生”？为何又能在新一轮打黑行动中成为涉黑涉恶的典型？

回顾孙小果长达 20 多年的犯罪史，可谓是罄竹难书，他在 1995 年 12 月因犯强奸罪被云南省昆明市盘龙区人民法院判处有期徒刑 3 年。判决生效后，孙小果父母通过伪造病历帮助孙小果非法保外就医，导致孙小果被判刑后未被收监执行。在非法保外就医期间，孙小果又于 1997 年 4 月至 11 月犯强奸罪、强制侮辱妇女罪、故意伤害罪、寻衅滋事罪。昆明市中级人民法院于 1998 年 2 月一审对孙小果数罪并罚，决定执行死刑，剥夺政治权利终身。云南省高级人民法院经二审，于 1999 年 3 月作出改判，判处孙小果死刑，缓期

2年执行，剥夺政治权利终身。判决生效后，云南省高级人民法院于2007年9月作出再审判决，改判孙小果有期徒刑20年。从死刑立即执行到死缓，最后经再审被改为20年有期徒刑，这种“断崖式”的刑罚究竟是如何操作的?不禁令人一头雾水，难以理解。试想，如果不是2019年中央扫黑除恶第20督导组进驻云南并在昆明市打掉了孙小果等一批涉黑涉恶犯罪团伙，那么孙小果很有可能继续逍遥法外，为祸百姓，视法律为无物。

横据一方的恶霸孙小果最终被绳之以法，离不开媒体及社会舆论的监督，更有赖于全面从严治党、扫黑除恶专项行动等国家层面上的重大部署。孙小果本人虽最终被执行了死刑，但该案背后所引发的关于刑罚执行、滥用职权、司法腐败、权力寻租、黑恶势力保护伞等诸多问题仍牵动着每一个追求公平、正义者的心。虽然我们坚信正义永远不会缺席，但毕竟迟来的正义为非正义，我们需要反思的是如何在最大程度上保障正义准点到达。作为全国扫黑办挂牌督办案件以及2019年度检验法治效果的标志性案件，孙小果案产生的影响可谓深远，从21年前被判死刑，然后奇迹般地“死里逃生”，到今天再次被判处死刑并实际执行，这20多年里与孙小果相关的一连串的事件背后到底隐藏了什么不可告人的秘密?全面回顾孙小果案件的来龙去脉，反思该案件带给我们的教训，探寻我国现有刑事法律制度、刑事程序中尚存的漏洞并找出合理的方案填补漏洞，避免以后再发生类似的案件，是当下我们亟须思考的问题。

一、案情回顾

（一）轮奸少女，违法取保

1994年10月16日，当时身为云南武警学校学生的孙小果伙同4名社会无业青年驾车闲逛，在昆明环城南路强行将两位女青年拉上车，在车辆驶至呈贡县境内呈贡至宜良6公里处将其轮奸。[①] 罪行曝光之后，当年10月28

① 《20年前曾判死刑的“昆明恶霸” 今疑又成涉黑涉恶典型》，载新京报网，2019年4月26日；http: //www.bjnews.com.cn/news/2019/04/26/572757.html，2020年8月25日访问。

日，孙小果被收审；1995 年 4 月 4 日被批准逮捕；1995 年 6 月则被取保候审。同年 12 月，昆明市盘龙区人民法院一审判处孙小果有期徒刑 3 年，孙小果随后提起上诉。昆明市中级人民法院于 1996 年 4 月裁定驳回上诉，维持原判。虽然孙小果被判了 3 年实刑，但实际上他却未被收监执行。这是由于他的母亲和继父通过伪造病历帮助其违法取保候审，保外就医。孙小果的母亲和继父是何许人也，竟有如此能量？事实上，孙小果虽屡犯重罪，却一次次受到"法外照顾"，离不开其父母的溺爱以及背后保护伞的包庇。孙小果的母亲名叫孙鹤予，昆明市公安局官渡分局原民警，因包庇孙小果 1994 年强奸案于 1998 年被开除公职，后被昆明市官渡区人民法院以包庇罪判处有期徒刑 5 年，2003 年 7 月释放。孙小果的继父名为李桥忠，1992 年与孙鹤予结婚，1996 年从部队转业到昆明市公安局五华分局任副局长，1998 年因为孙小果 1994 年强奸案违规办理取保候审等受到留党察看 2 年、撤职处分；2002 年任五华区城管局副局长，2004 年任局长，2018 年 10 月退休。正所谓"养不教，父之过"，孙小果从一个警校学生一步步走向违法犯罪的深渊，其父母一直在背后起着纵容、包庇的作用。举例说明，1997 年 12 月 9 日，云南某报刊发报道《可怜天下父母心——孙小果父母访谈录》文中，孙父孙母对自己儿子所犯的罪行表示了震惊、愤慨和谴责。这篇报道实际上是孙小果的父母意图利用舆论来博得公众同情，主要目的是为了帮助孙小果逃避法律应有的制裁，实为包藏祸心，姑息养奸。更为讽刺的是，就在早前的 11 月 28 日，云南某报还以"掩盖不住的罪恶"为标题，报道了昆明警方摧毁孙小果流氓恶势力团伙的事件，文中昆明市公安局刑侦大队教导员感叹道："干公安工作这么多年，我还从未遇见过如此残暴的刑事案件！"两篇报道同出于一个官媒，时间间隔也不到半个月，但文章的基调就发生了 180 度的转变，很难不令人怀疑该报受到了外部压力而不得不出专文来给孙小果"洗白"。

（二）劣性不改，再犯恶刑

通过伪造材料，获得"保外就医"的机会后，孙小果仍没有停止作恶。他于 1997 年 4 月至 11 月间又多次实施暴行。根据最高人民检察院监所检察厅《中国法律年鉴（1999）》"案件选编"中的记载，1997 年 4 月的一天晚上，被告人孙小果在茶苑楼宾馆908号房，强奸了16岁少女宋某。1997年6月1日，被告人孙小果在昆明茶苑楼宾馆906房间，当众强奸了张某某。1997年6月5日，孙小果将女学生菠某某、史某叫到昆明市茶苑楼宾馆906号房，强行奸污了菠某某。1997年6月17日晚，被告人孙小果在昆明兴绍饭店301号房，欲强行与幼女张某发生性关系，张不从，孙便指使崔凯、冉智对张毒打威胁，并强行留张在房内不准回家。1997年11月7日21时许，被告人孙小果为让17岁少女张某某说出其表妹和男友汪某某的下落，便纠集指使本案其他被告人将张某某及其女友杨某某带到夜总会“温州KTV”包房内。孙小果等人即对张进行殴打、侮辱，轮番对张进行拳打脚踢，并用孙小果叫他人买来的竹筷和牙签刺张的乳房，用烟头烙烫张的手臂，还逼迫张用牙齿咬住大理石茶几并用肘猛击张的头部。次日凌晨，孙小果等人又将张某某、杨某某挟持到昆明市本豪胜娱乐城啤酒屋2楼，在公共场所又对张、杨进行毒打，再一次逼张用牙咬住大理石茶几边缘，用手肘击打张的头部。凌晨4时许，孙小果等人将张、杨二人带至昆明饭店大门口，轮番对张进行拳打脚踢，致张昏迷。被告人党俊宏及杨琨鹏还解开裤子，将尿冲在张某某的脸上。被害人的伤情经法医鉴定为重伤。1998年2月18日，昆明市中级人民法院经审理，判决被告人孙小果犯强奸罪，判处死刑，剥夺政治权利终身；犯强制侮辱妇女罪，判处有期徒刑15年；犯故意伤害罪，判处有期徒刑7年；犯寻衅滋事罪，判处有期徒刑3年；加原先强奸罪所判余刑2年4个月又12天，数罪并罚，决定执行死刑，剥夺政治权利终身。一审判决后，孙小果等人不服，向云南省高级人民法院提出上诉。云南省高级人民法院经审理，依法驳回上诉，维持原判。

（三）“死里逃生”，再审减刑

在二审程序中，云南省高级人民法院经审理，依法驳回上诉，维持原判。但令人诧异的是，孙小果的死刑判决却被改判为死刑缓期2年执行。这里就存在一个前后矛盾的问题，即云南省高级人民法院既然都已经作出驳回上诉，维持原判的二审裁决了。那么，又何来改判为死刑缓期2年执行呢？为了回答这个疑问，我们需要了解当时的司法背景。1998年孙小果涉嫌强奸罪时，死刑的核准权已下放到云南省高级人民法院。在本案中，云南省高级人民法院既负责第二审程序，又掌管死刑复核工作。云南省高级人民法院在维持一审判决的基础上又改判孙小果死缓，实际上是经由两个程序实现的，即该院的二审维持了昆明市中级人民法院一审裁判，但在接下来进行的死刑复核程序中，该院并未核准孙小果的死刑裁决，并改判为死刑缓期 2 年执行。只有这样才能从程序上解释通。由于当时裁判文书还没有统一上网，所以笔者未搜索到该案的二审判决书和死刑复核裁决书。按照常理来说，二审和死刑复核工作均是由云南省高级人民法院进行的，虽是由不同的合议庭负责，但其结果也不应有如此差异。更何况考虑到孙小果所犯罪行的严重程度，对其处以死刑在实体上也无任何问题。那么，云南省高级人民法院究竟出于什么原因在死刑复核程序中将孙小果的死刑改判为死缓呢？这与孙小果背后的“保护伞”脱不了干系。值得一提的是，孙小果被云南省高级人民法院改判死缓居然没有记录在《中国法律年鉴（1999）》中，这从某种程度上表明孙小果被改判死缓在程序公开性上存在严重问题，这就不难理解在 2019 年，当孙小果这个名字因涉黑涉恶再次出现在公众面前时，会给人一种“亡者归来”的错觉。当我们对孙小果“死里逃生”感到诧异时，更令人大跌眼镜的事情来了。1999 年孙小果服刑期间，云南省高级人民法院又对本案启动了再审程序，再审对孙小果进行了大幅度的减刑，其最终被判有期徒刑 20 年。由于裁判文书没有公开，所以当时再审改判的理由并未公之于众。获得再审减刑后，孙小果寻求非法减刑的行动并未停滞，并有愈演愈烈之势。2008 年 10 月 27 日，孙小果以申请人身份向国家知识产权局专利局申请其发明的“联动锁紧式防盗窨井盖”国家专利。该专利于 2009 年 5 月 6 日在国家知识产权局专利局被公开。[①] 随后，获得实用新型专利的孙小果，在其母孙鹤予、继父李桥忠的运作下开始向法院申请减刑。后来查明，孙小果在服刑期间，孙鹤予、李桥忠与监狱、法院相关人员共谋，利用并非其发明的“联动锁紧式防盗窨井盖”申请实用新型专利，达到认定重大立功帮助其减刑的

① 《孙小果“复活记”：死刑不被核准改死缓，后经再审改判 20 年》，载澎湃新闻网，2019 年 6 月 3 日；https：//www.thepaper.cn/newsDetail_forward_3594980，2020 年 8 月 16 日访问。

目的。最终孙小果凭借该专利实际减刑1年5个月。此外，经有关部门查明，2004年至2009年，孙小果的继父李桥忠、母亲孙鹤予二人先后向时任云南省监狱管理局政委、省司法厅副厅长罗正云，时任云南省第一监狱政委刘思源等监狱干警行贿，在他们的关照下，孙小果三次获得违法减刑，依靠不正当关照获得常规减刑1年3个月，两项共计减刑2年8个月，2010年4月，孙小果的减刑申请获得了法院的裁定核准后出狱。从1997年11月孙小果被刑事拘留，至2010年4月出狱，孙小果实际服刑约13年。可以说，从孙小果改判死缓到再审减刑都是其背后的关系网和“保护伞”运作的结果，是“有预谋、有策略”的“系统性工程”。孙小果出狱后，日常行事稍微收敛了一些，为了掩人耳目，他将姓名改为“李林宸”，开始经营多家餐厅公司和夜店生意，包括M2（咪兔）、银河俱乐部以及云纺街Space酒吧等产业，成为行内人口中昆明夜场的“大李总”。

（四）涉黑涉恶，终获制裁

2019年4月，中央扫黑除恶第20督导组进驻云南省期间，昆明市打掉了孙小果等一批涉黑涉恶犯罪团伙。孙小果案经媒体报道后，引发社会高度关注。中央督导组在督导中发现孙小果案背后存在较多问题，遂将该案作为重点案件向云南省交办。全国扫黑办有关负责人表示，中央第20督导组已责成云南省组织专门力量，依法严查孙小果涉黑案及背后存在的严重问题，全国扫黑办将配合中央督导组对该案同步督办，一盯到底，彻底查清问题，依纪依法严肃处理，回应社会关切。[①]2019年5月17日，昆明市扫黑办称，针对近期公众和媒体关注的昆明孙小果案有关问题，云南省市有关部门已对孙小果所涉犯罪、相关判决及刑罚执行等问题正在开展调查和审查工作，对存在涉黑涉恶腐败和“保护伞”，以及其他违法犯罪行为，将一查到底，绝不姑息，依纪依规依法严肃处理。[②]2019年5月28日，云南省扫黑除恶专项斗争

①《全国扫黑办挂牌督办云南孙小果涉黑案》，载新京报网，2019年5月24日；http://www.bjnews.com.cn/news/2019/05/24/582997.html，2020年8月25日访问。

②《云南省委表态孙小果案：提供保护的公职人员，一查到底》，载新京报网，2019年5月24日；http://www.bjnews.com.cn/feature/2019/05/24/583203.html，2020年8月10日访问。

领导小组办公室向公众通报了孙小果案件办理进展情况[①]。同日，云南省官方通报称，省市有关办案部门正在按照中央督导组和省委的要求，对孙小果1998年犯强奸罪一审被判处死刑后，二审、再审改判以及刑罚执行和其他违法犯罪加紧开展调查工作。[②]2019年6月4日，全国扫黑办派大要案督办组赴云南督办孙小果案，进驻昆明。[③]2019年7月26日，据云南省扫黑办通报，自5月28日向社会通报孙小果案件办理进展情况以来，有关部门和地方开展了紧张细致的调查核实工作，查阅了大量案件相关档案材料，调查走访了大量案件当事人、知情人及相关人员，案件查办工作取得新的重要进展。云南省高级人民法院作出决定，依法对孙小果强奸、强制侮辱妇女、故意伤害、寻衅滋事案启动再审。云南省纪检监察机关在之前已对云南省高级人民法院审判委员会原专职委员梁子安等11人立案审查调查，又对涉嫌严重违纪违法的云南省司法厅原巡视员罗正云、云南省高级人民法院原副厅级专职审判委员会委员田波、云南省公安厅刑事侦查总队原副总队长杨劲松等3人进行立案审查调查，而且对上述人员采取了留置措施。同时，云南省检察机关在前期已对4名监狱干警立案侦查并采取逮捕措施的基础上，又对涉嫌徇私舞弊减刑的2名监狱干警采取逮捕措施。孙小果案被查涉案公职人员、重要关系人增至20人。[④]

2019年10月14日，云南省高级人民法院依照审判监督程序对孙小果强奸、强制侮辱妇女、故意伤害、寻衅滋事一案依法再审开庭审理。本次再审事实上属于“再再审”，是对之前备受争议的改判死缓、重大立功以及原再审减刑问题再次进行审查的程序，与该再审同步进行的是对孙小果等人涉黑

① 《云南省扫黑办通报孙小果案办理进展情况》，载新华网，2019年5月28日；http：//www.xinhuanet.com/legal/2019-05/28/c_1124551849.htm，2020年8月16日访问。

② 《孙小果“复活记”：死刑不被核准改死缓，后经再审改判20年》，载澎湃新闻网，2019年6月3日；https：//www.thepaper.cn/newsDetail_forward_3594980，2020年8月16日访问。

③ 《全国扫黑办派大要案督办组赴云南督办孙小果案 》，载新华网，2019年6月4日；http：//www.xinhuanet.com/legal/2019-06/04/c_1124581675.htm，2020年8月25日访问。

④ 《云南省高级人民法院依法对孙小果案启动再审　被查涉案公职人员和重要关系人增至20人》，载新华网，2019年7月26日；http：//www.bjnews.com.cn/news/2019/04/26/572757.html，2020年8月20日访问。

涉恶案件的调查与审理程序。

2019年11月6日至7日，云南省玉溪市中级人民法院对被告人孙小果等13人涉嫌组织、领导、参加黑社会性质组织等犯罪一案依法公开开庭审理。玉溪市人民检察院起诉书指控，被告人孙小果于1994年、1997年因犯罪两次被判刑，特别是1997年犯强奸罪、故意伤害罪、强制侮辱妇女罪、寻衅滋事罪，在社会上造成了恶劣影响。孙小果出狱后，网罗刑满释放人员和社会闲散人员，以昆明市五华区国防路的昆都M2酒吧为依托，逐步形成了以被告人孙小果为组织者、领导者，顾宏斌、曹靖、栾皓程、杨朝光为积极参加者，冯俊逸、赵捷、王子谦等人为其他参加者的黑社会性质组织，先后实施了开设赌场、寻衅滋事、非法拘禁、故意伤害、聚众斗殴、妨害作证、行贿等犯罪及其他违法行为，严重破坏了经济、社会管理秩序。

2019年11月8日，云南省玉溪市中级人民法院继续公开开庭，对孙小果等13人组织、领导、参加黑社会性质组织等犯罪一案当庭宣告一审判决，以被告人孙小果犯组织、领导黑社会性质组织罪、开设赌场罪、寻衅滋事罪、非法拘禁罪、故意伤害罪、妨害作证罪、行贿罪，数罪并罚，决定执行有期徒刑25年，剥夺政治权利5年，并处没收个人全部财产。随后，孙小果等4名被告人提出上诉。

2019年12月17日，云南省高级人民法院依法对孙小果等13人组织、领导、参加黑社会性质组织等犯罪一案二审公开宣判，对上诉人孙小果等4人驳回上诉，维持原判。

2019年12月23日，云南省高级人民法院对孙小果1997年犯强奸罪、强制侮辱妇女罪、故意伤害罪、寻衅滋事罪再审案件依法公开宣判，判决认为该院2007年9月作出的原再审判决以及1999年3月作出的二审判决对孙小果的定罪量刑确有错误，依法予以撤销，维持昆明市中级人民法院1998年2月一审对孙小果判处死刑的判决，并与其出狱后犯组织、领导黑社会性质组织等罪被判处有期徒刑25年的终审判决合并，决定对孙小果执行死刑，剥夺政治权利终身，并处没收个人全部财产。对孙小果的死刑判决，将依法报请最高人民法院核准。[①]2020年2月12日，最高人民法院发布了孙小果死刑复核裁定书，并作出如下裁定：核准云南省高级人民法院（2019）云刑再3号维持第一审对原审被告人孙小果数罪并罚，决定执行死刑，剥夺政治权利终身，并将该刑罚与云南省高级人民法院（2019）云刑终1321号刑事判决维持云南省玉溪市中级人民法院（2019）云04刑初149号刑事判决对孙小果判处有期徒刑25年，剥夺政治权利5年，并处没收个人全部财产的刑罚合并，决定执行死刑，剥夺政治权利终身，并处没收个人全部财产的刑事判决。[②]2020年2月20日，遵照最高人民法院下达的执行死刑命令，云南省昆明市中级人民法院依法对罪犯孙小果执行了死刑。[③]

一方恶霸孙小果被执行死刑，这个结果符合我们朴素的正义观。诚然，此次扫黑除恶专项行动，彻底铲除了以孙小果为首的黑恶势力，净化了社会风气。但是我们还应保持清醒的头脑以及敏锐的洞察力，孙小果案件反映出了我国刑事程序的诸多漏洞，不将这些漏洞逐一填平，我们很难保证以后不会出现类似的案件。

二、法理研析

（一）孙小果改判死缓的原因何在

1998年，孙小果一审因犯强奸罪、强制侮辱妇女罪、寻衅滋事罪加原先强奸罪所判余刑，数罪并罚，决定执行死刑，剥夺政治权利终身。一审判决后，孙小果不服向云南省高级人民法院提出上诉。云南省高级人民法院经审理，依法驳回上诉，维持原判。随后，云南省高级人民法院没有核准孙小果的死刑裁决，而改判为死刑缓期2年执行，那么，致使该案“枪下留人”的原因究竟是什么？

①《云南高院依法公开宣判孙小果再审案　决定执行死刑》，载新华网，2019年12月23日；http://www.xinhuanet.com/legal/2019-12/23/c_1125377515.htm，2020年8月21日访问。

② 详见最高人民法院孙小果死刑复核裁定书。

③《孙小果被执行死刑》，载央视网，2020年2月20日；http://m.news.cctv.com/2020/02/20/ARTIfHOXjcMOoshJKJoFWH75200220.shtml，2020年8月21日访问。

根据我国《刑法》第四十八条第一款之规定，“对于应当判处死刑的犯罪分子，如果不是必须立即执行的，可以判处死刑同时宣告缓期2年执行”。该条规定表明了死缓较死刑立即执行而言处于补充性的地位，同时也赋予法官较大的自由裁量权。“作为死刑立即执行与死刑缓期执行的界限——‘不是必须立即执行’语焉不详，背离了罪行法定主义的实质要求，使之具有很大的适用弹性，不同的法官基于不同的理解和认识角度会得出不同的结论，不利于维护法制的统一。”[①] 前文已述，在1997年孙小果的强奸案件中，孙小果一审被昆明市中级人民法院判处死刑立即执行，孙小果上诉后，云南省高级人民法院驳回上诉，维持原判。后来在云南省高级人民法院的死刑复核程序中，孙小果被改判为死缓。一般而言，死刑立即执行改为死缓主要考虑以下几个因素，即是否属于“疑罪”、犯罪人有无自首或立功表现、是否在共同犯罪中起主要作用、犯罪人的人身危险性、受害人及其他人在本案中有无过错。在孙小果案中，犯罪事实清楚，证据确凿，不存在疑罪情况，孙小果本人在犯罪后并未自首，也没有立功表现；另外，孙小果作为恶霸头目，在共同犯罪中起到主要作用；最后，考虑到孙小果屡教不改，作恶多端，故其人身危险性很大。一言以蔽之，孙小果不存在任何从死刑改判为死缓的积极因素。那么，到底是什么力量推动孙小果从死刑改为死缓呢？答案显而易见，那就是法外因素主导了案件的结果。这个结论后来也得到了印证。孙小果及其母亲与继父利用金钱开道，用糖衣炮弹腐蚀了云南政法系统的一批干部，其中还包括云南省高级人民法院的法官。在一群保护伞的“照顾”之下，孙小果才得以“死里逃生”。为了解决这一问题，对相关腐败分子绳之以法只是一种亡羊补牢的做法，要想真正从根源上解决问题，还是要回归到程序设计上。

（二）孙小果的“发明”能否构成重大立功

孙小果利用其在狱中“发明”的“联动锁紧式防盗窨井盖”向国家专利局申请专利获准，之后，云南省高级人民法院再审将该实用新型专利认定为

① 高铭暄、徐宏：《中国死缓制度的三维考察》，载《政治与法律》，2010年第2期。

重大立功，孙小果以此获得了减刑。

事实上，在监狱中发明专利确是服刑人员争取减刑的一个捷径。根据我国 1979 年《刑法》第七十八条之规定“有发明创造或者重大技术革新的”属于重大立功表现、应当减刑的范畴。法律设置这一项制度的初衷就在于鼓励监狱服刑的犯罪通过积极劳动改造尽早回归社会，体现了惩罚中的人文关怀，是司法文明的表现。其初衷虽好，但在实践中却被一些不法分子钻了空子，他们将发明创造视为政策红利，违法找他人在狱外“代劳”，通过金钱打通关系，将减刑视为金钱和关系赎买的物品。例如，广东健力宝集团原董事长张海，当年就是凭借购买的“汽车前后双视镜”发明专利重大立功，最终实现了不法减刑的目的。据了解，还有一些知识产权中介机构有偿为服刑人员提供“专利减刑”服务，已经形成了一条灰色产业链。

孙小果涉黑案件曝光之后，其先前的一些违法操作也陆续被揭开。实际上孙小果在狱中的专利发明是其亲属花钱找人代劳而获得，并用金钱铺路，买通了云南省监狱管理局、省司法厅的工作人员以及昆明市中级人民法院的法官。由相关人员帮助孙小果提供“联动锁紧式防盗窨井盖”的设计材料，在省一监七监区教导员、管教干警等人的帮助下，同监服刑人员按图纸制作出模型，然后再帮助其将模型带出监区。因此，该实用新型专利根本不是孙小果本人所发明的。

如果单纯只从该专利发明的角度出发，该防盗窨井盖能否被认定为重大立功呢？为了回答这个问题，我们首先要了解专利这个概念。我国《专利法》规定，申请专利分三种类型：第一种叫发明专利；第二种是实用新型专利；第三种是外观设计专利。国家对专利授权设置了三个条件，分别体现为新颖性、创造性和实用性，如果上述三个条件都能达到，就可以获得国家的专利授权。就孙小果设计的“联动锁紧式防盗窨井盖”而言，该窨井盖具有防盗的功能，能在一定程度上解决现实生活中窨井盖被偷盗的问题，因此该发明首先是具备实用性的；在这项发明之前，从权威渠道尚未检索到类似的技术，说明其具有一定的新颖性；该设施主要用于市政工程，实用性较强。所以单从专利申请的角度，孙小果的“发明”是符合授予专利要求的。考虑到2014年以前，我国关于发明专利减刑的法律规定不完善，主要依据是《刑法》第七十八条以及《监狱法》有关重大立功的第二十九条，法律层面的欠缺也造成了实践中的混乱，同时也留给法官过多的自由裁量空间。直到2014年1月，中央政法委发布了《中共中央政法委关于严格规范减刑、假释、暂予监外执行切实防止司法腐败的意见》才对减刑、假释工作予以规范。[①]因此，根据当时的法律规定，云南省高级人民法院将孙小果的发明创造认定为重大立功并无明显不当。换言之，单从当时的法律规定上看，该发明创造被认定为重大立功是符合相关法律要求的。当然，这并不意味着孙小果应当享受这个专利所带来的减刑待遇，因为其中存在着虚假申报、权钱交易以及腐败问题，所以该重大立功的认定理应被撤销。

（三）2019年云南省高级人民法院再审维持1998年昆明市中级人民法院对孙小果的死刑判决有何依据

云南省高级人民法院再审查明，1997年4月至6月，孙小果以劫持、威胁等方式控制被害人，并以暴力胁迫手段对一名17岁和两名15岁的未成年少女、一名未满14岁的幼女实施强奸。孙小果所犯强奸罪，具有公众场所劫持和强奸妇女多人这两个特别严重的情节，并具有当众强奸、非法限制人身自由、强奸未成年少女及幼女、刑罚执行期间又犯罪、强奸再犯等多个法定或酌定从重情节，综合上述犯罪情节，孙小果的强奸犯罪已达到1979年刑法判处死刑的量刑标准。此外，1997年7月，孙小果伙同他人肆意在公众场所追逐、拦截、殴打致伤三名被害人，破坏社会秩序，情节恶劣，构成寻衅滋事罪。1997年11月，孙小果及其同伙在公众场所挟持两名17岁少女，对二人进行暴力伤害和人格凌辱，致一名被害人重伤，犯罪手段及其凶残，令人发指，构成强制侮辱妇女罪和故意伤害罪。综上所述，孙小果主观恶性极深，人身危险性大，社会危害极其严重，属于罪行严重、罪大恶极。因而，

① 对三类罪犯拟按法律规定的“有发明创造或者重大技术革新”认定为“重大立功表现”的，该发明创造或者重大革新技术必须是该罪犯在服刑期间独立完成并经国家主管部门确认的发明专利，且不包括实用新型专利和外观设计专利；拟按法律规定的“对国家和社会有其他重大贡献”认定为“重大立功表现”的，该重大贡献必须是该罪犯在服刑期间独立完成并经国家主管部门确认的劳动成果。

在对孙小果犯罪手段、犯罪情节、主观恶性、社会危害性等情况进行综合评价后，昆明市中级人民法院于1998年2月一审对孙小果作出数罪并罚，决定执行死刑，剥夺政治权利终身的判决是正确的，不仅定罪准确而且量刑适当。云南省高级人民法院再审维持了昆明市中级人民法院的一审判决。

三、反思与启示

（一）完善死刑复核，促进程序公开

1999年云南省高级人民法院改判孙小果死刑缓期2年执行的主要原因是负责死刑复核工作的法官受到了法外因素的干扰。死刑复核程序为被判处死刑被告人把最后一道关，其重要性不言而喻，该程序对于审慎适用死刑、保障死刑案件裁判质量、维护死刑裁量基准的统一具有重要作用。从现行《刑事诉讼法》的条文结构上看，死刑复核程序规定在第三编“审判”之中，可以视为从立法上确认了死刑复核程序的审判属性。但从实践效果来看，该程序的实际效果不佳。究其根源在于死刑复核的运行方式并未实现诉讼化，不具有传统审判方式中“两造具备，师听五辞”的基本特征，还保留着封闭性、书面化、秘密性的色彩，死刑复核程序在程序公开方面存在严重不足。

贝卡利亚曾经说过：“审判应当公开，犯罪的证据应当公开，以便使或许是社会唯一制约手段的舆论能够约束强力和欲望；这样人民就会说：我们不是奴隶，我们受到保护。”[①]而在我国司法实践中，死刑复核程序一般由3名法官组成合议庭，采用书面审查与讯问被告人的方式复核案件。据此，一部分学者和实务工作者认为，我国的死刑复核程序是一种行政性核准程序。虽然，我国《刑事诉讼法》第二百五十一条规定了“最高人民法院复核死刑案件，应当讯问被告人，辩护律师提出要求的，应当听取辩护律师的意见”，但上述规定尚不足以保障死刑复核程序的公开、透明。司法的本质在于公开。“程序的过程性与交涉性决定了程序应当具有参与性，即与裁判或者诉讼

① [意]切萨雷·贝卡利亚：《论犯罪与刑罚》，黄风译，第42页，北京，北京大学出版社，2018年。

结局有着直接利害关系的人应当富有意义地参加到裁判决定的过程中来”[①]。试想如果对死刑复核程序实行诉讼化改造，充分吸收控辩双方参与，复核法官在全面听取双方的意见之后再作出裁定。就能在很大程度上提升死刑复核的质量，充分发挥诉讼内的监督效能，减少法外因素对该程序的干涉，有效预防死刑复核中的违法改判现象。另外，为了进一步实现死刑复核程序的诉讼化，我们应尽快在该程序中落实法律援助制度。我国《刑事诉讼法》规定的法律援助辩护仅适用于可能被判处无期徒刑、死刑的犯罪嫌疑人、被告人以及未成年人与特殊群体。另外，根据2012年最高人民法院的有关规定，我国目前的法律援助制度还未拓展到死刑复核程序中，仅存在于一审、二审以及高级人民法院复核的死刑案件中。[②]因此，我们亟须在最高人民法院的死刑复核程序中实行法律援助辩护制度，这不仅能提升死刑复核案件的辩护质量，从另一个角度来看，律师作为法律职业共同体的成员，能起到监督、见证的作用，有助于死刑复核程序的实质公开，保证复核工作公正、有序进行。

（二）规范刑罚执行，严堵执行漏洞

刑罚执行与侦查、起诉、审判一样，是刑事诉讼的重要环节。它的意义在于“关系到刑事诉讼目的的最终实现，关系到和平与正义，关系到国家的稳定与社会的和谐，同时还与人权保障和司法文明建设密切相关”[③]。一直以来，我国深受“重裁判、轻执行”司法惯性的影响，在构建和完善刑事程序时更多地把注意力放在对案件的侦查、审查起诉以及审判程序上，对审判后程序尤其是刑罚执行程序的关注不够。“刑罚的目的——预防犯罪，只通过制刑和量刑是不够的，刑罚预防犯罪的目的，最主要或者最根本的是通过刑

---

① 陈卫东：《关于完善死刑复核程序的几点意见》，载《环球法学评论》，2006年第5期。

② 《最高人民法院关于适用〈中华人民共和国刑事诉讼法〉的解释》第四十二条第二款规定：“高级人民法院复核死刑案件，被告人没有委托辩护人的，应当通知法律援助机构指派律师为其提供辩护。”

③ 陈国庆：《深化检察改革，完善刑罚执行监督机制》，载《人民检察》，2006年第2期。

罚执行活动才得以最终实现。”[①] 自 1979 年颁布以来，我国的《刑事诉讼法》历经了 1979 年、1996 年、2012 年以及 2018 年四次修改，其中就刑罚执行程序着墨不多，与刑罚执行相关的法律规定也较为粗疏，这就给服刑罪犯以可乘之机，实践中不当减刑、违法取保的现象时有发生，刑罚执行的漏洞已经到了必须填补的地步。孙小果案件中孙小果伪造病历骗取保外就医、冒用专利构成重大立功减刑等问题已经充分暴露了我国刑罚执行程序的漏洞。值得注意的是，为了规范刑罚的执行，有关机关也专门出台了几部法规文件，2014 年 1 月，中央政法委制定出台《关于严格规范减刑、假释、暂予监外执行切实防止司法腐败的意见》; 2014 年 3 月开始，最高人民检察院在全国部署开展了为期 9 个月的减刑、假释、暂予监外执行专项检查活动；同年 4 月 29 日,《最高人民法院关于减刑、假释案件审理程序的规定》正式发布。该规定第六条规定，凡“因罪犯有重大立功表现报请减刑的”等六类减刑、假释案件应当开庭审理。该规定旨在为引入社会监督，增加减刑、假释案件的透明度。该规定第十九条明确“减刑、假释裁定书应当通过互联网依法向社会公布”。减刑、假释裁定书实行网上公开，有助于减刑、假释活动接受社会监督，有助于上述工作的良性运行。但徒法不足以自行，为了进一步完善刑罚执行程序，应当充分发挥检察机关在刑罚执行程序中的作用。我国台湾学者林钰雄主张检察官在刑事诉讼中的定位应为“法律的守护人”而绝非“一造当事人”，他认为“检察官在刑事诉讼法上，与法官同为客观法律准则及实体真实正义的忠实公仆，‘毋纵’之外还要‘毋枉’，‘除暴’之外还要‘安良’，并非、也不该是片面追求攻击被告的狂热分子”[②]。在我国大陆地区，检察机关作为宪法规定的法律监督机关，理应保障刑罚的规范执行。以监禁刑为例，对监禁刑实行检察监督主要是通过以下四种形式实现的，即派驻监督、巡回检察、专项检察和巡视检察。其中，最为常见的方式是派驻检察。“截至 2018 年 4 月底，全国检察机关共设置 667 个派驻检察室承担监狱检察

① 马克昌主编:《刑罚通论》，第 67 页，北京，武汉大学出版社，2002 年。

② 林钰雄:《检察官论》，第 20—21 页，北京，法律出版社，2008 年。

任务，对全国监狱派驻检察的比例达到了97%以上。”[①]但是，实践中，检察院派驻监所监督执行的实际效果并不理想，这是由于采取派驻的方式，通常人员是固定的，久而久之，驻所检察官的心理会发生变化并逐渐和监狱看管人员趋同化。这就导致执行监督的效果大打折扣，甚至形同虚设。因此，为了解决上述问题，日后检察机关的执行监督应当实现巡视检察、巡回检察常态化，逐步减少直至取消派驻检察这一模式。遇有因客观原因暂时无法取消派驻检察的情况，考虑到“检察一体”的影响，为了切实保障监督效果，我们可以学习监察制度改革前检察院对于自侦案件审查批捕权上提一级的做法，将派出看守所检察室人员的检察院级别上提一级，以此实现上级检察机关对下级检察机关就刑事执行工作的领导与监督。上述完善建议有助于加强检察机关对刑罚执行活动的监督，增强法律监督权的刚性，进一步消除刑罚执行中的腐败现象。

（三）加强文书说理，祛除裁判魅性

裁判文书释法说理的目的是通过阐明裁判结论的形成过程和正当性理由，提高裁判的可接受性，发挥裁判定分止争以及价值引领的作用，是提高裁判的可接受性，实现其法律效果和社会效果相统一的关键环节。“司法改革要求推进审判公开，裁判文书公开是审判公开的重要内容，说理公开是裁判文书公开的实质与灵魂。说理公开，包括事实认定、证据评断、法律适用的公开等核心要素。”[②]死刑案件由于直接关涉刑事被告人的生命权这一重要宪法权利，因此法官应当更为重视并详细阐述证据的认证过程。“认证公开，尤其是认证结果的公开，要求法官们在裁判文书中对证据的取舍及心证过程进行说明，有利于防止由于法官判断的任意性导致对当事人诉讼权利的损害。”[③]但司法实践中，这个问题一直未得到妥善解决，集中体现为裁判文书“不讲理、不说理”，这就让普通大众无法真正感受到司法的公平、公开。

---

① 徐盈雁：《改“派驻”为“巡回”，监狱检察方式迎来重大改革》，载《检察日报》，2018年第6期。

② 赵朝琴、韩树德：《关于裁判文书说理责任制度构建的思考》，载《法律适用》，2017年第23期。

③ 何家弘：《证据法学（第五版）》，第91页，北京，法律出版社，2013年。

不讲理的裁判文书容易产生司法魅性，严重影响司法的公信力。以早前发生的刘涌案为例，该案的二审程序中，刘涌及其辩护人向法庭提出公安机关在对刘涌及其同案被告人讯问时存在刑讯逼供非法取证的行为，辽宁省高级人民法院最终以“不能从根本上排除公安机关在侦查过程中存在刑讯逼供”“论罪应当判处死刑，但鉴于其犯罪的事实、性质、情节和对社会的危害程序以及本案的具体情况，对其判处死刑，可不立即执行”的理由判处了刘涌死缓。二审判决作出之后，引发社会舆论的强烈反响，其中更多是质疑二审裁判的公正性。出现上述问题的主要原因就是二审裁判在释法说理上存在严重不足，法院改判刘涌死缓的理由并不明晰。“鉴于本案的具体情况”的表述过于含糊不清，是否间接承认了本案的侦查程序中存在刑讯逼供的行为？因此，民众对二审裁判持怀疑乃至抨击的态度就不难理解了。孙小果案二审改判死缓与刘涌案存在相似之处，都是在二审中“死里逃生”，导致这种结果的主要原因是权钱交易、司法腐败，但是裁判文书说理不足，对有争议的事实和法律问题模糊处理也是原因之一。试想如果推行了严格的裁判文书说理制度，鉴于孙小果恶贯满盈，罪行累累，二审想要改判其死缓的难度会非常大，因为从死刑立即执行改判为死缓是需要对改判事由进行详细说理与论证的。就孙小果的情况而言，二审法院显然是无法合理论证其判处死缓的理由。因此，推行严格的裁判文书说理能够将影响案件判决结果的各种因素、控辩双方的证据及质证意见逐一列举并详细阐述法庭在事实认定和法律适用问题上的主要意见，有助于裁判文书的实质公开，增强司法的公信力，同时也能让普通民众知晓裁判作出的全过程及相应的裁判依据，能在一定程度上抑制司法腐败。在当前推进“以审判为中心”的环境下，这个问题已经引起了重视。最高人民法院在2018年6月印发了《关于加强和规范裁判文书释法说理的指导意见》，旨在提高裁判文书释法说理的质量与效果，但这仅是一个开始，未来仍需更为完备的配套措施。

（四）严防司法腐败，维护公平正义

古希腊时期，法治理论的奠基者亚里士多德曾说过“在争论不休的时候，人们就诉诸裁判者，去找裁判者就是找公正。裁判者被当作公正的化

身”。司法是维护社会公平正义的最后一道防线，公平正义是中国特色社会主义的内在要求，也是我们党一直追求的崇高价值目标。习近平总书记强调，要“努力让人民群众在每一个司法案件中都能感受到公平正义，决不能让不公正的审判伤害人民群众感情、损害人民群众权益”。这是我们党对人民群众作出的庄严承诺，也是我们每一个法律人应遵循的信条。正如英国哲学家培根所说：“一次不公正的裁判，其恶果甚至超过十次犯罪，因为犯罪虽然无视法律——好比污染了水流，而不公正的审判则毁坏法律——好比污染了水源。”就孙小果案件而言，腐败问题一直贯穿全过程，可谓触目惊心。正如央视媒体犀利地评论道：“司法腐败让孙小果多活了20多年。”事实确实如此，保外就医、二审改判死缓、再审减刑、冒用他人专利等环节无不充斥着权钱交易、司法腐败。腐败就像一条蛀虫，侵蚀着司法公信力的根基，倘若我们不把蛀虫拔除，我们辛勤构筑的整个司法系统将会日渐崩溃甚至坍塌。人民群众最痛恨腐败问题，为了全心全意为人民服务，兑现党对人民的庄严承诺，党的十八大以来，以习近平同志为核心的党中央将党风廉政建设和反腐败斗争提到新的高度，坚持有腐必反、有贪必肃，始终保持惩治腐败高压态势，一体推进不敢腐、不能腐、不想腐，反腐败斗争压倒性胜利巩固发展，赢得了党心民心，也赢得了国际社会的尊重和赞誉。反腐败工作是一个长期性、系统性的过程，不能一蹴而就。习近平总书记强调，“要深刻认识反腐败斗争的长期性、复杂性、艰巨性，以猛药去疴、重典治乱的决心，以刮骨疗毒、壮士断腕的勇气，坚决把党风廉政建设和反腐败斗争进行到底”①。

2018年3月，《监察法》颁布施行，标志着具有中国特色的监察制度正式进入运行模式，监察委员会整合了先前存在的多方反腐败力量，“攥指成拳，形成合力，实现对所有行使公权力的公职人员的有效监察，在实现腐败犯罪法律治理体系和治理能力现代化的道路上迈出了重要步伐。这即是对权力运行制约和监督形式的创新探索，也是我国腐败犯罪法律治理体制机制的重大

① 《习近平：以猛药去疴、重典治乱的决心把反腐败斗争进行到底》，载人民网－中国共产党新闻网，2014年1月15日；http://cpc.people.com.cn/n/2014/0115/c164113-24123290.html.

改革”[①]。监察机制改革为预防与打击司法腐败注入了“强心剂”，有助于在日常反腐败斗争中坚持法治反腐的路径。在反腐败高压以及扫黑除恶专项行动的双重打击下，以孙小果为首的黑恶势力团伙被一网打尽，其身后的“保护伞”也都纷纷现出原形，并受到正义的制裁。2019年12月15日，云南省玉溪市中级人民法院、玉溪市红塔区人民法院、玉溪市通海县人民法院、曲靖市沾益区人民法院、红河州个旧市人民法院、文山州文山市人民法院、大理州洱源县人民法院、德宏州芒市人民法院分别对19名涉孙小果案公职人员和重要关系人职务犯罪案公开宣判。这体现了党对腐败零容忍的态度，净化了司法队伍，也给潜在的腐败分子以极大威慑，从源头上打消其贪腐的念头。预防司法腐败，究其根本要从制度上出发。为了进一步规范司法权的行使，预防司法腐败，除了紧紧牵住“司法责任制”这一牛鼻子、进一步推行“错案终身负责制”“错案责任倒查问责机制”外，我们可以借鉴域外经验并结合我国实际，适时建立“合理怀疑问责制度”，即当社会公众或其他涉案人员能够提供一定的线索、材料证明司法人员的行为有不廉洁的可能性时，有关部门应通知司法人员并采用听证的方式回应上述人员的质疑。其间如果有发现违法、犯罪情况的，可以对相关司法人员进行追责。需要注意的是，实施弹劾或问责机制的前提是落实司法人员的职业保障，以避免其正当的职务行为受到干扰，影响正常司法程序的运行。

四、结语

孙小果案件之所以能够引发公众的普遍关注，一方面在于该案反映出我国刑事司法中的诸多漏洞，例如违法取保、冒用专利减刑、监外执行不规范、死刑复核行政化等问题；另一方面该案将腐败造成的恶劣后果直观地展现在我们面前，深刻地揭示了司法腐败对司法公信力的毁损，其教训不可谓不深刻。

经过一系列的审判，20年前促使孙小果“死里逃生”的多把“保护伞”，

① 彭新林：《腐败犯罪法律治理：内涵、思路与路径》，载《学术界》，2020年第7期。

2010年出狱后与其沆瀣一气、为祸一方的多名同案犯都已得到法律正义的制裁。随着孙小果被执行死刑，本案尘埃落定。但反思本案带给我们的教训，却不应随着案件终结而停止。本案经再审改判，能一定程度上恢复公众对法治的信心，但其负面影响在短时间内是难以完全消除的，尤其是对遭受孙小果及其同伙摧残的被害人而言，心灵的创伤或许永远难以抚平。试想，如果不是此次扫黑除恶专项行动，孙小果的陈年旧案是很难被翻出来的，因此，我们在肯定扫黑除恶专项行动成效的同时，还应保持清醒的头脑。我们不禁会问，今后是否还会有“孙小果”出现？这个问题的答案，很大程度上取决于我们对案件的反思是否深刻、彻底，吸取教训、弥补司法漏洞是否及时、全面。深刻反思该案，能够鞭策我们积极构建腐败犯罪法律治理长效机制，真正实现将权力纳入制度的笼子里。

除了在宏观层面进行反思外，本案也给社会公众上了一堂生动的家庭教育课。该案是因父母过度溺爱孩子致祸的反面教材，告诫公众绝对不能触碰法律红线，一旦触碰就要主动接受教育改造。逃避法律制裁只会造成更为严重的后果，落入违法犯罪的泥淖中而无法自拔，最终坠入万劫不复的深渊。

（马若飞）

有撤有维，实体公正与程序正义的统一

——顾雏军案再审

引言

2019年4月10日，最高人民法院对原审被告人顾雏军等人虚报注册资本，违规披露、不披露重要信息，挪用资金再审一案进行公开宣判，判决撤销原判对顾雏军、姜宝军、张宏、刘义忠、严友松、张细汉、晏果茹、刘科的虚报注册资本罪，违规披露、不披露重要信息罪的定罪量刑部分，维持对顾雏军挪用资金罪的定刑部分、对张宏挪用资金罪的定罪量刑部分，对顾雏军犯挪用资金罪改判有期徒刑五年，原审被告人姜宝军、刘义忠、张细汉、严友松、晏果茹、刘科无罪。①至此，备受社会各界关注的顾雏军等人再审案尘埃落定。

该案之所以备受社会各界高度关注，一方面缘于此案是涉产权案再审；另一方面案件当事人顾雏军乃当时格林柯尔集团的创办人、顾氏制冷剂的发明者，曾旗下控制科龙电器等五家上市公司，也曾登上“胡润资本控制50强”，可谓当时炙手可热的企业明星之一。民营企业家锒铛入狱，所带来的影响不仅仅涉及企业家本人，也会影响到一个企业，甚至成千上万名员工。社会各界高度关注顾案，不仅仅关注个案，更是关注新的历史时期国家会以什么样的态度和方式营造良好营商环境。

① 中华人民共和国最高人民法院刑事判决书（2018）最高法刑再4号。

一、案情回顾

顾案再审有改有维，一方面是对过去错误判决的纠正，维护了当事人的合法利益；另一方面坚持证据裁判原则，对原审认定的事实清楚、证据确实充分的定罪部分予以维持，不枉不纵，也为民营企业家在经营过程中划了红线。

（一）锒铛入狱，企业明星陨落

“顾雏军老了，也瘦了，但依然倔强。格林柯尔创始人、原科龙电器董事长顾雏军被关押了7年1个月零9天。2012年9月6日，从广东省肇庆四会监狱出来，顾雏军与接他的亲友赶往机场直飞北京。从出来的第一分钟到赶往机场的路上，他一直在看一篇名为《民营企业家顾雏军的牢狱之灾》的文章，这篇文章发布在网络上为其喊冤。顾雏军连看了9遍，颇为动容。”[①]

顾雏军，1959年出生于江苏泰县（现江苏省泰州市姜堰区），是格林柯尔集团的创办人，是顾氏制冷剂的发明者。1995年成立格林柯尔中国有限公司，2000年7月格林柯尔在香港创业板上市；2001年10月收购科龙电器；2003年6月入主上市公司美菱电器；2003年12月出资4亿余元入主亚星客车；2005年1月登上第二届“胡润资本控制50强”榜首。收购中国家电巨头科龙的交易使格林柯尔和顾雏军浮出水面，《福布斯》2001中国富豪排行榜第20名。《福布斯》这样描述，41岁的顾雏军，早在20世纪80年代就开始投资开发环保节能的不含氟利昂的制冷剂。格林柯尔在英国和天津均设有生产基地，它已经成为世界上最大的非氟利昂制冷剂的生产厂商之一。21世纪初，中国冰箱经过10年的充分竞争，年销售百万台以上的冰箱品牌仅剩下海尔、科龙、美菱、新飞四家，被称为“四大天王”，其中海尔和科龙都占全国冰箱市场20%以上的份额，固有北海尔、南科龙之说。[②]2000年科龙开始亏损，2001年10月，顾雏军收购科龙电器，祸根也是从这里埋下的。2001年收购科龙以

① 郭芳、南炎：《顾雏军：高墙内外》，载《中国经济周刊》，2012年第38期。

② 顾雏军：《顾雏军亲述科龙往事：想不到当年水有那么深》，载《中国机电工业》，2016年第6期。

后，其2003年6月入主上市公司美菱电器，2003年12月出资4亿余元入主亚星客车，由于缺乏控制和制约，顾雏军本人也在此番资本扩张中越过了法律的红线。

2005年7月，顾雏军因涉嫌虚报注册资本罪，违规披露、不披露重要信息罪，挪用资金罪被公安机关拘留。2008年，法院一审判顾雏军有期徒刑12年，执行10年。顾雏军不服一审判决，向广东省高级人民法院上诉；2009年3月，广东省高级人民法院作出终审裁定，认定顾雏军犯虚报注册资本罪，判处有期徒刑2年，并处罚金人民币660万元；犯违规披露、不披露重要信息罪，判处有期徒刑2年，并处罚金人民币20万元；犯挪用资金罪，判处有期徒刑8年；决定执行有期徒刑10年，并处罚金人民币680万元。自此，一个红极一时的商界明星陨落，开始了长达10年的牢狱生活。而其曾经或控股或经营的格林柯尔、科龙等企业也开始逐渐退出历史舞台。

（二）高调喊冤，再审程序开启

2012年9月6日，顾雏军提前获释出狱。7年之后，出现在媒体闪光灯下的顾雏军已是两鬓斑白，不见当年的意气风发，明显消瘦的体形与7年前的西装显得很不合体。刚出狱不久的顾雏军通过新闻发布会的方式高调喊冤，要求"平反"。多年以来顾雏军一直坚持申诉，为自己7年前的案件平反，无数的申诉状投递出去终石沉大海，直到2016年11月，中共中央、国务院出台《关于完善产权保护制度依法保护产权的意见》，作出了关于加强产权保护的重大决策，其中明确："坚持有错必纠，抓紧甄别纠正一批社会反映强烈的产权纠纷申诉案件……确属事实不清、证据不足、适用法律错误的错案冤案，要依法予以纠正并赔偿当事人的损失。"一些涉及民营企业家的案件逐步进入纠错视野，如张文中案、赵明利案，相继被最高人民法院再审纠错，顾雏军案也于2017年由最高人民法院审查后裁定启动再审程序。

顾雏军案得以成功启动纠错程序，一方面得益于其不断坚持申诉；另一方面，更为重要的是中共中央、国务院有关政策的出台，使得一批原本不够罪的或者无罪的涉产权案件得以纠正。

（三）有改有维，实事求是

1. 对虚报注册资本罪的撤销

再审认定顾雏军等人存在虚报注册资本的行为，但根据原审判时已经修改的《公司法》对该行为进行危害性判断，认定其行为显著轻微，不构成犯罪。2001年，顾雏军为收购科龙电器股权，决定设立注册资本12亿元的顺德格林柯尔。同年10月22日，顺德格林柯尔凭借广东省原顺德市容桂镇人民政府（后更名为容桂区办事处）出具的担保函，在未经评估与验资的情况下完成公司设立登记并取得营业执照。2002年4月，由于顺德格林柯尔注册资本中无形资产所占比例达75%，远超当时法定20%的限制，工商部门不予年检，后根据容桂区办事处出具的函件，原顺德市工商部门核准了顺德格林柯尔的年检。① 但原审被告人顾雏军、刘义忠、姜宝军、张细汉虚报注册资本的行为因在侦查过程中，法律对无形资产在注册资本中所占比例的限制性规定已经发生重大改变，2005年《公司法》进行修改，调整了无形资产所占比例的上限，且其虚构注册资本的行为系当地政府支持顺德格林柯尔违规设立登记事项的延续，未使公司的资本总额发生减损，因而认定顾雏军等人虚报注册资本的行为情节显著轻微危害不大，不认为是犯罪。②

2. 对违规披露、不披露重要信息罪的撤销

再审认定顾雏军等人实施了虚增利润并将其编入财务会计报告予以披露的行为，但现有证据不足以证明严重损害股东或者其他人利益。原审适用《刑法修正案（六）》之前的《刑法》第一百六十一条的规定，对原审被告人顾雏军等人定罪处罚，应当适用提供虚假财会报告罪的罪名，却适用了违规披露、不披露重要信息罪的罪名，确属不当。根据《刑法》关于提供虚假财会报告罪的规定，必须有证据证实提供虚假财务会计报告的行为造成了“严重损害股东或者其他人利益”的危害后果，才能追究相关人员的刑事责任。参照最高人民检察院、公安部2001年《关于经济犯罪案件追诉标准的规定》，

① 中华人民共和国最高人民法院刑事判决书（2018）最高法刑再4号。

② 中华人民共和国最高人民法院刑事判决书（2018）最高法刑再4号。

“严重损害股东或者其他人利益”是指“造成股东或者其他人直接经济损失数额在五十万元以上的”，或者“致使股票被取消上市资格或者交易被迫停牌的”情形。但是，在案证据不足以证实本案已达到上述标准。[①]根据罪刑法定原则和证据裁判原则，证据不足以认定顾雏军等人的行为严重损害股东或者其他人利益，因而撤销原审关于顾雏军等人违规披露、不披露重要信息罪的定罪。

3. 对挪用资金罪的维持

再审认定原审被告人顾雏军指使原审被告人张宏挪用科龙电器 2.5 亿元和江西科龙 4000 万元，符合《刑法》规定的“利用职务上的便利，挪用本单位资金”的情形，涉案 2.9 亿元被原审被告人顾雏军用于注册成立扬州格林柯尔的个人出资，属于《刑法》规定的“挪用本单位资金归个人使用”，原审被告人顾雏军指使原审被告人张宏挪用 2.9 亿元用于公司注册资本的验资，属于《刑法》规定的挪用资金“进行营利活动”，认定原审关于挪用资金 2.9 亿元的定罪部分。涉及扬州亚星客车的 6300 万元，原审参照适用 1998 年司法解释，而未参照适用 2002 年立法解释，参照 2002 年立法解释，原审认定顾雏军指使姜宝军挪用涉案资金的证据不足。维持了原审认定顾雏军、张宏挪用 2.9 亿元资金归个人使用的行为构成挪用资金罪正确。[②]

4. 坚持程序法定

在顾案审理中还有一个亮点是，为保障当事人的诉讼权利，遵循程序法定，全案依据现行的《刑事诉讼法》进行司法活动。通过庭前会议的召开、排除非法证据、依法通知相关证人及有专门知识的人出庭、当事人直接参与庭审、妥善处理当事人的回避申请等程序充分保障当事人的辩护权和其他诉讼权利。在 2018 年 6 月 13 日开庭审理前，5 月 18 日，合议庭召开庭前会议，就非法证据排除问题、提交新的证据材料、申请证人出庭、申请有专门知识的人出庭、调取证据材料等有可能导致庭审中断的事项充分

---

① 中华人民共和国最高人民法院刑事判决书（2018）最高法刑再 4 号。

② 中华人民共和国最高人民法院刑事判决书（2018）最高法刑再 4 号。

地听取了检辩双方的意见、排除非法证据，既提高了诉讼效率，有利于司法效率这一价值的实现；又为庭审过程中集中解决案件主要争议的实体问题提供了充足的时间，这无疑有助于最大限度地还原案件事实，有利于公正审判的实现。

再审依据现行《刑事诉讼法》和《关于办理刑事案件严格排除非法证据若干问题的规定》排除了不符合法定程序收集的证据。在审理顾雏军等人关于违规披露、不披露重要信息罪时，在判断其行为是否造成股东及其他人重大损失时，虽然侦查机关收集了陈某1、陈某2、张某某、陈某3四名股民的证言，但存在相同侦查人员在相同时间和地点对不同证人取证、连续询问时间超过24小时等问题，再审将该证据进行排除，确保了程序正义，充分保障当事人的诉讼权利。除此以外，再审还充分保障当事人的其他诉讼权利，如申请回避的权利，在顾雏军案再审开庭审理过程中，一开始，顾雏军便提出要求最高人民检察院指派的两位检察人员回避，虽然该案举行庭前会议时合议庭已明确强调，有关回避等程序性事项应在庭前会议时提出，否则便视为无异议，顾雏军等在庭前会议时并未提出过回避申请，但其在庭审时提出要求两位出庭检察人员回避。对此，该案审判长并未简单地以其未在庭前会议时提出为由而置之不理，而是认真询问了其申请回避的具体理由。经询问了解到，其申请理由明显不符合我国《刑事诉讼法》第二十九条、第三十条规定的申请事由，因此，审判长在征询辩护人及检察员意见后，依法当庭驳回，既认真妥善地回应当事人的回避申请，又有力地保障了庭审活动的持续顺利进行。①

二、法理研析

顾雏军等人的再审案不仅受到民营企业界的关注，也引起法学界的高度关注，该案再审不仅在结果上撤销了错误的裁判，维持了原审正确的认定，

① 罗智勇：《涉产权刑事案件再审若干问题思考——以顾雏军案再审改判为视角》，载《人民司法》，2019年第19期。

而且在程序上保障了当事人包括辩护权、庭审参与权、控辩双方质证权在内的多项诉讼权利，做到实体公正的同时也保障了程序的正义。

（一）启动再审为何路途漫漫

顾雏军从提前出狱后就召开新闻发布会，称自己被冤枉，要求“平反”，从2012年释放到2017年最高人民法院决定对顾案决定再审，历时5年时间。顾案得以再审一方面缘于自己不断坚持申诉；另一方面恰逢2016年中共中央、国务院出台《关于完善产权保护制度依法保护产权的意见》（以下简称《意见》），作出了有关加强产权保护的重大决策，相对于其他案件，顾案能尽快（相较于其他错案的再审）得到最高人民法院刑事法庭的再审实为幸运。回望近些年由再审程序纠正的冤假错案，要么是“亡者归来”或“真凶出现”而得以再审，要么是经过数年甚至数十年的申诉受到关注而启动再审，如曾受热议的张玉环案，经过20余年的申诉才启动再审。再审程序启动为何如此困难？

从2013年到2018年，各地人民法院按照审判监督程序依法纠正重大冤错案件49件，[①]这一方面折射了我国刑事司法的进步；另一方面也暴露了我国刑事诉讼在立法、实践方面的诸多问题，再审启动难、再审审期长、再审改判难便是其中的突出问题。关于裁判已生效的刑事案件启动再审的条件，我国《刑事诉讼法》第二百五十三条作出了原则性规定，最高人民法院《关于适用〈中华人民共和国刑事诉讼法〉的解释》（以下简称《刑诉解释》）第三百七十五条有所细化，具体适用时需要司法机关正确理解和妥善把握。对于历史形成的涉产权刑事案件，必须认真仔细地进行甄别梳理，以确定其是否符合再审启动的条件。但在实践过程中，再审启动难已经成为比较突出的问题。究其原因，既有程序设计的原因，也有实践层面的原因。

首先程序设计层面。为了保障法院裁判的确定力，在程序设计方面，再审程序不是也不可能是刑事诉讼的必经程序和常有程序，所以在设计上，为防止当事人滥用权利，当事人的申诉并不必然引起再审程序。《刑诉解释》第

① 数据来源：《2018年最高人民法院工作报告》；《2019年最高人民法院工作报告》。

三百七十一条规定了当事人及其法定代理人、近亲属以及案外人对已经生效的裁判提出申诉的，人民法院应当审查处理，而审查处理的结果并不会必然引起再审程序。而作为必然会引起启动程序的人民法院和人民检察院，尤其前些年受考核机制的影响和司法资源的限制，对再审程序的启动当然缺乏主动性和积极性。这就导致常年以来，再审程序启动难问题凸显。近些年，随着"以审判为中心"改革的推进，《刑诉解释》明确了人民法院对当事人申诉应当审查，若符合条件应当启动再审，并对立案审查的时间做了限制，从而在一定程度上解决再审程序启动难的问题。当然，为保障法院裁判的既判力，再审程序不能也不应成为常有程序，所以在程序设计中还更应着力审前程序和一审、二审程序，从源头上减少、杜绝冤假错案的产生。一方面，纵观一系列冤假错案，源头在于刑事诉讼前阶段，或采取非法手段获取的证据作为定案依据，或在前阶段就对案件性质进行定性，如本案顾雏军所涉的虚报注册资本罪，在侦查阶段《公司法》已进行修改，对公司注册资本中无形资产出资比例上限作出了较大调整，且当时顾雏军等人虚报注册资本是在当地政府部门担保下和工商部门的审核下完成的，可以判断顾雏军等人虚报注册资本的主观恶性甚小，社会危害性较低，但侦查机关仍然坚持侦查，审查起诉部门坚持移送，以致后续审判法院作出有罪判决。另一方面，早年在不合理的绩效考核背景下，受投入—产出关系的影响，程序越往后，投入的司法资源就越多，作出无罪或者改判的可能性就小，所以防止冤假错案的重心应置于刑事诉讼的前阶段。

其次，在实践过程中，案情复杂、查明真相困难也是涉产权案件再审启动难的一个主要原因。涉产权案件法律关系错综复杂、证据种类繁多，涉及公司登记、资本运作、营销模式、财务会计、资金流转、信息披露、股民权益、政府监管等诸多领域，而且在法律规范之外，还不能忽略当时的社会状况、经济政策、发展变迁等历史性因素。[①] 因此，司法机关审查这些案件时，需要进行理性、客观、审慎的分析判断。

① 罗智勇：《涉产权刑事案件再审若干问题思考——以顾雏军案再审改判为视角》，载《人民司法》，2019 年第 19 期。

最后，“疑罪从无”的诉讼理念尚未深入实践层面。“疑罪从无”是从人权保障的角度出发的，党的十八大以来平反的冤假错案中，多起案件的原审判决书出现了“鉴于本案的具体情况，可以判处死刑，但不立即执行”或类似表述，体现出来的正是“疑罪从轻”而非“疑罪从无”。“疑罪从轻”体现的正是一种打击犯罪的理念，而非保障人权的理念，本案中顾雏军等人虚报注册资本的行为虽然无形资本超过了《公司法》的上限，但仅仅超过5%，且其主观恶性小，从客观一般人的角度出发，其行为的社会危险性显著轻微，而侦查、起诉、审判环节皆以虚构注册资本定罪处罚，背后蕴含的正是重打击、轻人权保障的观念。

（二）坚持罪刑法定原则，恪守刑法谦抑

本案在事实和证据的基础上，依法撤销的顾雏军等人虚报注册资本罪，违规披露、不披露信息罪的定罪，正是再审法院在《刑法》罪刑法定原则的框架下，恪守刑法谦抑精神作出的裁决。

1. 关于罪刑法定原则

刑罚是国家治理社会的最后一种手段，不到万不得已不可动用刑罚。而刑事处罚对一个人而言也是最严苛、影响最大的，轻则限制人身自由，重则剥夺人的生命，哪怕是未判实刑，一个人一旦被认为有罪也会被贴上罪犯的标签，在社会生活中的方方面面受到影响和限制。所以，为防止刑罚权肆意伤害到公民，限制公权力的滥用，现代文明国家皆将罪刑法定原则作为刑法的基本原则，该原则也是法治国家最重要的原则。我国《刑法》第三条明确：“法律明文规定为犯罪行为的，依照法律定罪处刑；法律没有明文规定为犯罪行为的，不得定罪处刑。”这是我国《刑法》对罪刑法定原则的描述。

然而原审法院在处理顾雏军等人的违规披露、不披露重要信息定罪量刑时，由于2006年6月29日，全国人民代表大会常务委员会通过《刑法修正案（六）》，对《刑法》第一百六十一条进行了修改，其后，相关司法解释将该条规定的“提供虚假财会报告罪”修改为“违规披露、不披露重要信息罪”。原审适用《刑法修正案（六）》之前的《刑法》第一百六十一条的规定对原审被告人顾雏军等人定罪处罚，应当适用提供虚假财会报告罪的罪名，却适用了违规披露、不披露重要信息罪的罪名，确属不当。根据《刑法》关于提供虚假财会报告罪的规定，必须有证据证实提供虚假财务会计报告的行为造成了“严重损害股东或者其他人利益”的危害后果，才能追究相关人员的刑事责任。参照最高人民检察院、公安部2001年《关于经济犯罪案件追诉标准的规定》，“严重损害股东或者其他人利益”是指“造成股东或者其他人直接经济损失数额在五十万元以上的”，或者“致使股票被取消上市资格或者交易被迫停牌的”情形。[①] 然而，原案包括公安机关、检察院、法院在内的司法机关本因对顾雏军等人的行为就行为时的法律按提供虚假财会报告罪处理，但司法机关却按审判时的法律进行处理，然审判时的法律也是不利于被告人的，显然司法机关的处理是明显违背罪刑法定原则的。再审法院依据行为时的法律，坚持罪刑法定、从旧兼从轻原则作出裁判，纠正了原审法院的错误。

2. 从旧兼从轻原则的适用

法不溯及既往是罪刑法定原则的延伸，为保障被告人的人权，我国刑法确定了从旧兼从轻原则，即法律对其实施以前的行为没有溯及力，除非对被告有利。再审对顾雏军等人虚报注册资本罪的撤销，正是对从旧兼从轻原则的遵守。

对顾雏军等人虚报注册资本罪，一审和二审均审理查明：2001年顾雏军决定设立以顾雏军和其父为股东的顺德格林柯尔公司，同年10月22日，顺德格林柯尔凭借广东省原顺德市容桂镇人民政府（后更名为容桂区办事处）出具的担保函，在未验资与评估的情况下完成公司设立登记并取得营业执照。因该公司注册资本总额为12亿元，其中无形资产9亿元，占注册资本总额的75%，远远高于当时《公司法》规定的无形资产最高出资比例为20%的规定，故原顺德市工商部门不予核准年检，后根据容桂区办事处出具的函件，工商部门核准了顺德格林柯尔的年检。同时容桂区办事处要求顺德格林柯尔公司务必于2002年11月30日之前严格按照企业工商登记注册的规范要

① 中华人民共和国最高人民法院刑事判决书（2018）最高法刑再4号。

求，完善注册登记手续。为调整这一注册资本结构，完善登记手续，使无形资产的占比达到《公司法》所要求的20%限额，在变更登记的过程中，顾雏军等人采取来回转账的方式用6.6亿元的不实货币资本置换了55%的无形资产，被置换的6.6亿元转作了公司的资本公积金。一审和二审法院均判定顾雏军构成虚报注册资本罪。①

然而，再审法院认为，虽然顾雏军等人在变更公司注册资本时，无形资产出资占比不得超过20%，但该案在侦查阶段，《公司法》已经作出调整，修改了无形资产的上限，原审法院审判时应遵守从旧兼从轻原则，审判的法律对当事人有利的，要依审判时的法律定罪量刑。同时，随着经济社会的发展，对公司注册资本类型、结构等的要求不断改变，相关法律法规会相应作出修改和调整，关于虚报注册资本社会危害性大小的评价标准也会发生改变。对于审判时相关法律法规已修改，违法性及社会危害程度明显降低的虚报注册资本情形，根据从旧兼从轻原则和刑法谦抑性原则，可不认为是犯罪。故撤销原审法院对顾雏军等人虚报注册资本罪的定罪。

2005年《公司法》的修改能否作为刑法从轻的依据？答案是肯定的。虚报注册资本罪属于典型的行政犯、法定犯。所谓的行政犯、法定犯是以犯罪违反行政法为前提。判断法定犯的刑事违法性和社会危害性，后者好比是“毛”，而前置法的规定是“皮”，皮之不存，毛将焉附？②前置性法律规范最基本的标志是在相关条款之后有“构成犯罪的，依法追究刑事责任”的专门规定。犯罪是否成立，首先需考察是否“违反相关国家规定”，即是否违反前置性相关法律法规，这就意味着行政犯的入罪门槛会随前置法规定的改变而改变。虚报注册资本罪即是典型的行政犯，在认定是否构成刑事不法时，须首先认定是否违反《公司法》中有关注册资本条款的规定。审判时作为前置法的《公司法》已进行修改，将无形资产在注册资本中的上限由20%调整到70%，作为后置法、保障法的《刑法》理应依据调整后有利于被告人的《公司

① 中华人民共和国最高人民法院刑事判决书（2018）最高法刑再4号。

② 卢建平、司冰岩：《顾雏军等人虚报注册资本一案的法律适用及法理分析》，载《中国法律评论》，2019年第3期。

法》进行裁判。

3. 恪守刑法谦抑性

刑法是社会治理的最后一道防线，是其他法的保障法，不到万不得已不可动用刑法，刑法的本质决定了刑法应具有谦抑性。罪刑法定原则要求法无明文规定不为罪，目的在于限制刑罚权的使用，罪刑法定原则是从外限制动用刑法，而刑法的谦抑性原则是刑法的本质从内控制刑法的使用。随着社会的不断发展，受风险社会刑法理论的影响，犯罪圈在不断扩大，犯罪的种类不再局限于传统的如杀人、盗窃、抢劫之类的自然犯，而扩大了行政犯的范围，纵观我国从 1979 年《刑法》的 100 余个罪名到现在的 400 多个罪名，增加最多的正是行政犯。我国《刑法》第十三条规定了什么是犯罪，但情节显著轻微危害不大的，不认为是犯罪。

刑法的一个重要特征是严重的社会危害性，然而随着犯罪圈的扩张，加之司法解释未及时跟进，一些表面上符合刑法条文的行为不再当然构成犯罪。如本案中顾雏军案虚报注册资本的行为，首先其主观恶性程度明显小；其次本案侦查时《公司法》已对公司注册资本中无形资产的比例进行修改，顾雏军等人无形资产在注册资本中所占的比例仅高于上限的 5%。司法者在裁判的过程中不可仅看数字，若仅以数字为标尺，容易走向机械司法主义。还应考虑行为人的主观、客观以及其行为对社会的危害程度。再审认定顾雏军等人虚报注册资本的行为情节显著轻微，不认为是犯罪，是司法理性的回归，也是从真正保障被告人权利出发所作出的裁决。

（三）坚持证据裁判，确保程序正义

在对顾雏军等人的再审程序中，为保障当事人的诉讼权利，再审法院依据现行的《刑事诉讼法》进行审理，坚持证据裁判原则，在做到实体公正的同时也确保了程序正义。证据裁判原则，又称证据裁判主义，其基本含义是指诉讼中事实的认定，应根据有关的证据作出；没有证据，不得认定事实。证据裁判原则是证据制度的基本原则，是现代法治国家刑事诉讼中认定犯罪事实时必须遵循的核心原则，是现代证据制度的基石。我国《刑事诉讼法》第五十五条规定："对一切案件的判处都要重证据，重调查研究，不轻信口供。只有被告人供述，没有其他证据的，不能认定被告人有罪和处以刑罚；没有被告人供述，证据确实、充分的，可以认定被告人有罪和处以刑罚。”《最高人民法院关于建立健全防范刑事冤假错案工作机制的意见》第五条：“坚持证据裁判原则。认定案件事实，必须以证据为根据。应当依照法定程序审查、认定证据。认定被告人有罪，应当适用证据确实、充分的证明标准。”上述法律条文表明，证据裁判原则在我国已经逐步得到确立，并且基本采纳了该原则的主要内容。

证据裁判原则是“以审判为中心”改革的核心与关键，该原则与冤假错案防范和“以审判为中心”的刑事诉讼制度改革关联密切。证据裁判原则也是我国司法在经验和教训中逐步确立起来的。证据裁判原则，是在诉讼中认定案件事实必须依靠证据的原则，而且采信的必须是合法的证据，没有证据不得认定案件事实，非法取得的证据应当予以排除。在现代诉讼制度下，证据裁判原则至少包括以下三个层面的含义：第一，认定案件事实，必须以证据为根据，没有证据不得认定案件事实。第二，裁判所依据的必须是具有证据能力的证据。第三，裁判所依据的必须是经过法庭调查的证据，这也是以审判为中心司法改革的重要内容。①

在本案中，再审法院一方面通过庭审前程序就非法证据排除问题、提交新的证据材料、申请证人出庭、申请有专门知识的人出庭、调取证据材料等有可能导致庭审中断的事项充分地听取了检辩双方的意见、排除非法证据，既提高了诉讼效率，保证庭审过程中控辩双方对证据充分的质证。

另一方面，再审法院依法排除了不符合法定程序收集的鉴定意见和证人证言。本案侦查期间，侦查机关曾委托会计师事务所对科龙电器实施上述行为“严重损害股东或者其他人利益”的危害后果进行鉴定，但所出具的司法（会计）鉴定意见存在鉴定人不具备司法鉴定人执业资格、鉴定机构选择不符合法律规定等问题。在审理顾雏军等人关于违规披露、不披露重要信息罪时，在判断其行为是否造成股东及其他人重大损失时，虽然侦查机关收集了

① 张佳华：《以审判为中心背景下证据裁判原则的逻辑展开——从吉林“孙氏三兄弟涉黑”系列刑事案说起》，载《辽宁师范大学学报（社会科学版）》，2019年第1期。

陈某 1、陈某 2、张某某、陈某 3 四名股民的证言，但存在相同侦查人员在相同时间和地点对不同证人取证、连续询问时间超过 24 小时等问题，再审将上述证据予以排除。其他证据:（1）青岛海信集团有限公司于 2006 年年底收购了顺德格林柯尔持有的科龙电器 26.4% 股权，并将科龙电器改名为海信科龙电器股份有限公司。再审期间，检察机关提交了广州市中级人民法院 2009 年 6 月 11 日作出的 100 余份民事调解书，只体现了海信科龙电器股份有限公司的意愿，未能体现原审被告人顾雏军等人的真实意愿，且不一定能够客观反映股民的实际损失，以间接证明科龙电器提供虚假财务会计报告的行为给股民造成了经济损失，但认为仍未达到确实、充分的程度。（2）本案不存在“致使股票被取消上市资格或者交易被迫停牌的”情形。（3）原审认为，2005 年 5 月 10 日停牌一小时后，自恢复交易时起，科龙电器股价连续三天下跌并跌至历史最低点，据此认定科龙电器提供虚假财务会计报告的行为严重损害了股东的利益。本院经再审查明，根据深交所 2005 年 5 月的股市交易数据，科龙电器股价自停牌当日起确实出现了连续三天下跌的情况，但跌幅与三天前相比并无明显差异，而且从第四天起即开始回升，至第八天时已涨超停牌日。上述原审认定科龙电器提供虚假财务会计报告行为严重损害股东或者其他人利益证据不足以证实该行为造成了严重损害股东或者其他人利益后果，故而原审定罪量刑的证据证实的事实不清，证据不足，撤销原审关于该项罪名的定罪。

同时，通过调查，原审被告人顾雏军、张宏挪用科龙电器 2.5 亿元和江西科龙 4000 万元资金归个人使用，进行营利活动，二人的行为均已构成挪用资金罪，且社会危害性大，应依法予以惩处，事实清楚，证据确实充分，维持了原审法院关于该部分的定罪量刑。无论是有罪还是无罪，再审皆严格依据证据裁判原则，事实不清、证据不足的不定罪，事实清楚且证据充分的才定罪处罚，一方面体现程序法治的要求，另一方面也充分保障了当事人的诉讼权利。

三、顾雏军案再审反思与启示

顾雏军案再审有改有维，不仅使案件得到了最终的公正处理，而且使得党中央关于加强产权司法保护的精神落到了实处，向社会释放了产权司法保护的积极信号，对于激发企业家创业创新动力，营造良好营商环境，促进经济社会健康发展，均具有重要意义。[①] 改革开放40多年来，民营企业在社会主义经济建设中扮演了不可替代的角色，也为社会解决了一大部分就业问题，为社会创造了财富，有恒产者方有恒心，营造良好营商环境不仅对民营企业有积极作用，也对整个社会发展与和谐具有促进作用。民营企业家一旦涉刑入狱，影响的不仅仅是一个人，还会影响一个家庭，甚至是一个企业，涉及的有可能是成千上万的员工的生计问题。以顾雏军案为例，从他2005年被采取强制措施之日，其所控股或经营的多家企业也逐渐滑向衰落。然而不仅仅是民营企业家，普通人一旦被错判涉刑，所带来的影响又岂是国家赔偿所能弥补的，像张玉环案，他在监狱度过了26年，再审改判无罪出狱后，妻子已另嫁他人，孩子已长大成人，父亲早已去世，母亲满头银发，全家背负着出个“杀人犯”这样的包袱度过了26载。这26年对一个人、一个家庭来说，无论是从生活上，还是心理上，都是极其折磨和煎熬的。像聂树斌案，像杜培武案，像刘忠林案……这样的错案不但给当事人及其家庭带来不可弥补的伤害，还给司法公信力带来恶劣的影响。近年来，随着“以审判为中心”改革的不断推进，引入多项现代程序法治理念和原则，构建多项防错制度，建立了多层冤假错案防范机制，从很大程度上有效防止冤假错案的发生。但新矛盾总是在不断地出现，面对新的变化，更新司法理念，寻找新的路径，防止刑法过度扩张侵犯公民权利也是必不可少的。

（一）防错机制前移，化解再审启动难

再审启动难是理论界和实务界公认的不争的事实，顾雏军提前出狱后就召开新闻发布会，称自己被冤枉，要求“平反”，从2012年释放到2017年最

① 陈卫东、司楠：《顾雏军案再审判决书十大亮点》，载《人民法院报》，2019年4月22日。

高人民法院决定对顾案决定再审，历时5年时间。顾案得以再审一方面缘于顾雏军不断坚持申诉；另一方面，恰逢2016年中共中央、国务院出台《关于完善产权保护制度依法保护产权的意见》，作出了关于加强产权保护的重大决策，顾案能尽快（相较于其他类型错案的再审）得到最高人民法院刑事法庭的再审实为幸运。回望近些年由再审程序纠正的冤假错案，要么是“亡者归来”或“真凶出现”而得以再审，要么是经过数年甚至数十年的申诉受到关注而启动再审，如近期曾备受热议的张玉环案，经过26年的申诉才启动再审。从程序设计层面，为确保司法裁判的既判力和公信力，再审程序当然不会是常有程序，也必然难以启动，所以在设计过程中当事人的申诉并不必然会启动再审，而能必然启动再审的人民法院和人民检察院又缺乏真正的积极性和主动性，这就使得再审启动难成为一个突出的现象。尽管近年来随着冤假错案防范机制的不断完善，当事人申诉得到应有的关注，人民法院和人民检察院也规范了对申诉的处理机制，但试问有效控制冤假错案的程序是再审程序吗？答案自然是否定的，再审程序应是不得不启动的时候才可启动，而真正要杜绝冤假错案，应从源头着手，前移防范机制更能有效防止冤假错案，理由如下：

1.司法资源的投入决定了防错重心在审前阶段

多年以来，无论是实务界还是理论界，都认为一直被诟病的“侦查中心主义”是造成冤家错案的源头，审前阶段的侦查程序何以具有如此强大的生命力，可以决定审判的走向？笔者认为，一个重要的因素是司法资源的投入决定了审判结果的走向。不得不承认，作为公权力机关的公安机关、人民检察院、人民法院也是经济社会中的一部分，公权力的行使者也是理性的经济人，在前期投入了大量的司法资源的情况下，作为理性经济人的司法人员必然会考虑投入与产出的关系，然而司法资源从某一种程度而言均可用货币予以衡量，羁押场所需要经济成本投入，办案人员的办案经费可以用货币衡量，取证投入或鉴定费用皆需花费必要的经济成本，这些成本的投入决定了作为理性经济人的司法人员或办案机关不得不考虑产出的问题。

常年以来，各类考核机制诸如公安机关的破案率、人民检察院的起诉率、人民法院的有罪判决率均反应投入—产出这一价值取向，且这些考核机制均与办案人员或办案部门的绩效奖金有直接的关联。在我国公、检、法三机关配合有余、制约不足的现状下，难免会出现本可不认定有罪的行为当作犯罪处理，如本案中顾雏军的虚报注册资本的行为，从法律价值看，虚报注册资本行为的违法性和社会危害性评价在不断降低，根据本案侦查阶段作出修改的《公司法》相关规定，其虚报注册资本的行为对社会的危害程度已经显著降低，但经公安机关侦查、人民检察院审查，人民法院依然作出有罪判决，而全然不考虑该行为对社会的危害程度，不考虑当事人的主观恶性程度，透过此案我们可以看出在司法人员心中并未形成无罪推定的观念，占据主导的是有罪推定，受锚定效应的影响，司法人员所做的判断是基于其主观确信，正所谓“人们总是相信自己愿意相信的东西”，一旦内心里确立了当事人有罪的理念，司法人员就很难看到那些证明当事人无罪或者罪行较轻的证据和事实。

2. 程序的惩罚性决定了防错机制应当前移

不同于民事诉讼程序，刑事诉讼程序总是伴随着惩罚出现的，一个人一旦被卷入刑事追诉程序以后，程序的惩罚性对其带来的影响和伤害也是巨大的。当某个人被公安机关确定为犯罪嫌疑人进行追诉时，重则被逮捕、拘留，人身自由受到限制，财产被扣押、冻结，轻则取保候审、监视居住，即便人身相对自由，其经济利益也会受到重大影响，有的人不能从事特定工作，有的人的收入会被限制，如中组部等四部门发布的《关于公务员被采取强制措施和受行政刑事处罚工资待遇处理有关问题的通知》（人社部发〔2010〕104 号）以及中组部等三部门《关于事业单位工作人员和机关工人被采取强制措施和受行政刑事处罚工资待遇处理有关问题的通知》都有相关规定。虽然《刑事诉讼法》明确规定“任何人未经法院判决不得确定为有罪”，但审前阶段均会给当事人带来惩罚。除此以外，还有心理上的压力和名誉上的损失。由于审前程序的惩罚性，不得不考虑防错机制前移，审前阶段充分保障人权，既能实现程序法治，保障当事人的各项诉讼权利和基本人权，也能让刑事程序给人带来的伤害降至最小。

（二）恪守刑法谦抑，让刑事司法回归理性

随着社会的不断发展，受风险刑法理论的影响，人类生存和发展面临着各种各样的威胁和不确定因素，犯罪圈在不断扩大，犯罪的种类不再局限于传统的如杀人、盗窃、抢劫之类的自然犯，而扩大了行政犯的范围。纵观我国从1979年《刑法》的100余个罪名到现在的400多个罪名，增加最多的正是行政犯。2020年5月最高人民检察院检察长张军在向第十三届全国人民代表大会第三次会议第二次全体会议做工作报告时提及："1999年至2019年，检察机关起诉严重暴力犯罪从16.2万人降至6万人，年均下降4.8%；被判处三年有期徒刑以上刑罚的占比从45.4%降至21.3%。与此同时，新类型犯罪增多，'醉驾'取代盗窃成为刑事追诉第一犯罪，扰乱市场秩序犯罪增长19.4倍，生产、销售伪劣商品犯罪增长34.6倍，侵犯知识产权犯罪增长56.6倍。"严重暴力犯罪及重刑率下降，反映出的是社会治安环境在好转，而增长最快最多的正是行政犯范畴，即传统自然犯在下降，行政犯在增长。对于罪犯而言，除了受到刑罚惩罚以外，其刑满出狱后在生活和工作中还会受到各种各样的限制，即受到社会法和政策的惩罚，而这种惩罚的影响会持续一段时间，甚至终身，如从事某些工作受限制；惩罚也不仅仅局限于个人，甚至波及其家人。在相应社会配套惩罚未对犯罪结构的改变作出回应的情况下，刑法应发挥最基本的谦抑精神，防止刑罚权扩张，让更多的人获刑。司法工作者在适用法条时，也不应想当然地机械解释法律文本，而要考虑行为本身所具有的社会危害性。

刑法是社会治理的最后一道防线，是其他法的保障法，不到万不得已不可动用刑法，刑法的本质决定了刑法应具有谦抑性。罪刑法定原则要求法无明文规定不为罪，目的在于限制刑罚权的使用。罪刑法定原则是从外限制动用刑法，而刑法的谦抑性原则是刑法的本质从内控制刑法的使用。我国《刑法》第十三条规定了犯罪的定义，但情节显著轻微危害不大的，不认为是犯罪。

在司法实践中，会遇到很多案件，社会危害性极小仍当作犯罪处理的案件。比如，向窗外抛出快餐盒，被认定为以危险方法危害公共安全罪处理；

天津大妈赵春华摆射击摊被认定为“非法持有枪支罪”；醉驾后在人迹罕至的道路上短距离挪动车辆，被认定为危险驾驶……诸如此类案件越来越多，这类案件反映出的是司法人员机械解读法条，折射出的是重罚观点的影响，而不考虑当事人的主观恶性和真正的现实危害性。新的历史时期，社会治安状况发生了明显转变，社会结构也发生改变，社会治理更需要秉承以人为本的理念，有效化解社会矛盾，而刑法作为社会治理的最后一道防线，不到万不得已不可动用。恪守刑法的谦抑性，防止刑法的过度扩张，增加社会对立面。本案中再审法院对顾雏军等人的虚报注册资本罪和违规披露、不披露重要信息罪的撤销正是基于刑法的谦抑精神作出的，再审充分考虑被告的主观恶性和社会危害性，对社会危害性小、主观恶性不大、情节显著轻微的、即使行为符合法律文本的犯罪，也不再当然认定为犯罪，依据《刑法》第十三条之规定：“情节显著轻微的，不认为是犯罪。”这样的裁决，既符合实质的罪刑法定原则，恪守刑法谦抑性的内核，也是真正从保障当事人人权角度出发，化解社会矛盾所作出的公正裁判。

（三）坚持程序合法，是程序法治的必然要求

顾雏军案的再审，始终强调以程序合法为前提，切实坚持证据裁判原则。程序合法是审判结果公正的前提条件，也是现代法治不可或缺的重要内容，而证据裁判原则是程序合法的核心内容。坚持证据裁判原则不一定能保证实体真实，但一定可以保证公正。顾雏军案再审中，再审法院不但依法排除了违反法定程序收集的证据，还依据现有证据进行事实认定，对事实不清、证据不足的部分予以撤销，并在判决书中明确将“证据裁判原则”写入裁判观点之中，即便对法律条文的引用，也是将《刑事诉讼法》的相关规定放在前面①，体现了程序法治的精神和内核。

刑事诉讼程序法经过多年的发展，刑事诉讼的基本理念已逐步深入实务部门，刑事诉讼的基本原则和规律也得到了证实，人权保障的观点逐步得到实务部门的接受，明显的侵犯人权的行为基本得到杜绝，残酷的暴力取证方

① 陈卫东、司楠：《顾雏军案再审判决书十大亮点》，载《人民法院报》，2019 年 4 月 22 日。

式得到制止，但机械解读法条的情况或许将成为下一阶段突出的问题，如原审顾雏军案件在处理违规披露、不披露重要信息罪时，机械解读“其行为是否造成股东及其他人重大损失”，如此种种，折射出的还是司法人员“有罪推定”的观念，缺乏运用法治思维解决问题的意识，值得深思。

（四）合法经营，长久发展

再审判决书在文末这样提道：“产权制度是社会主义市场经济的基石。国家平等保护各类市场主体的产权和合法权益，依法惩治侵吞、瓜分、挪用国有、集体和非公有制企业财产的犯罪，建立平等竞争、诚实守信的市场秩序，营造公平公正、透明稳定的法治环境。公司、企业的经营活动必须遵纪守法，在合法合规中提高竞争力，公司、企业经营者要讲规矩，走正道，在诚信守法中创业发展。”改革开放初期，曾经一段时间，现代公司治理理念还未完全得到认可，很多企业在经营过程中都存在侵犯公司独立法人权利的情况，原审被告人张宏的辩护律师在辩护理由中提道：“涉案2.9亿元资金是以公司名义转入公司，没有挪归个人使用，或者以个人名义借给他人使用；2006年以前，大股东占用上市公司资金的情况非常普遍，希望法院认定本罪时考虑当时的特殊经济环境。”但随着我国社会经济制度的不断完善，无论是股东、经营者，还是公司本身，均应在合法的轨道上运行，以保证其长远发展。

四、结语

相较于张玉环26年的申诉，顾雏军是幸运的，顾案最终得以启动纠错程序。我们希望不再有冤假错案发生，因为一个个错案背后隐藏着的是一个个心酸的故事，或许生命已经被剥夺，如聂树斌；或许被关押数十年，如张玉环；或许曾经积累的财富和资源化为乌有，如顾雏军。

除此以外，随着“以审判为中心”改革的不断推进，残酷的、严重侵犯人权的司法行为会被杜绝，取而代之有可能是机械解读法条，将一批实质不够罪但形式合乎法条的行为当作犯罪处理。在现有的惩处体系下，并非受刑事追诉的人越多越好，如余金平案，如赵春华案，不但不会化解社会矛盾，反而会激化矛盾，增加社会对立面，这是理论界和实务界都不得不深思的一个问题。

（曹　晶）